HEIDE WUNDER

Die bäuerliche Gemeinde in Deutschland

V&R

VANDENHOECK & RUPRECHT
IN GÖTTINGEN

Heide Wunder

Geboren 1939, Studium der Geschichte, Anglistik und Philosophie in Hamburg, 1964 Promotion; seit 1977 Professorin für Sozial- und Verfassungsgeschichte an der Gesamthochschule Kassel – Universität des Landes Hessen. *Veröffentlichungen:* Siedlungs- und Bevölkerungsgeschichte der Komturei Christburg. 13.–16. Jahrhundert (1968); Einführung in die Geschichtswissenschaft (mit P. Borowsky u. B. Vogel), Teil 1 ([4]1980) u. Teil 2 ([2]1980). Herausgeberin: Das Pfennigschuldbuch der Komturei Christburg (1969); Feudalismus (1974). Aufsätze vor allem zur Geschichte der ländlichen Gesellschaft in der Frühen Neuzeit, Beiträge zu Sammelwerken.

CIP-Kurztitelaufnahme der Deutschen Bibliothek

Wunder, Heide:
Die bäuerliche Gemeinde in Deutschland /
Heide Wunder. – Göttingen :
Vandenhoeck und Ruprecht, 1986.
(Kleine Vandenhoeck-Reihe ; 1483)

ISBN 3-525-33473-7

NE: GT

Kleine Vandenhoeck-Reihe 1483

Umschlag: Hans-Dieter Ullrich.
Schrift: 9/11 Punkt Times auf der V-I-P
Gesamtherstellung: Verlagsdruckerei E. Rieder, Schrobenhausen

Inhalt

Für Dieter und Eilika

I. Definitionen

»Die Gemeinde (Kommune) ist eine mehr oder weniger geschlossene und räumlich abgegrenzte Siedlung, deren Einwohner zur Erledigung aller örtlichen Gemeinschaftsaufgaben in eigener Verantwortung zu einem rechtsfähigen Verband (Gebietskörperschaft) zusammengeschlossen sind. [...] Sie wird nach traditionalen Gesichtspunkten und nach ihrer Größe, ihrer wirtschaftlichen und kulturellen Bedeutung als Dorf (Landgemeinde), kreisangehörige Stadt oder Stadtkreis (kreisfreie Stadt) in den Staatsaufbau eingefügt. Ihr Verhältnis zum Staat und seinen Organen bestimmt sich in Deutschland nach dem Grundsatz der Selbstverwaltung.« So lautet die Definition in dem weitverbreiteten Nachschlagewerk »Staat und Politik«.[1] Gemeinde in diesem technischen Verstand ist also ein umfassender (inklusiver) politisch-administrativer Verband mit eigenen und staatlich delegierten Aufgaben. Darauf gründen sich auch die gegenwärtigen Bestrebungen, Staatsangehörigen fremder Nationen, die ständig in einer deutschen Gemeinde leben und arbeiten, das allen volljährigen und geschäftsfähigen Bürgern zustehende Kommunalwahlrecht zu verleihen.

Mit dem Begriff der Gemeinde verbindet sich jedoch mehr als die Vorstellung einer abstrakten staatlichen Verwaltungseinheit, nämlich Gemeinde als besondere Form des Zusammenlebens der Lokalgruppe, in der unmittelbare menschliche Beziehungen eine große Rolle spielen. Noch eine dritte Bedeutungsvariante ist geläufig, z. B. im Begriff der religiösen Gemeinschaft.[2] Im Gegensatz zur politischen Gemeinde geht es hier um »freie« Vereinigungen von Menschen mit gemeinsamen nicht-materiellen, »ideellen« Interessen. Diese Gemeinden sind Personalgemeinschaften, die im Prinzip nicht lokal gebunden sind. In Deutschland ist – im Gegensatz etwa zu England – der eigentliche Charakter der Kirchengemeinde als religiöser Gemeinschaft freilich durch das Staatskirchentum verwischt. Immerhin können Kinder, die zunächst durch elterliche Entscheidung Angehörige einer religiösen Gemeinde geworden sind, mit 14 Jahren entscheiden, ob sie ihr weiter angehören wollen oder nicht. Hier wird offensichtlich, daß ein sinnstiftendes Element die Basis der »Vergemeinschaftung« bildet.

Dieser Sinn besteht in einem gemeinsamen Ziel, das Bindungen untereinander bewirkt und so ein Gefühl der Zusammengehörigkeit hervorbringt. Die subjektive Sinnhaftigkeit und ihre unmittelbare Erfahrung lassen selbst die notwendigen Regeln für das Zusammenwirken nicht als Zwang oder Einschränkung erscheinen, zumal sie entsprechend dem Willen der Mitglieder veränderbar sind.

Allerdings ist »Sinn« kein Unterscheidungskriterium zwischen »freier« und politischer Gemeinde, nur ist die Sinnhaftigkeit der politischen Gemeinde, die bei ihrer Schaffung zu Beginn des 19. Jahrhunderts im Vordergrund stand, dem Bürger heute nicht mehr unmittelbar einsichtig. Stattdessen erscheinen ihm staatliches und kommunales Handeln, die im 19. Jahrhundert polare Prinzipien darstellten, nur als verschiedene Spielarten von Bürokratie, nämlich der zentralen und der lokalen Verwaltung. Daß die Reformer des 19. Jahrhunderts gerade den verantwortlichen, seinen Lebenskreis selbst ordnenden Bürger vor Augen hatten – nicht länger den verwalteten Untertan –, ist heute vielfach unbekannt.[3] An diese verlorengegangene Sinngebung knüpfen die Bürgerinitiativen seit den 60er Jahren an. Sie wollen sowohl die Distanz zwischen Bürger und Staat in der parlamentarischen Demokratie aufheben als auch die verlorengegangenen Gefühle des Dazugehörens und der Zusammengehörigkeit zwischen den Bürgern selbst aktivieren. Diese ursprünglich außerparlamentarisch-lokale Organisierung politischer Interessen, die zunehmend konkreter auf die eigene Lebenswelt bezogen wurden (»Betroffenheit«), kann man als neue kommunale Bewegung bezeichnen. Mit dem Aufkommen der ökologischen Bewegung hat sie sich dann regionale und zugleich wieder politische Handlungsräume im engeren Sinn erschlossen. Darüber hinaus hat sie neben den Aktions- und Arbeitsformen neue Umgangsformen entwickelt, in denen z.B. das gemeinsame Essen (»Tischgemeinschaft«) eine wichtige Rolle spielt.

Während sich das Konzept des »mündigen Bürgers« und des »Bürgers in Uniform« ausdrücklich auf die Reformzeit zu Beginn des 19. Jahrhunderts beruft und sich gegen die Tradition des Obrigkeitsstaates wendet, richten sich die historischen Assoziationen der neuen kommunalen Bewegung weniger auf die »Emanzipation« des einzelnen Staatsbürgers als vielmehr auf die »Gemeinschaft«, konkret: auf das Dorf, in dem die Bewohner durch Verwandtschaft, Nachbarschaft, gemeinsames Arbeiten und Feiern in engem Kontakt stehen. Das Dorf scheint ihnen Vorbild für Mitmenschlichkeit (»Solidarität«), für das

»natürliche« Aufgehobensein in der »Großfamilie« und für den sorgsamen Umgang mit der Natur. Die Vorstellungen von der »heilen Welt« auf dem Dorfe, wo »Gemeinschaft« noch intakt ist, sind wohl ein Anstoß für die »Stadtflucht« von Jugendlichen, jungen Ehepaaren mit Kindern und älteren Menschen. Diese Sicht des Dorfes ist allerdings typisch für Stadtmenschen, die nichts vom »Leben auf dem Dorf« verstehen, nur die Außensicht kennen. Dorfbewohner haben sich und ihre Lebensbedingungen, seit es die Alternative »Stadt« gibt, anders gesehen, wie die vielen Wellen der Land-Stadt-Wanderung seit dem hohen Mittelalter beweisen. Das »gesunde Landleben« war immer eine Sache derjenigen, die ihr Leben nicht mit bäuerlicher Arbeit fristen mußten.

Das Bestreben, sich solche historischen Traditionen als Vorbilder zu schaffen, ist als rückwärtsgewandte Utopie einer herrschaftsfreien, sich selbst regulierenden und durch »natürliche« Arbeit rhythmisierenden Gesellschaft zu bewerten. Die Zwänge, die das bäuerliche und ländliche Leben tatsächlich beherrschten, werden nicht erkannt: weder die formale Organisation der Gemeinde als bäuerlicher Institution noch die informellen Zwänge der »sozialen Kontrolle«, ganz zu schweigen von den Unbilden des Wetters und der Abhängigkeit von Grund- und Gutsherren.

Immerhin, der berechtigte Anspruch, objektive und subjektive Ansprüche *sinnvoll* zu vereinbaren, hat zu einer Neuentdeckung von »Gemeinschaft« geführt, ein Begriff, der nach dem Zweiten Weltkrieg diskreditiert und verpönt war.[4] Nach einer Phase der Vereinzelung kommen Bedürfnisse nach menschlicher Nähe und alltäglichem Miteinander wieder zum Vorschein und verleihen dem Begriff der Gemeinschaft eine »progressive« Richtung: »als Wunschtraum gesellschaftspolitischer Erneuerung und Vertiefung der mitmenschlichen Beziehungen« (Fr. Bülow).[5]

Auffällig ist, daß die neue kommunale Bewegung ihre historischen Traditionen nicht in den mittelalterlichen städtischen Gemeinden und den genossenschaftlichen Organisationen der Handwerker sucht. Diese werden vielmehr *politisch* angeeignet und bei Stadtjubiläen folkloristisch zur Schau gestellt oder von Handwerkskammern werbewirksam eingesetzt. Das mag den Grund haben, daß das Dorf »Gemeinschaft« auch heute noch als *Lebensform* zu zeigen scheint, während in den Städten das politische oder wirtschaftliche Interesse einzelner Gruppen und Schichten im Vordergrund steht und Gemeinschaft kaum als Gemeinsamkeit erfahren werden kann. Als Folge der weitgehenden wirtschaftlich-sozialen Differenzierung ist – von den ganz kleinen Städten abgesehen – »Gemeinschaft« in Städten schon früh nur noch demonstrativ, d. h. bei besonderen Anlässen, möglich gewesen. Reale Gemeinschaft organisierte sich in Sondergemeinden, z. B. nach Stadtvierteln, nach Brunnengemeinschaften oder nach Berufstätigkeit (Zünften).

Die neue Phase in der Aneignung des Landes durch die »Stadt«, inzwischen in eine breite öffentliche Diskussion um *Heimat, Provinz* und *Region* eingemündet, hat auch die eigentlichen Dorfbewohner selbst auf den Plan gerufen. Zunächst waren, wo dies finanziell möglich war, die Bequemlichkeiten modernen städtischen Wohnen unbedenklich übernommen und später der Zustrom von bauwilligen Städtern als wirtschaftlicher Gewinn für die Gemeinden angesehen worden. Beides führte vielfach zur Aufgabe der dörflichen Siedlungsweise, zum Verlust der geschlossenen dörflichen Häuser- und Straßenzeilen und zu Schwierigkeiten im Nebeneinanderwohnen von Menschen mit verschiedenen beruflichen und kulturellen Orientierungen. Nachdem der Verlust an dörflicher Lebensqualität offenkundig geworden ist, versucht man neuerdings, bei der sicherlich erforderlichen *Dorferneuerung* behutsamer vorzugehen, indem man auch die historischen Zusammenhänge von dörflicher Siedlungsweise und früherem bäuerlichen Leben mit in die Überlegungen einbezieht.[6] Die geschichtliche Rückbesinnung könnte auch dazu beitragen, Formen des Zusammenlebens auf dem Dorf zu finden, die den heutigen Voraussetzungen entsprechen, anstatt nostalgischen Vorstellungen nachzuhängen.

Aufgrund der »Heimatgeschichte« des Dorfes Kiebingen hat Utz Jeggle[7] die These von der »Krise der Gemeinde« aufgestellt: Die Gemeinde habe sich überlebt, sie sei in einer spezifischen historischen Situation entstanden und heute keine angemessene Organisationsform für das dörfliche Leben mehr. Begriffe, wie »Gemeinschaftsgeist«, »Dorfgemeinschaft« und »Heimat«, die den Dorfbewohnern so geläufig über die Lippen kommen, nimmt er geradezu als Beweis für die Aufrechterhaltung einer Fiktion. Tatsächlich ist das Dorf längst, verstärkt nach dem Zweiten Weltkrieg, Teil der urbanisierten Kultur geworden. Das Dorf wurde zum Wohnort in dem Maß, wie die Mehrheit der ländlichen Bewohner nicht mehr selbst in der Landwirtschaft arbeitete, sondern ihren Unterhalt hauptsächlich oder ausschließlich in den zentralen Orten verdient. Der Prozeß der »Entfremdung«, der

Trennung von Arbeiten und Leben, hat sich auf dem Dorf genauso wie in der Stadt durchgesetzt. »Heimat« als Ausdruck lokaler und individueller Identität bedarf daher auch auf dem Dorf der Bestätigung und Verstärkung, wofür die Heimatvereine und Heimatfeste Zeugnis ablegen.[8]

Die Aktualität der Diskussion um Dorf und Gemeinschaft und die geschichtlichen Beispiele, die jeweils als Belege für die Stichhaltigkeit der verschiedenen Argumente angeführt werden, legen nahe, nach der Geschichte der bäuerlichen Gemeinde zu fragen. Da diese mehrhundertjährige Geschichte in einer Zeit begann, als schriftliche Aufzeichnungen nicht wie heute selbstverständlich waren, ist es nützlich sich einleitend die *Quellenlage* vor Augen zu führen. Dazu gehört es auch, immer wieder zu fragen, welchen Interessen die jeweiligen schriftlichen Zeugnisse vergangener Jahrhunderte ihre Entstehung und Überlieferung verdanken und welcher Ausschnitt vergangener gemeindlicher Wirklichkeit auf diese Weise der Nachwelt zufällig oder bewußt überliefert worden ist.

II. Überlieferung und Interesse

1. Bäuerliche Gemeinden in der schriftlichen Überlieferung des Mittelalters und der Frühen Neuzeit[1]

(a) Träger der Schriftlichkeit waren im Mittelalter zunächst die kirchlichen Institutionen, über deren Wirtschaftsverwaltung wir darum am besten unterrichtet sind. Die buchhalterischen Aufzeichnungen über ihre Einkünfte und über die Arbeitsleistungen der abhängigen Bauern wurden auch für die großen weltlichen Grundherrschaften, vor allem für die königlichen Besitzungen, vorbildlich. In den Wirtschaftsaufzeichnungen sind die einzelnen Bauern mit ihren Familien zwar nach Wohnorten geordnet, die Siedlungen bildeten aber weder im Rechtssinn noch als Wirtschaftsverband lokale Gemeinden. Die grundherrschaftliche Form der Erfassung von Bauern hielt sich unter verschiedenen Bezeichnungen wie *Urbar, Salbuch, Landbuch, Amtsrechnung* bis zur »Bauernbefreiung« im 19. Jahrhundert.

Die bereits im frühen Mittelalter aufgezeichneten *Stammesrechte* enthalten keine Hinweise auf Gemeinden, jedoch auf die Rechte der Nachbarn, wie es dem damaligen Siedlungszustand entspricht. Zum ersten Mal erscheint die Gemeinde im »Sachsenspiegel«, dem ersten deutschen Rechtsbuch, das zwischen 1220 und 1230 entstand.

Die herrschaftliche Form der Überlieferung dominiert auch in den Urkunden für die seit dem 12. Jahrhundert auftretenden bäuerlichen Gemeinden. Der formale Aufbau der Urkunden, der die führende Rolle der herrschaftlichen Seite herausstellt, kann jedoch nicht darüber hinwegtäuschen, daß die »Privilegierungen« der Gemeinden keine Gnadenakte waren, sondern das Ergebnis handfester Verhandlungen oder sogar von handgreiflichen Auseinandersetzungen. Der schriftlichen Fixierung eines rechtlichen Vertragsverhältnisses ging Interaktion zwischen Herren und bäuerlichen Gemeinden voraus. Daß diese Interaktion *Gegenseitigkeit (Reziprozität)*[2] der Beziehungen zur Voraussetzung hatte, kommt deutlicher als in den Urkunden in den *Weistümern,* die herrschaftliche wie bäuerliche Rechte und Pflichten verzeichnen, zum Ausdruck:[3] Zur Klärung ihrer Ansprüche in und gegenüber den Gemeinden mußten die Grundherren die Gemeindeältesten befragen; diese waren es offensichtlich, die sich auf der lokalen Ebene auskannten und daher das Recht »weisen« konnten. Den herrschaftlich veranlaßten Weistümern verdanken wir die Kenntnis einer Fülle von Einzelheiten über das gemeindliche Leben und der damaligen Vorstellungen von Gemeinde.

Die schriftliche Überlieferung rein gemeindlicher Ordnungen setzte erst später, um die Wende zum 15. Jahrhundert, ein. In dieser Zeit begannen die Gemeinden aufzuzeichnen, was aufgrund ihres Satzungsrechtes für die innerdörflichen Angelegenheiten und die Regelung der Kooperation in den Fluren in ihre Zuständigkeit fiel. Da die Herren an innerdörflichen Problemen zunächst kein Interesse hatten, gehen die ersten Aufzeichnungen auf gemeindliche Initiative zurück; die Gemeinden baten dann um herrschaftliche Bestätigung. Ebenfalls erst aus dem 15. Jahrhundert sind dörfliche *Schöffenbücher* überliefert, die einen umfassenden Einblick in den gemeindlichen Zuständigkeitsbereich geben.

Die Tendenz zur Rechtsicherung durch schriftliche Fixierung ist nicht nur in den herrschaftlichen Beziehungen zwischen Bauern und Herren, sondern ebenso in rein wirtschaftlichen Beziehungen sowohl zwischen Bauern untereinander als auch zwischen Bauern und Bürgern festzustellen. Ein Beispiel dafür sind die Beurkundungen von Kauf- oder Eheverträgen. Nichts kann die Bedeutung der bäuerlichen Gemeinden im ausgehenden Mittelalter besser beweisen als die Tatsache, daß ihre Amtsträger vielfach gemeindliche Rechtsgeschäfte ausführten und, wenn sie dafür zuständig waren, »private« Rechtsgeschäfte über »Erb und Eigen« rechtsverbindlich »öffentlich« bestätigten.

Bäuerliche Gemeinden erscheinen also in den schriftlichen Zeugnissen zuerst als *lokale* Macht, mit der sich die jeweiligen Grundherren auseinandersetzen mußten.

(b) Mit dem institutionellen Ausbau des frühmodernen Staates seit dem ausgehenden 14. und dem beginnenden 15. Jahrhundert änderten sich die Überlieferungsbedingungen für gemeindliches Handeln in mehrfacher Hinsicht. Zunächst – in der Phase der Herrschaftskonkurrenz, die teilweise zusammenfiel mit der herrschaftlichen Unfähigkeit, Rechtssicherheit und Schutz gegen äußere Feinde zu gewähren – erweiterte sich der gemeindliche Handlungsspielraum. Bäuerliche Gemeinden einer Grundherrschaft schlossen sich in geschworenen

Einungen zusammen, um ihre Rechte zu wahren, oder verbündeten sich über grundherrliche Gebiete hinweg, um selbst die Abwehr äußerer Feinde zu übernehmen, wie etwa der erste *Bundschuh* 1438.[4] Beide Formen gemeindlicher Aktion beunruhigten die lokalen Herren wie die Landesherren, fanden daher in den Berichten der örtlichen herrschaftlichen Amtsträger starke Beachtung und führten unter Umständen zu intensivem zwischenherrschaftlichem »diplomatischem« Gedankenaustausch darüber, was gegen die Anmaßung der bäuerlichen Gemeinden zu unternehmen sei.[5] Die Auseinandersetzungen wurden letztlich, vom deutschen Bauernkrieg 1524–1526 abgesehen, friedlich, wenn auch oft nicht ohne Gewaltanwendung beigelegt, und zwar durch schiedsgerichtliche Verfahren, in denen die bäuerlichen Gemeinden eine anerkannte Vertragspartei bildeten.[6]

Nach dieser Übergangszeit, die sich in der schriftlichen Überlieferung als Höhepunkt gemeindlicher Aktionen darstellt, war die monarchische Landesherrschaft fest etabliert. Während der ehemals konkurrierende Adel in der Form des politischen Ständetums an der Landesherrschaft beteiligt war, wurden die bäuerlichen Gemeinden in der Regel auf ihre lokale Sphäre beschränkt und konnten keine direkte politische Beziehung zum Landesherrn mehr herstellen. Dies gilt nicht nur für die Bauern unter der Grundherrschaft des Adels, sondern auch für die landesherrlichen Bauern, die durch die Ämterorganisation auf die langen Amtswege verwiesen waren. Paradoxerweise sind dieser Unterordnung der Gemeinden jedoch eine Fülle von Zeugnissen und Selbstzeugnissen für gemeindliches Handeln zu verdanken. Denn sie fiel mit der weiteren Ausdehnung der »Verrechtlichung«, d. h. der juristischen Kanalisierung aller politischen und sozialen Konflikte zusammen, und im Zeichen des sich durchsetzenden Römischen Rechts war mit der Verrechtlichung eine Zunahme der schriftlichen Fixierung verbunden. In den herrschaftlichen Archiven liegen daher ungezählte bäuerliche Beschwerdeschreiben *(Supplikationen)*; ebenso wie die *Landtags-* und *Reichstagsakten* des 15. und 16. Jahrhunderts enthalten die *Prozeßakten* der übergeordneten Gerichte viele Aussagen über Aktionen bäuerlicher Gemeinden. In den *Landesordnungen* des 16./17. Jahrhunderts, die die Rechtsverhältnisse festlegten, waren die Bauern und ihre Gemeinden jedoch nur mehr Objekt, nicht mehr Subjekt.

Darüber hinaus sammelte die Bürokratie eifrig bäuerliche Rechtsdokumente *(Handfesten, Weistümer, Willküren, Beliebungen, Ge-*

meindeordnungen), um eine Grundlage für das eigene Verwaltungshandeln zu gewinnen. Ihr Ziel war, lokale Verhältnisse durch neue *Dorfordnungen* zu vereinheitlichen. Diese allgemeinen Dorfordnungen wurden z. T. bereits um die Wende zum 17. Jahrhundert gedruckt, allen betroffenen Gemeinden ausgehändigt und öffentlich von der Kanzel oder vor der Gemeindeversammlung verlesen, und zwar in regelmäßigen Abständen.

Das Interesse an bäuerlichen Gemeinden beschränkte sich nicht auf den Landesherrn und seine Verwaltung. Für den grundbesitzenden Adel waren fundierte Kenntnisse über die bäuerlichen Gemeinden ebenso wichtig wie für die Juristen, die von den zahlreichen Rechtsstreitigkeiten zwischen Grundherren und Bauern lebten. Das erklärt, warum die »Sammlungen zum Dorf- und Baurenrechte« (1749–55) von dem Juristen Gottlob Klingner stammen. Sie waren für den praktischen Gebrauch gedacht.

Der allgemeinen Tendenz zur Bürokratisierung und dem speziellen Ziel, die bäuerlichen Gemeinden sowohl staatlicher Kontrolle zu unterwerfen als auch ihre Institutionen für administrative Zwecke verfügbar zu machen, verdanken wir ebenso wie den »privaten« Auseinandersetzungen zwischen Grundherren und ihren Bauern eine Fülle schriftlicher Zeugnisse über bäuerliches Handeln in den Verwaltungs- und Gerichtsakten. Während die normativen Ordnungen Maßstäbe im Sinne der »guten Polizey« setzten, selbstverständlich aber nichts darüber aussagen, wie weit die Normen befolgt wurden, besteht der Wert der gerichtlichen Akten darin, Einblick in Verhältnisse zu gewähren, wie sie tatsächlich waren.

Zu den im engeren Sinne »gemeindlichen« Quellen kommen die umfangreichen Verwaltungs- und Wirtschaftsakten mit Aussagen zur wirtschaftlichen Lage der bäuerlichen Gemeinden, über Streitigkeiten zwischen Bauern und Beamten sowie innerhalb der Gemeinde selbst. Die intensive Verwaltungstätigkeit der frühmodernen Staaten, nicht erst des Absolutismus, hat nicht nur eine breite Aktenüberlieferung bewirkt. Die Widerspenstigkeit und Widerständigkeit der Bauern und ihrer Gemeinden gegen die Herrschaft der Bürokratie hat besonders im 17. Jahrhundert eine Fülle von politischen Traktaten mit Hinweisen zu ihrer Handhabung, die »*Seditionsliteratur*« (W. Schulze),[7] hervorgebracht.

Die Einblicke, die bürokratische Quellen und private Rechtsstreitigkeiten in gemeindliche Verhältnisse geben, werden dadurch eingeschränkt, daß wir hier nur über bestimmte Aspekte etwas erfahren. Diese Begrenzung wird z. T. durch die *kirchliche Überlieferung* ausgeglichen. Die Kirche war mit ihrer Pfarrorganisation die einzige Institution, die das gesamte Land erfaßte. Das Netz der Pfarreien wurde im 16. Jahrhundert ausgebaut und vom frühmodernen Staat, gleich ob protestantisch oder katholisch, systematisch als Herrschaftsmittel eingesetzt. Die Berichte der Pfarrer über die Kirchengemeinden und über einzelne ihrer Mitglieder, die Verzeichnisse über die Einkünfte aus dem Kirchenvermögen, den Kirchenstrafen und Kollekten, die Kirchenrechnungen, die Nachrichten über religiöse Bruderschaften und Gilden innerhalb der Gemeinde sind auch deshalb so aufschlußreich für die inneren Verhältnisse der Gemeinden, weil sie die unterschiedlichen Vorstellungen der Kirche und der »Kirchspielskinder« in religiösen wie in weltlichen Angelegenheiten vor Augen führen, freilich aus der Perspektive des Pfarrers. Ebenso vermitteln die Kirchenvisitationsprotokolle ein anschauliches Bild über den jeweiligen Zustand der Gemeinde, hier von der Außensicht der Visitatoren bestimmt.

2. Der Gemeindebegriff im 18. und beginnenden 19. Jahrhundert

Ungeachtet aller staatlich-bürokratischen Versuche, die gemeindlichen Verhältnisse zu vereinheitlichen, dokumentieren die überlieferten Akten immer die Verhältnisse *einzelner* Gemeinden und deren *besondere Rechte*. Einen *allgemeinen* staatsrechtlichen Gemeindebegriff gab es im 18. Jahrhundert noch nicht. Johann Heinrich Zedler schrieb 1735 in seinem »Universal-Lexikon«: »Gemeinde, Lat. universitas, ist eine Societät oder Anzahl verschiedener vereinigter Personen, welche zum gemeinen Nutzen gemeinschaftliche Gesetze brauchen«, und unterschied zwischen »Classes der Gemeinden«, nämlich Provinz, Stadt, Flecken oder Dorf und schließlich Collegium oder Zunft.[8] Gemeinde war also eine Rechtsfigur, definiert in der Sprache des herrschenden *ius commune,* Zedlers Formulierung belegt, daß *Gemeinde* noch nicht verfassungsgemäß auf *Staat* bezogen war und daß *Gesellschaft* und *Genossenschaft* noch nicht von *Gemeinde* getrennt waren. So verwundert es nicht, wenn die Enzyklopädien unter dem Stichwort »Gemeinde« eine Fülle von Einzelheiten aufführen.

Dies trifft noch für das »Allgemeine Landrecht der Preußischen Staaten« von 1794 zu, allerdings mit der wichtigen Neuerung: »Unter Gesellschaften überhaupt werden hier Verbindungen mehrerer Mitglieder des Staats zu einem gemeinsamen Endzweck verstanden« (II, 6, § 1). Damit setzte der *Staat* den Rahmen für die *gesellschaftlichen* Veranstaltungen der Untertanen/Bürger. Die naturrechtlich bereits entwickelte Vorstellung, daß *Gesellschaft* dem Staat vorausgehe,[9] kam in diesem, nach dem Beginn der Französischen Revolution erlassenen Gesetzeswerk, nicht zum Ausdruck.[10]

Die heute geläufige staatsrechtliche Beziehung zwischen Staat und Gemeinde wurde erst im Zusammenhang und als Folge der umfassenden Reformen von Staat und Gesellschaft seit dem Beginn des 19. Jahrhunderts nach und nach hergestellt.[11] Wie z. B. die umfangreichen Denkschriften der preußischen Reformer zeigen, ging es ihnen zunächst nicht um *Gemeinde,* sondern um eine neue Form der politischen Partizipation des Staatsbürgers: Der Staat sollte nicht mehr allein Angelegenheit von König und Beamten sein, sondern ein »öffentliches Wesen«, an dem Bürger teilnehmen, und zwar in der Form einer am englischen self-goverment (Selbst*regierung*) orientierten *Selbstverwaltung*.[12] Die neue Beziehung des Staatsbürgers zum Gemeinwesen war sowohl als Gegensatz zur Zwangsanstalt des absolutistischen Staates als auch zur älteren »Zwangsgenossenschaft« der lokalen bäuerlichen und bürgerlichen Gemeinden gedacht, die beide individuelle Freiheit verhinderten. Voraussetzungen für die angestrebte Selbstverwaltung waren rechtliche Freiheit und wirtschaftliche Selbständigkeit als neue staatsbürgerliche Qualifikationen. Da die Bauern und ihre Gemeinden diese Bedingungen nur sehr eingeschränkt erfüllten, mußten sie mit der »Bauernbefreiung« hergestellt werden. Den Zeitgenossen standen daher weniger die tatsächlich vorhandene Kontinuität von bäuerlicher Gemeinde und Selbstverwaltung als vielmehr der gänzliche Umbruch vor Auge. Die Reformer hatten aber auch das englische Vorbild grundlegend verkannt, denn das self-goverment war die *regionale* Herrschaft einer traditionalen Elite und nicht das »autonome« Handeln eines *lokalen* Verbandes von rechtlich gleichen Staatsbürgern, auf das »Selbstverwaltung« in städtischen und ländlichen Kommunalverbänden dann zu beziehen war.

Mit den Reformen des 19. Jahrhunderts verschwand daher die bäuerliche Gemeinde als eigenständige politische Handlungsdimension, und die Landgemeinden traten an ihre Stelle (s. Kapitel VI). Dafür wurde ihre Geschichtlichkeit entdeckt und die aktenmäßige Überlieferung der einzelnen Gemeinden aufgerollt, um die örtlichen Besitzverhältnisse mit ihren häufig komplizierten historischen Rechtstiteln neu zu ordnen. In einigen deutschen Staaten entstanden in diesem praktischen Verwertungszusammenhang die ersten regional zusammenfassenden Darstellungen gemeindlicher Verhältnisse, so z. B. »Wesen und Verfassung der Landgemeinden und des ländlichen Grundbesitzes in Niedersachsen und Westfalen« (1851) von C. Stüve.

Im »Zeitalter der Ideologien« (O. Brunner), in dem sich zugleich der Aufstieg der modernen, »objektiven« Einzelwissenschaften vollzog, wurde mit den Bauern auch die bäuerliche Gemeinde zu einem Vehikel nationaler deutscher Identitätsbildung und unter dieser Prämisse zum Gegenstand geschichtswissenschaftlicher Untersuchungen. Die wichtigsten Phasen der Forschungsgeschichte und die großen Kontroversen sind im *Anhang* skizziert.

3. Realdefinition und Forschungsdefinition

Statt einer *Realdefinition* von bäuerlicher Gemeinde, die den mißverständlichen Eindruck von Objektivität erwecken und den Zusammenhang von Interesse und Forschung verdecken könnte, seien im folgenden einige zentrale Begriffe, nämlich *Freiheit, Gemeinde, Herrschaft, bäuerlicher Kollektivismus/Individualismus,* auf ihre Implikationen, ihre analytischen und erklärenden Leistungen hin überprüft. Als leitende Gesichtspunkte für die folgende Darstellung werden anschließend ein Katalog von Kriterien und das Integrations- und Interpretationsmodell der *peasant studies* kurz vorgestellt.

Bäuerliche Freiheiten und bäuerliche Gemeinden traten etwa zur gleichen Zeit (seit dem 11./12. Jahrhundert) hervor. Diese Gleichzeitigkeit berechtigt zu der Vermutung, daß beide Vorgänge eng miteinander zusammenhängen, nicht jedoch zu der – vielfach vertretenen – Annahme, daß bäuerliche Freiheiten die Vorbedingung für gemeindliche Freiheiten gewesen sind. Denn Lokalstudien haben gezeigt, daß die Qualität bäuerlicher Freiheit sehr unterschiedlich und regional differenziert war. Gemeinden aber entstanden überall. Man muß vielmehr davon ausgehen, daß persönliche Abhängigkeit *(»Eigenschaft«)* als Rechtsstatus *einzelner* Bauern die Herausbildung von bäuerlichen Gemeinden nicht verhindern konnte.

Bäuerliche Freiheiten sind vor allem im Hinblick auf das Verhältnis zur Herrschaft, also auf die Außenbeziehungen definiert worden. Derselbe Gesichtspunkt ist bestimmend, wenn die Geschlossenheit der bäuerlichen Gemeinde als »Immunität« gegenüber der Außenwelt betont wird. Innerhalb der Gemeinde hat Geschlossenheit, Einmütigkeit aber kaum bestanden. Eher war die Gemeinde ein Konfliktregelungsmechanismus. Freilich spielte in der Einstellung der Dorfbewohner zueinander eine ganz entscheidende Rolle, ob die Gemeinde eine Dorfsiedlung oder eine Streusiedlung war. Josef Schepers[13] zitiert als Beleg für die Mentalität von Einzelhofbauern den Ausspruch: »Was kümmern uns die Leute!« Dagegen fragen die Bauern im Dorf: »Was werden die Leute sagen?«

Berücksichtigt man sowohl die jeweilige Form der Außenbeziehungen als auch die Struktur der jeweiligen Gemeindeform, dann finden die widersprüchlichen Aussagen über den *Charakter* der Bauern – ihren *Kollektivismus,* ihre Eigenwilligkeit, Widerspenstigkeit und Unterwürfigkeit – aus den verschiedenen Wahrnehmungsperspektiven, Weltsichten und Interaktionsmöglichkeiten eine Erklärung.

Bäuerliche Freiheit und bäuerliche Gemeinden werden überwiegend als *genossenschaftlicher* Gegenpol zur Herrschaft angesehen. Dabei wird jedoch zu wenig beachtet, daß das Autonomiestreben der lokalen Gemeinde notwendigerweise dazu führte, daß sie in ihren Grenzen selbst *Herrschaft* ausübte und dabei in den größeren gesellschaftlich-staatlichen Zusammenhang eingebunden war. Ihre Herrschaftsausübung als Dorfobrigkeit konnte somit nicht anderen – eigenen – Prinzipien folgen. Der herrschaftliche Charakter der Gemeinde prägte sich um so deutlicher aus, je mehr sich die lokale bäuerliche Gesellschaft differenzierte.

Schon um 1300 gab es in vielen Dörfern eine starke Besitzzersplitterung und damit große wirtschaftliche und soziale Unterschiede innerhalb der Gemeinde. Mit der Überwindung der »Krise des 14. Jahrhunderts« im 15. Jahrhundert wuchs dann die Zahl der Dorfbewohner, die nicht mehr »richtige« Bauern werden konnten und minderberechtigt oder von der »Gemeinde« ganz ausgeschlossen waren. Die Gemeinde wurde also vom inklusiven zum exklusiven Verband. Obwohl es verwandtschaftliche Beziehungen zwischen den wirtschaftlich rivalisierenden dörflichen Gruppen gab, waren sie keineswegs geeignet, die bäuerliche Differenzierung auf Grund von Landbesitz und Diversifikation der Produktion aufzufangen, es sei denn in der durchaus

»herrschaftlichen« Form der Klientelbildung. Das heißt, daß der oben gemachte Unterschied zwischen Außen- und Binnenbeziehungen für diese Dimension nicht gilt, die »kleine Welt« des Dorfes vielmehr untrennbar mit der »großen Gesellschaft« verbunden war.[14] Gemeinde (»Genossenschaft«) und Herrschaft müssen daher im Sinne Otto Hintzes als – immer aufeinander bezogene – polare Gegensätze angesehen werden.

Bäuerliche und gemeindliche »Freiheit« sind gleichfalls unter diesen Gesichtspunkten zu beurteilen. Gemeindlicher »Autonomie« waren ebenso Grenzen gesetzt wie »Freiheit« für Bauern nur aus der Kumulation von »Befreiungen« bestehen konnte. Denn innerhalb eines gesellschaftlichen Gefüges, dessen »politische Ökonomie« auf dem Tausch von Schutz und Schirm gegen Beteiligung am Bodenertrag beruhte, war bäuerliche Abhängigkeit, auch wenn sie als »Gegenseitigkeit« vorgestellt wurde, grundlegend und nicht aufhebbar. Die bäuerlichen Gemeinden, die z. T. Rechte der früheren grundherrlichen Verwalter *(Meier, villicus)* übernahmen, wurden damit zugleich Vertreter grundherrlicher Interessen im Dorf. Sie sorgten zwar dafür, daß unmittelbare Eingriffe der Herren möglichst vermieden wurden, doch stabilisierten sie die *jüngere Grundherrschaft:* sie übernahmen Verwaltungsaufgaben und übertrugen die innerhalb des verdichteten *Siedlungsverbandes Dorf* erforderliche Konfliktregelung dem *Personenverband Gemeinde.* Die Janusköpfigkeit der Gemeinde kommt sehr deutlich in ihren Amtsträgern zum Ausdruck. Sie waren herrschaftlicher und gemeindlicher Herkunft und vereinten in ihrer Person häufig beide Kompetenzen. In der Frühen Neuzeit entwickelte sich bei den dörflichen Beamten – wie in den Städten – *Vetternwirtschaft*: sie nutzten die Gemeinde für private Zwecke aus und unterdrückten die Dorfbewohner wie irgendeine »Herrschaft«. Gemeinde an sich war also kein die herrschende Ordnung sprengendes Prinzip, sondern für deren Aufrechterhaltung und Sicherung durchaus funktional. Die Segmentierung der legitimen Gewaltausübung durch gemeindliche Teilhabe war allerdings von nicht zu unterschätzender Bedeutung.

Es leuchtet ein, daß angesichts dieser Sachverhalte der Begriff *kollektiv,* dessen geläufige Bedeutungen von *Gemeinschaft* und vom marxistischen Gesellschaftsverständnis bestimmt werden, zur Kennzeichnung bäuerlich-gemeindlichen Lebens und zur Charakterisierung von Bauern (meist im Sinn von *anonym*) zu allgemein und zu pauschal wertend ist. Er enthält mindestens drei unterschiedliche Bedeutungen, nämlich *kooperativ, gemeinschaftlich* und *gleich*, die keineswegs immer auf Gemeinde zutreffen. Statt der teilweise auch emotional und ideologisch aufgeladenen Qualifikation *kollektiv* erscheint es angemessener, sich vor Augen zu führen, welche gemeindebildenden Gemeinsamkeiten zwischen Bauern im wirtschaftlichen, sozialen und kulturellen Bereich feststellbar sind. Gemeinsam sein kann der Siedlungsplatz, die Arbeit der Landgewinnung und die Sicherung dieses Landes (z. B. in den Deichgenossenschaften), die Nutzung des Landes, die Bearbeitung des Landes, Besitz oder Nutzung von Wiesen, Wäldern, Flüssen, Arbeitsgeräten, Saatgut, die Organisation bäuerlicher Arbeit und Dienstleistungen für den Grund- bzw. Gerichtsherrn, die Leistung von Abgaben, die Verteilung der landwirtschaftlichen Erzeugnisse, die kultischen Pflichten, der rechtliche Status, der Gerichtsstand, die Nutzung von Privilegien (Schankrechte, Badestube, Brot- und Fleischbänke). Systematisch geordnet ergeben sich Gemeinsamkeiten 1. in der Organisation der Produktion (Land, Arbeit, Kapital), 2. in der asymmetrischen Beziehung zwischen Bauern und Herren, 3. im örtlichen Nebeneinanderwohnen und Zusammenleben, 4. im religiösen Kult. Das Ausmaß der Gemeinsamkeiten bestimmt die jeweilige Form der Gemeinde und ihren Zusammenhalt, ihre Konflikte, ihre Zuständigkeiten, die längere oder kürzere Dauer ihres Bestehens. Selbstverständlich wandeln sich gemeinsame Interessen auch oder gehen verloren. Dann kommt es darauf an, ob die gemeindlichen Institutionen ebenfalls aufgegeben werden oder ob sie in neuer Weise als sinnvoll definiert werden. Im 19. Jahrhundert blieb z. B. in vielen Dörfern, losgelöst von der neuen rechtlichen und wirtschaftlichen Situation, ein am Herkommen orientiertes gemeindliches Eigenleben erhalten.

Für die Analyse und Interpretation der Vielfalt von Gemeindebildung erweist es sich als wichtige Horizonterweiterung, daß neben die traditionellen Kriterien der Rechts- und Verfassungsgeschichte sowie der Volkskunde neue Aspekte getreten sind, die aus Untersuchungen von ländlichen Gemeinden in den Ländern der Dritten Welt gewonnen wurden. Die sehr vielgestaltige Forschungsrichtung der *peasant studies*[15] arbeitet mit dem Modell der *peasant society* und z. T. mit der Prämisse, daß es eine besondere Form des bäuerlichen Wirtschaftens *(peasant economy)* gebe, doch immer im Bewußtsein, daß es sich um Anleitungen zur Analyse existierender Verhältnisse handelt und es nicht darum geht, eine Theorie zu verifizieren. Inhaltliche Untersuchungsschwerpunkte sind die sozialen Ordnungen von Familie und Verwandtschaft, Ritual und Religion, die Familienwirtschaft. Die bäuerlich-dörfliche Gesellschaft wird zwar als Eigenwelt gesetzt, um deren Rationalität im Wirtschaften und Zusammenleben sowie in der kulturellen Orientierung herauszufinden, aber durchaus nicht von äußeren politischen, wirtschaftlichen, sozialen und kulturellen Einwirkungen isoliert, deren Bedeutung jedoch im einzelnen analysiert wird.

Die Untersuchung bäuerlicher Gemeinden in Europa kann von Einzelerkenntnissen profitieren – z. B. von der Vorstellung der »knappen Güter« *(limited good),*[16] die viele bäuerliche Handlungsweisen, die bisher unverständlich erscheinen, »sinnvoll« macht; sie kann sich von den *peasant studies* auch zu einem Perspektivenwechsel anregen lassen, der aber nicht einfach in der Umkehr von »oben« und »unten« und der entsprechenden Zuordnung von Wert oder Unwert bestehen darf, wie dies in der marxistischen Geschichtswissenschaft vielfach geschieht. Vielmehr ist nach den eigenen Deutungssystemen der jeweils zu untersuchenden Gesellschaft – ihren Bedeutungsträgern und Ausdrucksformen – zu fragen. Der Begriff »Kultur«, herkömmlich auf »Hochkultur« im Gegensatz zu »primitiven« Kulturen und auf »Elitenkultur« im Gegensatz zu »Volkskultur« fixiert, gewinnt dadurch einen umfassenden Charakter. Bäuerliche Kultur kann nicht länger als »abgesunkenes Kulturgut« oder Primitivismus disqualifiziert werden, sondern ist als eigenständige Ausdrucksform von bäuerlichen Deutungssystemen zu untersuchen.[17]

Die herkömmliche und die neuere Betrachtungsweise *(peasant studies)* zusammen führen zu einem besseren Verständnis der ländlichen Gesellschaft, in der bäuerliche Gemeinden eine zentrale Stellung eingenommen haben. Einen Versuch, die Anregungen der anthropologischen *peasant studies* in eine europäische Ethnologie umzusetzen, hat K. S. Kramer 1974 in seinem »Grundriß einer rechtlichen Volkskunde« vorgelegt. Anhand der archivalischen Überlieferung zur Kultur der »kleinen Leute in Stadt und Land« in der Frühen Neuzeit (16.–18. Jahrhundert) hat er »Ordnungen« ihrer Lebenswelt entwickelt und damit Zusammenhänge an Materialien erkennbar gemacht, die vorher nach Kriterien wie *Sitte* und *Brauch* klassifiziert worden waren. Doch sind damit längst nicht alle Anregungen der Anthropologie aufgenommen. Welche Möglichkeiten z. B. die Analyse der Familienwirtschaft und der Verwandtschaftssysteme für die Ermittlung dynamischer Kräfte in der bäuerlichen Gesellschaft bieten, haben Studien von

D. Sabean[18] und L. Berkner[19] gezeigt. Der Lernprozeß ist durchaus nicht einseitig. Anthropologen, die ihre Dörfer in Lateinamerika, Asien und Afrika zunächst vielfach als Isolat behandelt haben, was ihnen den Vorwurf der Ahistorizität eingebracht hat, haben den Wert historischer Betrachtungsweise und ihrer Ergebnisse erkannt und insbesondere für die Analyse des sozialen und kulturellen Wandels nutzen können.[20]

Mein eigenes Interesse an bäuerlichen Gemeinden soll nicht unterschlagen werden. Es entsprang dem Wunsch, die Geschichte der europäischen *Agrargesellschaft*[21] mit den Bauern als Subjekt und nicht bloß als menschlichem Bestandteil der »Agrarverfassung« (Faktor »Arbeit«) zu verstehen. Ein weiterer Impuls kam aus meinem regionalen Arbeitsgebiet (Ostpreußen) und der Auseinandersetzung mit dem Phänomen, daß in Ostelbien die mittelalterliche bäuerliche Freiheit in der Neuzeit in extreme Unfreiheit umschlug.[22] Die Quellen zeigen, daß die Bauern keineswegs namenlos-anonym waren, gerade wenn es um die Aneignung ihrer Arbeit ging. Ihre gesellschaftlich wirksame Handlungsform aber war die Gemeinde, sei es die spontane Form der *Einung*, sei es die Institution, so daß die Untersuchung der bäuerlichen Gemeinde am ehesten Antworten auf meine Fragen verspricht. Allerdings müssen dafür die Ergebnisse von historischen Teildisziplinen, die bäuerliche Arbeit und Verfaßtheit erforschen (z. B. Siedlungs-, Agrar- und Rechtsgeschichte), miteinander verknüpft werden. Manche Sachverhalte werden dadurch in neuem Licht erscheinen, andere sich erstmals als relevant herausstellen. Der Zusammenhang, auf den meine Fragen zielen, ist weder der einer Entwicklungsgeschichte der bäuerlichen Gemeinde noch der einer »deutschen Geschichte ›von unten‹« (P. Blickle).[23] Vielmehr geht es mir um Einblicke in die Struktur gesellschaftlicher Beziehungen unter den Bedingungen der mittelalterlichen und der frühneuzeitlichen ständischen Agrargesellschaft.

Der synchrone Vergleich in der Gegenüberstellung von »ostelbischer« und »altdeutscher« bäuerlicher Gemeinde sowie der diachrone Vergleich mittelalterlicher und frühneuzeitlicher Gemeindeformen sollen den Prozeß der Veränderung gesellschaftlicher Konstellationen aufzeigen. *Bäuerliche Gemeinde* kann daher kein terminus technicus mit einer festen Definition sein, die sich allein am Maßstab *Immunität* oder *Autonomie* bemißt, sondern muß ebenso die tatsächlichen und sich wandelnden Wirkungsmöglichkeiten sowie den Zusammenhang von bäuerlicher Familie und lokaler Gemeinde im Blick behalten, wenngleich nicht alle diese Gesichtspunkte in gleicher Ausführlichkeit dargestellt werden können.

Franz Steinbach hat 1948 erklärt, für eine Gesamtdarstellung der Geschichte der bäuerlichen Gemeinde (»Landgemeinde«) sei es zu früh, weil es noch zu viele Forschungslücken gebe.[24] Günther Franz hat diese Lücken 1970 wiederum vor allem für die Frühe Neuzeit festgestellt.[25] Für die mittelalterlichen Gemeinden gibt es inzwischen aber – zwar nicht überall in gleicher Weise, doch insgesamt – eine solche Fülle von Literatur, daß es eher schwer fällt, einen roten Faden zu finden, weil Leitbegriffe wie *Herrschaft und Genossenschaft, Freiheit, Autonomie* und *Selbstverwaltung* nicht ausreichen, um die Entwicklung bäuerlicher Gemeinden vom Mittelalter zur Neuzeit angemessen zu erfassen. Die folgende Darstellung bäuerlicher Gemeinden in Deutschland schließt selbstverständlich an die vorliegenden Forschungsergebnisse an, zugleich versucht sie, drei Gesichtspunkte der *peasant studies* nutzbar zu machen:

(1) indem sie nach den organisierenden Kräften innerhalb der Gemeinde, nach äußeren Einwirkungen sowie den Wechselwirkungen beider fragt;

(2) indem sie nach den vertikalen oder horizontalen Solidaritäten fragt: im Alltagsleben, in innergemeindlichen Konflikten und in Konflikten mit der Außenwelt (Grundherr, Staat, Stadt-Kaufleute);

(3) indem die Art der Beziehungen zwischen der lokalen bäuerlichen Gemeinde und der »größeren Gesellschaft« (Gesamtgesellschaft) in verschiedenen historischen Epochen und in verschiedenen deutschen Regionen untersucht wird.

Mit dieser Verbindung von Fragestellungen verschiedener Forschungsansätze ist es eher möglich, Ausprägungen und Funktionen der bäuerlichen Gemeinde zu erkennen und zu bewerten.

Anders als die am Geltungsbereich deutschen Rechts orientierte Rechts-, Verfassungs- und Siedlungsgeschichte begrenze ich meine Darstellung auf Deutschland im engeren geographischen Verstand (Grenzen von 1938). Die Zeitspanne, die für Entstehung und Entwicklung der Gemeinden zu bearbeiten ist, umfaßt das 11. bis 19. Jahrhundert. Doch ist zur Erklärung der Entstehung ein kurzer Abschnitt über die »Wurzeln« im 6.–10. Jahrhundert vorgeschaltet. Abschließend soll der Wandlungsprozeß der bäuerlichen Gemeinde im 19. Jahrhundert skizziert werden. Mit dem Wandel zur *Landgemeinde* beginnt allerdings ein neues Kapitel ihrer Geschichte, das hier nicht geschrieben werden kann, sondern einer eigenen Bearbeitung bedarf.

Die Darstellung erhebt nicht den Anspruch auf handbuchmäßige Vollständigkeit und systematische Gleichbehandlung der bäuerlichen Gemeinden in allen Regionen. Vielmehr werden am Beispiel der zuerst ausgebildeten Gemeinden in den Gebieten der Ostsiedlung die Grundlagen, etwa die Dreifelderwirtschaft, ausführlicher erläutert und in den sich anschließenden Kapiteln vorausgesetzt. Da es um ein umfassendes Verständnis von Gemeinde geht, erscheint diese integrierende Vorgehensweise gegenüber einer streng systematisierenden gerechtfertigt.

III. Wurzeln der bäuerlichen Gemeinde

(6. – 10. Jahrhundert)

Die lange vorherrschende Auffassung, daß für die Siedlungsstruktur und die wirtschaftlich-soziale Verfassung der germanischen Stämme nach Abschluß der Völkerwanderung große Haufendörfer und die Markgenossenschaft der Gemeinfreien bezeichnend gewesen seien, ist wissenschaftlich überholt.[1] Es fehlt zwar an schriftlichen Zeugnissen für die Zeit des frühen Mittelalters, doch haben die Orts- und Flurnamenforschung, die genetische Siedlungs- und Flurforschung sowie neuerdings die Gräberfeldarchäologie nachgewiesen, daß das Kleindorf die häufigste Siedlungsform war. Es gab auch Einzelhöfe *(villa, curtis)* als Vielhausanlagen, die allerdings mehr für die Wohnweise des entstehenden Adels charakteristisch gewesen zu sein scheinen als für die von Bauern. Größere Siedlungen, die eher den geläufigen Vorstellungen von »Dorf« entsprechen, finden sich nur in Gebieten, die auf Grund der naturräumlichen Beschaffenheit (Boden, Klima) und ihrer Verkehrslage begünstigt waren, vor allem dort, wo Siedlungskontinuität seit römischer Zeit bestand, während die weniger begünstigten Orte häufig verlassen und nach der »Völkerwanderung« neu besiedelt wurden.[2] Diese Erkenntnis entspricht auch eher den niedrigen Bevölkerungszahlen Mitteleuropas, die man für diese Zeit errechnet oder vielmehr geschätzt hat.[3]

Die wichtigsten wirtschaftlichen Tätigkeiten waren zweifellos Getreideanbau und Viehzucht. Die Ackerfluren wurden individuell bearbeitet und waren individueller Besitz. Die Nutzung der Wälder spielte eine zentrale Rolle für die Ernährung von Menschen und Vieh, da es wenig Naturwiesen gab und die Überwinterung des Viehs auf die Laubfütterung und die fruchttragenden Bäume, die damals noch vorherrschten, angewiesen war. Angesichts des Waldreichtums bedurfte es zunächst keiner Abstimmung über die Nutzungsrechte, die ja immer eine Mangelverwaltung darstellt. Es bestand wenig Anlaß, wirtschaftlich zusammenzuarbeiten. Diese Wirtschaftsweise wird einerseits als *Naturalwirtschaft* bezeichnet, weil die kommerziellen Tauschbeziehungen wenig ausgebildet waren und, von Fernhandelsprodukten abgesehen, kaum über den »Markt« liefen, andererseits als *Subsistenzwirtschaft,* die hauptsächlich für den Bedarf des eigenen Haushalts produzierte (»geschlossene Hauswirtschaft«). Die Haushalte konnten kleiner oder größer sein, je nach dem Umfang des nutzbaren Landes und der Anzahl der arbeitenden Menschen,[4] doch beherrschte die Vorstellung vom *Bedarf,* nicht die des *Profits,* das wirtschaftliche Verhalten der Menschen. Bedarf ist allerdings nicht als »kalorisches Minimum« zu verstehen, sondern umfaßt auch den – je nach sozialer Stellung – standesgemäßen Aufwand. Da der Wert eines Menschen – zu ihnen wurden nur die Freien, nicht die als »Sache« geltenden Unfreien gerechnet – in Wergeld ausgedrückt wurde, war Geld ein durchaus geläufiger Maßstab, diente aber nicht primär als abstraktes Tauschmittel. Unter diesen Umständen wird verständlich, daß die soziale Differenzierung nicht in erster Linie in wirtschaftlichen Begriffen ausgedrückt wurde, sondern im persönlichen rechtlichen Status, als »frei« und »unfrei«. Durch die Stammesrechte und die sehr unterschiedliche Ausstattung der Gräber in den Gräberfeldern des 6. und 7. Jahrhunderts ist gesichert, daß die angesiedelten Stammesgesellschaften[5] in sich klar differenziert waren: neben einer ganz kleinen Gruppe von »Fürsten« gab es, wie Waffen als Grabbeigaben beweisen, eine große Gruppe von waffenfähigen Leuten sowie eine weitere große Gruppe von Menschen, die ohne Beigaben bestattet wurden und daher wohl zu den unfreien Bauern und zum Gesinde gezählt werden müssen.

Die Grundform der sozialen Organisation war der *Haushalt,* der neben der Kernfamilie des Hausherrn eine Anzahl von Abhängigen in sehr unterschiedlichen sozialen Positionen umfassen konnte.[6] Die Frage, ob die Mitglieder eines Haushaltes miteinander verwandt waren – im Alltagsverständnis eine »Sippe« bildeten – oder ob neben Verwandten auch Fremde dazugehörten, ist nicht ausschlaggebend, weil es für das auf persönlichen Abhängigkeiten beruhende Organisationsprinzip keinen Unterschied machte. Die aus der Rechtsgeschichte bekannten *Sippen*[7] scheinen rechtliche Verbände gewesen zu sein, für die eine biologische Grundlage ursprünglich einmal gegeben gewesen sein mag, die für die Konstruktion der rechtlichen Beziehungen aber keine Bedeutung mehr besaß.

Auf der lokalen Ebene war die *Nachbarschaft*[8] das wesentliche soziale Band zwischen den einzelnen Haushalten. Ihre Solidarität konnte sich zwar durchaus auf Verwandtschaft gründen, ebenso aber auf der Notwendigkeit, gemeinsam gegen äußere Feinde vorzugehen und den Frieden untereinander zu sichern. Der Solidarität der lokalen Gruppe gegenüber der Außenwelt – im fränkischen Stammesrecht z. B. erscheint diese Solidarität als Näherrecht der Nachbarn gegenüber »Fremden« – wurde im Hinblick auf die Binnenbeziehungen vor allem durch den gemeinsamen religiösen Kult bewirkt. »Die Nachbarschaftsgemeinde war keine Produktionsgemeinschaft«, hat E. Pitz treffend formuliert.[9]

Die frühmittelalterliche ländliche Gesellschaft war auf der lokalen Ebene also durch persönliche Abhängigkeiten im »Haus« sowie durch nachbarliches Nebeneinander gekennzeichnet. Sie stellten die einzigen dauerhaften Ordnungen dar, während übergeordnete Gewalten im Entstehen waren und sich ihre Institutionen erst noch schaffen mußten. Überlokale Personalverbände waren zum einen die Sippe als Rechtsverband, zum anderen die Versammlung des »Volkes« als Wehrverband und als Gerichtsgemeinde. Es bestand eine segmentäre Gliederung der Gesellschaft nach Haushalten, die in sich und untereinander hierarchisch angeordnet waren.

Das frühmittelalterliche gesellschaftliche Gefüge wurde im Verlauf von Wachstumsprozessen der Bevölkerung und ihrer Wirtschaft verändert. Diese Prozesse begannen bereits im 6. Jahrhundert und standen mit neuen Entwicklungen in der Herrschaftssphäre in Wechselwirkung, nämlich mit der Herausbildung zentraler politischer Strukturen im karolingischen Reich und der Durchsetzung der *älteren Grundherrschaft* als Herrschaftsprinzip des »platten Landes«. Erst im Verlauf dieses Prozesses entstanden *Bauern*[10] und *Adel*[11] als aufeinander bezogen soziale Gruppen, die arbeitsteilig bestimmte allgemeine Aufgaben für die Gesellschaft erfüllten (Produktion – Verteidigung), deren Leistungen jedoch gesellschaftlich unterschiedlich gewichtet wurden.

In einer komplexeren und hierarchisch gegliederten Gesellschaft gewann die Fähigkeit, anderen »Schutz und Schirm« zu gewähren, damit aber auch die Möglichkeit, Zwang auszuüben, immer größere Bedeutung. Die allgemeine Unsicherheit gerade des 9. Jahrhunderts (Normannen) und die Unmöglichkeit, sich als einzelner davor zu schützen, waren für viele Freie ein Grund, sich in den Schutz mächtiger geistlicher und weltlicher Herren zu begeben und sich von den Grundherren ihr ehemals freies Land mit bestimmten Nutzungsbedingungen zurückgeben zu lassen. Dieser Vorgang, der als »Vergrundherrschaftung« bezeichnet wird, bedeutete für die betroffenen Bauern einen sozialen und rechtlichen Abstieg. Trotzdem darf keineswegs davon ausgegangen werden, daß durch diesen Vorgang die Nivellierung innerhalb der grundherrlichen Verbände zu rechtlich, wirtschaftlichen und sozial gleichen Bauern geführt hat. In der Differenzierung der grundherrlichen *familia* ist meist noch die ganz verschiedenartige Herkunft ihrer Mitglieder zu erkennen. Ebenso wichtig wie die Bedingungen, unter denen sich ein Freier dem Herrn ergeben hatte, war die räumliche Nähe oder Ferne zum Herrenhof. Je näher der Bauer am Verwaltungs- und Wirtschaftszentrum lebte, desto größer war im allgemeinen seine Abhängigkeit. Die Bauern in der Nähe wurden bevorzugt zur Bearbeitung des Sallandes eingesetzt und konnten dementsprechend kaum oder gar nicht selbständig wirtschaften. Dagegen waren die Bauern an der Peripherie einer Grundherrschaft praktisch selbständige Wirtschafter, ebenso diejenigen, die in keiner direkten räumlichen Beziehung zum Herrenland standen, also auf dem sehr verbreiteten »Streubesitz« lebten. Mit der Einbeziehung in eine Großgrundherrschaft war zwar Abhängigkeit verbunden, doch zugleich bildeten sich neue Solidaritäten, insbesondere durch die grundherrlichen Gerichtsverbände, da die Bauern als Urteiler an der Rechtssprechung mitwirkten.[12]

Das »Modell« der älteren Grundherrschaft[13] ist auf Grund der Überlieferungen für die großen geistlichen und königlichen Villikationen (Großgrundherrschaften) entworfen worden. Über die kleinen weltlichen Herrschaften sind kaum Einzelheiten bekannt. Obwohl es in der Ausgestaltung von Grundherrschaft zweifellos regionale Unterschiede gab, die mit der Art der landwirtschaftlichen Nutzung, z. B. Wein- oder Getreideanbau, zusammenhingen, ist die Klassifikation der »älteren Grundherrschaft« nach dem Status des Herren (König, Klöster, große und kleine adlige Herren) gerechtfertigt; denn die Unterschiede in der Größe des Besitzes, der Zusammensetzung, Streuung oder Konzentration der abhängigen Leute und der Qualität der Herrschaftsrechte führten zu jeweils bezeichnenden Interaktionsformen zwischen Herren und Bauern.

Der Vorgang der »Vergrundherrschaftung« konstituierte die Bauern als gesellschaftliche Gruppe mit den Merkmalen rechtlicher Unfreiheit und wirtschaftlicher Abhängigkeit. Zugleich wurden sie in ein Netzwerk politischer, wirtschaftlicher und kultureller Beziehungen eingebunden, das in den zeitgenössischen Zeugnissen als Abhängigkeiten vom Königtum, von der Grundherrschaft und von der Kirche erscheint. Diese lebten von der Arbeit der Bauern und mußten Verwaltungsformen entwickeln, um ihre herrschaftlichen Ansprüche durchzusetzen und zu sichern: die *Pfarrei,* die *Gerichtsbarkeit* und die *ältere Grundherrschaft* (Villikation). Die Rechts- und Verfassungsgeschichte hat die Entstehung dieser Institutionen als fortschrittliches Element im Prozeß des Staatsaufbaus herausgestellt. Diese berechtigte Sicht muß jedoch ergänzt werden. Denn gleichzeitig führte die wachsende Menschenzahl zur Siedlungsverdichtung *(Verdorfung),* die – im Prozeß der Gemeindebildung institutionalisiert faßbar – für die weitere Entwicklung ebenso wichtig wurde. Zwar nahm die Grundherrschaft Einfluß auf die lokale bäuerliche Organisation, bestimmender war jedoch die Eigendynamik des Bevölkerungswachstums und der damit verbundenen wirtschaftlichen Expansion. Das Wachstum der Bevölkerung läßt sich am besten an der Erweiterung bestehender Siedlungen und an Neusiedlungen auf Rodungsland nachweisen. Kerndörfer mit 10–20 Höfen entstanden durch die Erweiterung von Weilern, die Zusammenlegung oder das Zusammenwachsen mehrerer Kleinsiedlungen und Einzelhöfe oder durch planmäßige Neusiedlung. Trotzdem blieben diese Dörfer – außer in naturräumlich offenen, siedlungsbegünstigenden Gegenden – bis in das hohe Mittelalter vergleichsweise klein.

Mit der Vergrößerung der Dörfer nahm auch die Fläche des intensiv landwirtschaftlich genutzten Landes um die Dörfer zu *(Vergetreidung).* Die Entfernungen zwischen Dorf und Flurgrenzen wuchsen, und es erwies sich als notwendig, die Rechte der einzelnen Bauern gegeneinander abzugrenzen und zu fixieren. Die neuen wirtschaftlichen Probleme löste anscheinend zunächst die – als soziale und kultische Einheit ursprünglich alle Einwohner umfassende – *Nachbarschaft.* Sie erwarb damit eine wirtschaftliche Kompetenz, die jedoch nur einen Teil der Dorfbewohner, nämlich die Nutzungsberechtigten anging. Erst in einem weiteren Stadium von Dorferweiterung und Bevölkerungswachstum erzwang die Begrenztheit des mit damaligen technischen Mitteln bebaubaren Landes, zum einen die Nutzung von Feldern, Wiesen, Wald und Weiden *(Allmende)* auf das genaueste aufeinander abzustimmen, zum anderen individuelle und gemeinsame Nutzung ein und desselben Stück Landes zu regeln *(Flurzwang).* Ständige Aufgaben riefen nach institutioneller Absicherung und veranlaßten die Bauern, lokale Wirtschaftsverbände zu bilden. Ihre gewählten Sprecher, denen sie die Regelung dieser wirtschaftlichen dörflichen Angelegenheiten übertrugen, vertraten zugleich in Streitfällen oder geschäftlichen Angelegenheiten die Interessen des Dorfes gegenüber den Herren.

Hervorzuheben ist, daß sich in einem recht frühen Stadium der bäuerlich-dörflichen Entwicklung ein doppeltes institutionelles System abzeichnete: (1) ein herrschaftliches System, dessen Vertreter *(Vogt, Schultheiß, Meier, Ammann)* im allgemeinen auf einem Herrenhof saßen und für einen größeren Bezirk zuständig waren; (2) lokale bäuerliche Institutionen, die aus der Organisation nachbarschaftlichen Zusammenlebens, bäuerlicher Kooperation und der Teilhabe an der Rechtsprechung erwuchsen: *Bauermeister, Heimbürge, Zender, Honne.* Das bäuerliche System gründete sich auf gemeinsames Siedeln und Arbeiten und schuf *horizontale* Solidaritäten. Das grundherrschaftliche System – als bezeichnender Typ mittelalterlicher Herrschaft – beruhte auf dem Tausch von »Schutz und Schirm« gegen »Rat und Tat« und konnte *vertikale* Solidaritäten zwischen Herren und Bauern schaffen, wenn die Herren dem Anspruch auf »Gegenseitigkeit« ihrerseits durch Gewährung von Schutz nachkamen, was allerdings z. B. bei Streubesitz nicht leicht einzuhalten war. Auch die von außen vorgegebene bäuerliche Organisation konnte im Gemeindeverband integrierend wirken. Das wichtigste Beispiel dafür sind die Gerichtsversammlungen. Zwar fanden die Gerichtstage im Hof des Herren statt, doch waren Bauern oder ihre Vertreter (Schöffen) die eigentlichen Urteiler. Nicht unterschätzt werden darf schließlich, daß sich horizontale Solidaritäten auch durch die regelmäßigen Kontakte zwischen den Bauern einer Grundherrschaft oder eines Gerichtsbezirkes entwickeln konnten.

Obwohl das grundherrschaftliche System niemals das gesamte Land überzog – die besten Gegenbeispiele sind Ostfriesland und Dithmarschen –, war es nichtsdestoweniger eine zentrale steuernde Macht im wirtschaftlichen und sozialen Leben des Mittelalters. Wenn auch keineswegs alle wirtschaftlichen Fortschritte auf die Grundherrschaft zurückgehen, spielte sie bei deren Durchsetzung und Verbreitung doch eine wichtige Rolle. Im Gegenzug schuf die gemeinsame Ablehnung herrschaftlicher Forderung durch spontane Schwurverbände *(Einungen)*[14] den bäuerlichen Korporationen zusätzlichen Zusammenhalt.

Aus der Hochphase des mittelalterlichen Landesausbaus im 12. Jahrhundert ist eine Anordnung des thüringischen Landgrafen Ludwig überliefert, der darin einer nicht namentlich genannten Person und den ihr unterstehenden Rodern *(cum omnibus tibi subiectis extirpatoribus)* das wilde Roden in seinen Wäldern verbietet.[15] Der soziale und rechtliche Status des »Anführers« ist zwar nicht erkennbar, die ihm unterstehenden Roder waren aber zweifellos Bauern, die sich durch die harte Arbeit der Urbarmachung Besitz verschaffen wollten. Wenn es im 12. Jahrhundert möglich war, daß Bauern – zunächst unbemerkt – ohne herrschaftliche Erlaubnis in Waldgebiete eindrangen, ist es denkbar, daß sie dies auch früher bei noch weniger dichten Herrschaftsverhältnissen taten. Nachrichten über die Erschließung der Besitzungen des Klosters Fulda sind so gedeutet worden,[16] doch hat sich inzwischen gezeigt, daß sich die Traditionsnotizen – wie an sich nicht anders zu erwarten – auf konkurrierende Ansprüche von einheimischem Adel und »fremden« Klosterleuten beziehen.[17] Die Frage nach der Eigeninitiative von Bauern ist damit jedoch nicht beantwortet. Denn der hochmittelalterliche Landesausbau dürfte den rodenden Bauern gegenüber den Grundherren eine gute Position verschafft haben, weil ihre Arbeit nicht unbegrenzt vorhanden, d. h. knapp, war und weil sie nicht allein, sondern in kleineren oder größeren Gruppen arbeiteten. Individuell dürfte sich ihre wirtschaftliche Lage nach dem Grundsatz »Arbeit schafft Eigentum« – nach mittelalterlichem Verständnis im Sinne von guten Nutzungsrechten – verbessert haben.[18] Zugleich förderte die gemeinsame Arbeit zweifellos innerhalb der Gruppe besondere Bindungen, die mit zu den Wurzeln gemeindlicher Organisation gehören.

Als Voraussetzungen für die Ausbildung bäuerlicher Gemeinden lassen sich also nachweisen: Nachbarschaften (lokale soziale Einheiten) und ihre Weiterentwicklung zu wirtschaftlichen Verbänden (Genossenschaften), überlokale Personalverbände im Rahmen der Grundherrschaft sowie möglicherweise bäuerliche Gruppen, die aufgrund gefragter Leistungen besondere Rechte erlangten und lokale Bindungen verstärkten.

IV. Herrschaft mit Bauern

Bäuerliche Gemeinden vom 11. bis zum 16. Jahrhundert

Bis zum 11. Jahrhundert sind in Altdeutschland (Deutschland westlich der Elbe) Elemente bäuerlichen Zusammenhalts und bäuerlicher Selbstverwaltung entwickelt worden, bäuerliche Gemeinden im rechtlichen und verfassungsmäßigen Sinn aber sind zuerst in den deutschen Gebieten bezeugt, die seit Karl dem Großen zum Reich kamen: in Norddeutschland, in den mittel- und ostelbischen Gebieten und in Österreich. Die bäuerliche Gemeinde als Institution ist also nicht als »natürliches« Ergebnis einer kontinuierlichen und stetigen Vermehrung von Zuständigkeiten entstanden, sondern als Folge besonderer Konstellationen, die den Bauern gegenüber Grundherren und Landesherren eine – in wirtschaftlicher, militärischer oder politischer Hinsicht – günstige Verhandlungsposition verschafften.[1]

So konnten bayerische Neusiedler während des frühen Mittelalters keine gemeindliche Freiheit, nur eine Verbesserung ihres persönlichen Status und ihrer wirtschaftlichen Lage erlangen. Wie begrenzt der bäuerliche Handlungsspielraum war, zeigt auch die Lage der »Königsfreien«, die als Militärbauern auf Königsland nur im Hinblick auf ihren persönlichen rechtlichen und wirtschaftlichen Status privilegiert waren.[2] Erst Wandlungen im bäuerlichen Handlungsraum seit dem 11. Jahrhundert ermöglichten die Herausbildung selbständiger bäuerlicher Gemeinden.

Eine Reihe von Voraussetzungen dafür war im Rahmen der älteren Grundherrschaft entstanden. Dennoch bedurfte es der Auflösung ihres wirtschaftlichen Zentrums, der mit unfreier Arbeit betriebenen Eigenwirtschaften, um dem Prinzip der bäuerlichen Familienwirtschaft und der räumlichen Distanzierung von der Herrschaft in dörflicher Siedlungskonzentration *(Verdorfung)* zum Durchbruch zu verhelfen.[3] Die Ursachen für die Auflösung der älteren Grundherrschaft seit dem 12. Jahrhundert waren vielfältig. Am wichtigsten war wohl die geringe Produktivität des Sallandes im Vergleich mit den Erträgen der selbständigen bäuerlichen Wirtschaften,[4] die kostenintensive Beaufsichtigung der Eigenwirtschaft durch besondere »Beamte« sowie das Anwachsen der Bevölkerung mit der Folge, daß Lohnarbeit billiger wurde als »Zwangsarbeit«. Nicht zuletzt entwickelten die Grundherren eine neue Bedürfnisstruktur, die eher von einer *Rentengrundherrschaft* mit kalkulierbaren Einkünften, als von der bedarfsdeckenden *älteren Grundherrschaft* erfüllt wurde. Die selbständigen Bauern orientierten sich am Markt, nicht mehr am Bedarf des grundherrlichen Hofes. Insgesamt wurde für die ländliche Bevölkerung Mobilität kennzeichnend, und zwar nicht nur hinsichtlich ihrer Bewegungsfreiheit, sondern auch im Hinblick auf ihre wirtschaftlichen Möglichkeiten. Die Form, in der sie sich äußerte, wird von den Herren vielfach als »Flucht« bezeichnet.[5] Das verweist auf Eigenwillen der Bauern und läßt erkennen, daß bei der Aufgabe der Eigenwirtschaft die Handelnden nicht nur die Grundherren waren, die von sich aus auf strukturelle Veränderungen reagierten, sondern daß ihre Bauern ebenfalls handelten und somit ganz entscheidend zur Herausbildung eines neuen ländlichen Herrschaftssystems, der *jüngeren Grundherrschaft,* beitrugen.[6]

Die verschiedenen Formen der Interaktion zwischen Herren und Bauern hatten unterschiedliche Ergebnisse. Es gibt nicht *die* mittelalterliche Gemeinde, die sich knapp definieren ließe, es entwickelte sich vielmehr eine Reihe von Gemeindeformen, die jeweils im orts- und im landesgeschichtlichen Zusammenhang bewertet werden müssen. Andererseits dürfen die Unterschiede zwischen diesen Regionalformen aufgrund der landschaftlich unterschiedlichen Terminologie für gemeindliche Institutionen auch nicht überschätzt werden. Faktoren, die bei der Gemeindebildung eine Rolle spielten, waren sicher die jeweilige Form der älteren Grundherrschaft, ebenso aber das gleichzeitige Einwirken der städtischen Entwicklung, deren soziale Vorbildfunktion für die Bauern und deren Marktfunktion für Bauern wie Herren eine neue wirtschaftliche Orientierung verlangte und bot. Schließlich vollzogen sich grundlegende Umgestaltungen der Herrschaftsphäre: zum einen im Verhältnis von König und Reich sowie im Verhältnis von König und Territorialherren, zum anderen eine Neubildung des Adels aus dem älteren Adel und der aufsteigenden Ministerialität. Sie führten zu einer Herrschaftsintensivierung auf dem Lande mit den Burgen als sichtbaren Herrschaftszeichen, gebaut mit bäuerlicher Fronarbeit.[7] Angesichts dieser komplexen Zusammenhänge ist es fraglich, ob die für die »jüngere Grundherrschaft« erarbeiteten *Regional*typen (F. Lütge)[8] ohne weiteres den Rahmen für eine Typisierung der bäuerlichen Gemeinden abgeben können. Denn sie heben allein auf Herrschaft ab, ohne die Rolle von einerseits Naturraum, andererseits übergeordneten politischen Räumen zu berücksichtigen, während bäuerliches Handeln sich nicht zuletzt unter den spezifischen Bedingungen entfaltete, die das karolingische Reich in seinen Kern- und Randstaaten sowie den jeweiligen Nachfolgestaaten setzte. Otto Hintze hat diesen historisch-geographischen Zusammenhang für seine weltgeschichtlichen Analysen entworfen,[9] er erweist sich jedoch als ebenso geeignet und weiterführend für die Analyse bäuerlicher Gemeindeformen. Darauf deutet bereits die vorn erwähnte Tatsache, daß selbständige bäuerliche Gemeinden zuerst in der Peripherie des Reiches auftraten. Zu den Randgebieten rechnen nicht nur die Territorien an der Nordsee und die Marken an der Ostgrenze des Reiches, sondern auch die Grenzräume zwischen Deutschland und Frankreich mit ihren »befreiten Dörfern«.[10]

Es ist also eine Reihe von Variablen zu berücksichtigen, die (1) zu regionalspezifischen Ausprägungen von Gemeinden führten und die (2) innerhalb der Regionalformen Aufschluß über die tatsächlichen Machtverhältnisse zwischen Herren und Bauern geben können.

Die Genealogie der bäuerlichen Gemeinde setzt meistens mit den niederländischen Siedlungen in den Weser- und Elbmarschen ein, die seit 1113 bezeugt sind. Für fast die gleiche Zeit können bäuerliche Gemeinden fränkischer Siedler südlich von Meißen erschlossen werden. Die Entstehung der niederösterreichischen bäuerlichen Gemeinden wird ebenfalls für die ersten Jahrzehnte des 12. Jahrhunderts angesetzt. Im folgenden werden zunächst die niederländische sowie die mittel- und die ostelbische bäuerliche Gemeinde behandelt. Wegen ihrer großen Bedeutung für die Entwicklung der ostdeutschen Regionen in der frühmodernen Zeit wird die ostdeutsche bäuerliche Gemeinde deutlich im Mittelpunkt stehen. Die zeitlich späteren Ausprägungen bäuerlicher Gemeinden in Altdeutschland sollen vor diesem »kolonialen« Hintergrund dargestellt werden.

1. Bäuerliche Gemeinden in den Weser- und Elbmarschen und ihre Vorbilder in den Niederlanden

In niederländischen Neusiedlungen (Grafschaft Holland, Grafschaft Flandern, Bistum Utrecht)[11] waren seit dem 10. Jahrhundert zwei zentrale Elemente gemeindlicher Selbständigkeit ausgebildet worden: das *Erbzinsrecht* der Bauern und die *Immunität* des lokalen bäuerlichen Niedergerichtsverbandes. Das Erbzinsrecht war im Mittelalter das weitestgehende bäuerliche Besitzrecht: der Hof konnte vererbt werden, und die Abgaben waren auf einen bestimmten Betrag festgelegt; daß die Lokalisierung des Niedergerichts in einem Dorf dieses zu einer »Immunität« machte, bedeutete »Freiheit von fremder herrschaftlicher Gewalt und Grundlage eigener Herrschaft« (D. Willoweit).[12] Für die niederländischen wie für die nord- und ostdeutschen Neugründungen ebenso bezeichnend wurde der *Lokator* als der eigentliche Dorfgründer. Er warb die Siedler an und leitete die Kolonisation, die einen hohen Kapitaleinsatz verlangte. Es war der Lokator, der einen Ansiedlungsvertrag mit dem Landesherren schloß und der für seine »Mühe« mit Einkünften aus dem lokalen Niedergericht und der Belehnung mit dem Zehnt entschädigt wurde. Die Bauern blieben der Herrschaft des Landesherren *direkt* unterstellt. Diese günstigen Bedingungen für Neusiedler breiteten sich im Zuge des im 10./11. Jahrhunderts allgemein beginnenden Landesausbaus vom Niederrhein nach Süden wie nach Osten in die Flußmarschen von Weser und Elbe aus.[13]

Niederländische Kolonisten erschienen erstmals 1113 (nicht 1106, wie die ältere Datierung lautet) vor dem Bremer Bischof, und zwar Leute aus der Utrechter Gegend unter Leitung ihres Pfarrers, und baten um Landzuweisung.[14] Die ihnen zugestandenen Rechte ihrer Herkunftsorte waren nicht auf die Niederländer beschränkt, sondern galten auch für die an der Siedlung beteiligten »Eigenleute« aus der Umgegend, die vollberechtigt zum Dorfverband gehörten; auf das von ihnen bewirtschaftete Land konnten ihre (Leib)herren selbstverständlich keine Anrechte geltend machen.

Der weitere Fortgang der niederländischen Fernwanderung läßt sich urkundlich nur punktuell verfolgen. Als »Leitfossil« zur Erschließung des niederländischen Siedlungsgebiets in den Marschen der Elbe dient neben den Flurformen die Verbreitung des »hollischen [holländischen] Rechts«.[15] Es unterschied sich insbesondere in der Regelung des Erbgangs (Gleichstellung von Söhnen und Töchtern) vom Recht der benachbarten sächsischen Siedlungen. Ein weiterer Unterschied war die Lokalisierung der niederen Gerichtsbarkeit im Dorf, die der Schulz als Vorsitzender des Gerichts zusammen mit den gewählten Schöffen ausübte, während nach sächsischem Recht die gesamte Gerichtsgemeinde als »Umstand« im Goding, dem Gericht der Dorfschaftsverbände (Goe), beteiligt war.

Für die naheliegende Vermutung, daß das Niederelbegebiet zum Ausgangspunkt für die folgende Erschließung des Elbe-Saale-Raumes wurde, gibt es keine Bestätigung. Vielmehr bestimmte weiterhin niederländische Fernwanderung die Neusiedlung. Das Beispiel des Bremer Bischofs, der die Niederländer durch Privilegierung unterstützte, hat allenfalls auf die Landesherren der benachbarten Territorien Einfluß ausgeübt. Bei Albrecht dem Bären, der in einigen bremischen Ansiedlungsurkunden als Zeuge auftritt, ist ein solcher Zusammenhang offensichtlich. Der Siedlungsaufruf des Grafen von Schauenburg im Jahr 1143 richtete sich an Flamen, Holländer, Bewohner des Bistums Utrecht, an Westfalen und Friesen. Es kamen nicht nur bäuerliche Siedler, sondern ebenso Bürger für die etwas später gegründeten Städte.[16] Daß der Aufruf für die Besiedlung des östlichen Holstein (Wagrien) erfolgreich war, zeigt die Verbreitung des hollischen Rechtes in der Gegend um Eutin. Damit soll nicht gesagt werden, daß sich nicht auch die Einwanderer in den Elbmarschen am Landesausbau beteiligt haben. Ihre Beteiligung kann zunächst aber nicht groß gewesen sein, weil sie selbst noch voll mit der Landgewinnung beschäftigt waren.

2. Bäuerliche Gemeinden in den mittel- und ostelbischen Territorien[17]

Obwohl die Teilung Deutschlands in Ostelbien und (westelbisches) Altdeutschland geläufig ist, darf »Elbgrenze« nicht wörtlich verstanden werden. Vor allem muß man sich von der Vorstellung lösen, diese Grenze könne sich auf die Siedlungsgrenze zwischen Deutschen und Slaven zurückführen lassen. Der Unterlauf der Elbe besaß keineswegs Grenzcharakter; diesen hatte die Elbe erst südlich von Hamburg bis etwa Lauenburg, nur dort grenzte sie deutsche und slavische Gebiete gegeneinander ab. Die Grenze zwischen deutschem und slavischen Siedlungsgebiet verlief von der Kieler Bucht im Norden über die holsteinische Seenplatte nach Lauenburg, von dort über Lüneburg an den Oberlauf der Aller, wich dort nach Osten bis in die Gegend von Magdeburg zurück, folgte dem Lauf der Saale nach Süden bis ins Obermaingebiet, wich erneut nach Osten an die Mittelgebirgskette zurück, um schließlich an der Enns die Donau zu überschreiten.

Die Ausdehnung des Reiches nach Osten und die Errichtung der Marken hatte recht früh Einfluß auf Siedlungs- und Wirtschaftsweise der slavischen Bauern. Obwohl ihre Gebiete vergleichsweise dünn besiedelt waren, kam es erst zu verstärkter deutscher Einwanderung, als die deutsche Herrschaft endgültig gesichert war. Dies war in der Mark Meißen bereits Ende des 10. Jahrhunderts der Fall, in der Mark Brandenburg erst in der Mitte des 12. Jahrhunderts. Die Niederlassung von Deutschen in den östlich angrenzenden Gebieten – Pommern, Pommerellen und Schlesien – wurde von den einheimischen Fürsten veranlaßt und war keine Folge militärischer oder politischer Unterwerfung.

Siedlungsgeschichtlich lassen sich im mittel- und ostelbischen Raum drei Phasen unterscheiden: (1) die slavische Besiedlung seit dem 7. Jahrhundert, (2) die frühen Siedlungen von Thüringern und Sachsen seit dem Ende des 10. Jahrhunderts und (3) die systematische Besiedlung vom 12. bis zum 14. Jahrhundert, die über die mittelelbischen Gebiete nach Osten in die Mark Brandenburg, nach Mecklenburg, Pommern, Schlesien, Pommerellen und Preußen ausgriff. Das Nacheinander der Besiedlungsphasen stellt sich in einzelnen Gebieten zeitweise als Nebeneinander dar. (Auch in den altbesiedelten Gebieten Süd- und Westdeutschlands standen ältere und jüngere Formen bäuerlicher Siedlung und Organisation nebeneinander; vielfach kam es erst im 15. Jahrhundert zu einem Ausgleich.)

(1) Die *Slaven* hatten sich nach dem Abzug der germanischen Stämme zwischen Weichsel und Elbe niedergelassen. Kenntnisse über die innere Organisation der Elb- und Ostseeslaven (den Großstamm der Abodriten, den Kultverband der Liutizen und die sorbischen Kleinstämme) haben Chronisten, Kaufleute und Missionare überliefert. Genaueres wurde aber erst bekannt, als die westlichsten slavischen Gebiete der deutschen Herrschaft unterworfen waren, als Polen um 1000 ein Großreich bildete und das Christentum zur offiziellen Religion erhob. Verfassung und Struktur dieser politischen Gebilde waren notwendigerweise sehr verschieden, zudem blieb die deutsch-slavische Nachbarschaft für die Gestaltung der Beziehungen zwischen Herren und Bauern nicht folgenlos, weil die deutschen Verhältnisse durchaus Vorbildcharakter gewinnen konnten, lange bevor diese Gebiete im Verlauf der deutschen Ostexpansion politisch tatsächlich Teil des Reiches wurden. Trotzdem erscheinen die slavischen Siedlungen,

sobald sie unter direkte deutsche Herrschaft gerieten, als »typisch slavisch« mit einem besonderen Abgabensystem der Bauern (Naturalabgaben und Dienste), slavischen Namen für die dörflichen Vertreter und einer eigenen gerichtlichen Organisation. Allerdings hat sich z. B. für das Wendland und die Mark Meißen nachweisen lassen, daß dies bereits das Ergebnis von Umgestaltungen der slavischen Verhältnisse durch deutsche Grundherren oder die Verwaltung des Markgrafen war. Kennzeichnungen wie »typisch slavisch« und »typisch deutsch« sind daher mißverständlich. Viele Züge z. B. der polnischen ländlichen Verfassung erinnern, was die nachbarschaftlichen und gerichtsorganisatorischen Züge angeht, an die Stellung der Bauern in der frühmittelalterlichen »älteren Grundherrschaft«. Insgesamt scheint jedoch eine der Grundherrschaft entsprechende Herrschaftsintensivierung noch nicht stattgefunden zu haben, wenn man einmal von Schlesien absieht, wo die königlichen *Kastellaneien* (Burgbezirke) ähnlich organisiert waren. Da die Unterschiede in der materiellen Kultur zwischen deutschen und slavischen Bauern alles in allem keineswegs so stark ausgeprägt waren, wie oft behauptet worden ist, ist es nicht verwunderlich, daß eine Einbeziehung der slavischen Bauern in den Kolonisationsprozeß ohne weiteres möglich war. H. K. Schulze hat diesen Vorgang exemplarisch für die Altmark dargelegt,[18] und für den Raum Berlin gibt es Grabungsergebnisse, die ebenfalls in diese Richtung deuten.[19]

Ein Teil der slavischen Bauern hielt an den überkommenen Siedlungs- und Wirtschaftsformen fest und bewahrte Sprache und kulturelles Sonderbewußtsein, obwohl oder gerade weil sie von den deutschen Herren administrativ und gerichtlich zu besonderen Einheiten zusammengefaßt wurden.[20] Einige geschlossene slavische Siedlungsgebiete haben sich bis in das 16./17. Jahrhundert gehalten, die Lausitz sogar bis in die Gegenwart, freilich nicht ohne besondere Förderung nach 1945. Allerdings darf die Lausitz nicht als »rein« slavisches Gebiet mißverstanden werden; die Geschlossenheit ist vielmehr erst das Ergebnis der Assimilitation deutscher Neusiedler.[21] Im allgemeinen konnten sich ältere slavische Gemeinden aber nur bis ins 15./16. Jahrhundert halten, und zwar in marginaler Lage und für wirtschaftliche Sondernutzungen (z. B. Zeidlerei = Wildbienerei). Der Vorgang der Angleichung von slavischen und deutschen Bauern wurde formal durch die »Umlegung« der slavischen Dörfer zu deutschem Recht abgeschlossen. Das war ein herrschaftlicher Akt, doch darf mit einiger Sicherheit vermutet werden, daß die slavischen Bauern selbst diese

Angleichung erstrebten, sobald ihnen das wirtschaftliche und gemeindliche Leben ihrer deutschen Nachbarn als höherwertig erschien.

(2) Frühe *thüringische* und *sächsische* Siedlungen im Mittelelbegebiet gingen der eigentlichen Erschließung dieses Raumes durch die von der Fernwanderung geprägten Hauptphase der Ostsiedlung voraus. Auf die Nahwanderung aus dem benachbarten Franken, Thüringen und Sachsen in das Mittelelbegebiet gibt es mehrere Hinweise.[22] H. K. Schulze stützt sich für die Altmark vor allem auf Ortsnamen, während es im eigentlichen Mittelelbegebiet gemeindliche Institutionen und ihre Bezeichnungen (*Bauermeister* und *Heimbürge*)[23] sind, die in den Urkunden für die seit der Mitte des 12. Jahrhunderts einwandernden Niederländer und deren Institutionen von den einheimischen Schreibern verwandt wurden.

Es ist wohl kein Zufall, daß der »Sachsenspiegel«, das älteste deutsche Rechtsbuch, in einer Region entstand, wo sich ältere und jüngere Rechtskreise überschnitten und überlagerten. Der Hauptunterschied der elbostfälischen Gemeinde (wie sie im Sachsenspiegel erscheint)[24] zur westfälischen und niedersächsischen bäuerlichen Gemeinde besteht in der Lokalisierung des Niedergerichts im Dorf, während die Niedergerichtsbarkeit der »Vorläufer« immer in eigenen überlokalen Gerichtsverbänden organisiert war. Eine Ursache mag, wie argumentiert worden ist, in der Lockersiedlung vieler niedersächsicher Regionen liegen, doch reicht diese »rationale« Überlegung nicht aus, da es in Nordwestdeutschland auch geschlossene Dörfer gab. Die für die westlichen Gebiete typischen Großgemeinden finden sich in Elbostfalen nicht. Die einzigen überlokalen bäuerlichen Organisationsformen waren der Zusammenschluß von mindestens drei Dörfern, um unter Führung eines von ihnen gewählten Gografen Diebe und Räuber nach frischer *(handhafter)* Tat zu verfolgen, sowie eine Art Deichgenossenschaft der vom Wasser bedrohten Dörfer. Beides waren keine umfassenden bäuerlichen Verbände im Sinne von Gemeinde, sondern Zusammenschlüsse für einen bestimmten Zweck.

(3) In der *Hauptphase der deutschen Ostsiedlung* (seit der Mitte des 12. Jahrhunderts)[25] bot sich Bauern aus Nord-, West- und Süddeutschland sowie den Niederlanden eine gute Gelegenheit, ihre rechtliche und wirtschaftliche Stellung zu verbessern, wenn sie bereit waren, eine für damalige Verhältnisse lange und risikoreiche Reise und Jahre besonders harter Lebensbedingungen auf sich zu nehmen. Sie machten sich aber keinesfalls mittellos auf den Weg. Denn ohne

Vieh, Arbeitsgeräte, Saat- und Nahrungsgetreide hätten sie, selbst wenn die Lokatoren an Ort und Stelle vorgesorgt hatten, nicht überleben können. Im allgemeinen ging es darum, Wald- und Niederungsgebiete urbar zu machen, seltener um die Entwässerung und Eindeichung von Flußmarschen.

Wälder und Niederungen umschlossen und trennten nicht nur die kleinen slavischen/prußischen Siedlungskammern. Breite, nur an wenigen Stellen passierbare und dadurch gut kontrollierbare Waldgürtel waren bis ins 12. Jahrhundert das generell übliche System der Grenzsicherung. Die Besitzverhältnisse und die herrschaftliche Zugehörigkeit dieser siedlungsleeren Räume waren ungeklärt. Die slavischen Landesherren in Schlesien, Böhmen, Pommern und Mecklenburg sowie die deutschen Markgrafen und Könige beauftragten Lokatoren mit der Besiedlung dieser Gebiete und verliehen ganze Landstreifen der Grenzwälder an Adlige und Klöster. Diese waren ebenso wie die Landesherren daran interessiert, ihre Besitzungen möglichst schnell nutzbar zu machen, weil sie angesichts der – von wenigen Gebieten abgesehen – dünnen slavischen Besiedlung bäuerliche Abgaben dringend brauchten. Mit der Aufsiedlung der Waldgürtel wurde es aber auch möglich, die politischen Einflußbereiche klarer gegeneinander abzugrenzen. Deshalb kam es um die Rodung der Wälder geradezu zu einem Wettlauf der jeweiligen Herrscher, die sich einen möglichst großen Teil aneignen und den neuen Grenzverlauf beeinflussen wollten. Ein Beispiel dafür ist die konkurrierende Erschließung der großen Waldgebiete in den Sudeten, wo gleichzeitig böhmische, mährische und schlesische Siedlungsvorstöße erfolgten.[26] Die siedlungswilligen Bauern, die auch neue Agrartechniken (Pflüge) zur Nutzung der schweren Boden mitbrachten, zogen aus der konkurrierenden Nachfrage Vorteile, die sich im weiteren Fortgang der Besiedlung noch steigern ließen.

Hofgröße

Die Bauern erhielten im allgemeinen ein größeres Stück Land zur erblichen Nutzung, als es in ihren Herkunftsgebieten üblich war. Für die Neusiedlungen setzten sich zwei Landmaße durch, die flämische Hufe (16,8 ha) und die fränkische Hufe (22 ha). Die Hufen in den älteren slavischen Siedlungen, soweit diese »verhuft« wurden, waren meist kleiner, flächenmäßig nicht normiert und primär eine Abgabeeinheit, kein Flächenmaß. Ein Bauer erhielt in der Regel zwei flämische Hufen, die mit den Hufen seiner Nachbarn im Gemenge lagen. Die Bauern der Hagen-, Waldhufen- und Marschdörfer besaßen meist eine fränkische Hufe, die direkt und in einem Stück an ihre Höfe anschloß; der Hofanschluß war jedoch nicht zwingend. Teilweise wurden die Gemeinden mit Nutzungsrechten im grundherrlichen Wald, in Bächen und Seen oder gar mit einem eigenen Wald ausgestattet, manchmal wurden auch Wiesen verliehen.

Abgaben

Während der Zeit der Rodung oder Entwässerung brauchten die Siedler keine Abgaben zu leisten. Nach Ablauf dieser *Freijahre* – es konnten bis zu fünfzehn sein – waren jährliche Zahlungen an den Grundherrn (Zins, Pacht) und die Kirche (Zehnt, Meßkorn) fällig. Hinzu kamen unregelmäßige Zahlungen an den Landesherren (*Bede* = Bitte) und Leistungen (Fuhr- und Transportdienste) für den obersten Gerichtsherrn – zunächst meist der Landesherr – für Rechtssicherheit und Friedenswahrung. Die grundherrlichen und kirchlichen Abgaben waren im Prinzip fixiert, d. h. bei Geldabgaben handelte es sich um eine festgelegte Summe, für Abgaben aus dem naturgemäß schwankenden Ernteertrag und Viehbestand waren bestimmte Anteile festgelegt. Dies gilt auch für den kirchlichen Zehnt, der anfangs auf den Feldern durch Abzählen der Garben erhoben wurde (was bei nachlässigen Zehntbeamten die rechtzeitige Einbringung der Ernte erheblich behindern konnte). Später wurde der Zehnt von zunächst jeder zehnten auf jede elfte Garbe vermindert, dann in eine bestimmte Menge ausgedroschenen Getreides und schließlich, soweit möglich, in eine Geldabgabe umgewandelt. Der Zehnt blieb vielfach nicht in der Hand der Kirche, sondern wurde wie alle anderen Einkommensquellen veräußert und gehandelt.

Die Abgaben an den Grundherrn konnten sich aus Naturalabgaben, Arbeitsleistungen und Geldzahlungen zusammensetzen. Mit dem Aufkommen der Städte wurde von Herren wie Bauern der Geldzins bevorzugt. Da er nur mit Zustimmung der Bauern erhöht werden konnte, verringerte sich die Belastung infolge der Geldwertminderungen im späten Mittelalter. Bäuerliches *Scharwerk* (Fronarbeit) als Teil der Leistungen an den Grundherrn fehlte vielfach ganz oder war auf wenige Tage im Jahr begrenzt. Daneben wurden in einigen Regionen, z. B. im Ordensstaat Preußen, vom Hof als Betriebseinheit eine jährliche Kleinviehabgabe (Hühner und Gänse) gefordert, und zwar als Zeichen der Anerkennung der Herrschaft. Das belegt eindeutig, daß trotz aller Freiheiten und der günstigen wirtschaftlichen Situation das Verhältnis von Bauern und Herren kein rein wirtschaftliches geworden war, sondern weiterhin ein herrschaftliches blieb. Im Ordensstaat mußte zudem jeder Hof für militärische Zwecke Abgaben entrichten (Wartgeld, Wartkorn, Schalwenkorn), die dazu dienten die Grenze gegen Litauen zu verteidigen. Darüberhinaus waren die Bauern zwar nicht zum persönlichen Militärdienst verpflichtet, aber jeweils zehn Bauern zusammen mußten einen Reiter ausrüsten.

Erbzinsrecht

Ebenso wichtig wie die – verglichen mit den Herkunftsgebieten der Siedler – günstige Abgabensituation war die Verleihung von erblichen Besitzrechten am bebauten Land. Die niederländischen Siedler brachten dieses Recht aus ihren Herkunftsländern mit, in den mittel- und ostelbischen Gebieten wurde es jedoch für alle Neusiedler gültig. Galt das flämische Erbrecht, waren Töchter und Söhne erbberechtigt. Das konnte allerdings zweierlei bedeuten: entweder daß Töchter nur dann erbten, wenn keine männlichen Erben vorhanden waren, oder daß die Eltern entscheiden konnten, welches Kind den Hof übernehmen sollte. Das Erbrecht regelte nicht nur einen entscheidenden Punkt im Verhältnis zwischen Grundherren und Bauern, indem es den grundherrlichen Eingriff auf die Fälle beschränkte, wo es keine »rechtmäßigen« Erben gab, sondern es hob die Neusiedler auch deutlich von den einheimischen Bauern ab, die weder in ihrer wirtschaftlichen noch in ihrer rechtlichen Position derart abgesichert waren. Das gute Besitzrecht der Bauern bedeutete, daß sie ihre Höfe verkaufen konnten, wenn dafür im allgemeinen auch die Einwilligung des Grundherren erforderlich war. Dieser konnte den »Abzug« jedoch nicht verweigern, wenn der Bauer seine Abgaben »erlegt« und die Felder für den Nachfolger bestellt hatte.

Diese Privilegien, die den Interessen des einzelnen Bauern und der bäuerlichen Familie Rechnung trugen, machen einen guten Teil dessen aus, was unter »bäuerlicher Freiheit« verstanden wird, nämlich die Vergrößerung des bäuerlichen Freiraumes von direktem herrschaftlichen Einfluß durch Verselbständigung der bäuerlichen Wirtschaft, Fixierung und Reduzierung der Abgaben, Einschränkungen des herrschaftlichen Zugriffs auf die Höfe im Erbgang. Diese Freiheiten genoß der einzelne Bauer, doch sie waren nicht ihm, sondern dem *Siedlungsverband,* dem er angehörte, verliehen worden. Zwar gibt es auch für Gemeinden ausgestellte Dorfgründungsurkunden, es überwiegt aber die Zahl der »Handfesten« für den Lokator und späteren Dorfvorsteher *(Schulz).* Es ist nicht bekannt, wie sich die Verbände der Siedler zusammenfanden und wie ihre Beziehungen zum Lokator als Anwerber und Anführer waren. Am Ort der Neusiedlung erscheinen sie aber als Korporation, als Genossenschaft zur Urbarmachung des Dorfareals. Es war die Dorfgemeinde, die unter Führung des Schulzen die Rechte der einzelnen Mitglieder garantierte.

Zugleich bildete sie einen *Rechtsverband,* der sich in mehrfacher Hinsicht von den im Siedlungsgebiet vorgefundenen Verhältnissen abhob: (1) durch die bereits dargestellte Abgabenstruktur, die in den Urkunden als Exemtion von den Abgaben der slavischen Bauern erscheint; (2) durch die rechtlichen Ordnungen, die die Neusiedler aus ihren Herkunftsgebieten mitbrachten und der kolonialen Situation entsprechend weiterentwickelten; (3) durch die Befreiung vom *Landgericht* und den Erwerb des *Niedergerichts,* wie dies bereits bei den holländischen und flandrischen Neusiedlungen in den Niederlanden nachgewiesen ist. Diese »Entvogtung« (W. Schlesinger) konnte sich auch stufenweise vollziehen, wenn zunächst auf ältere koloniale Verhältnisse Rücksicht genommen werden mußte. Ein Beispiel dafür ist Flemmingen (südl. Naumburg), wo das Dorf zwar Gerichtsort wurde, das *ungebotene* dreimal jährlich stattfindende *Ding* jedoch weiter unter dem Vorsitz des herrschaftlichen *Vogtes* abgehalten wurde, allerdings wie sonst üblich mit den Bauern als Urteilern.[27] In solchen Fällen erwarben die Gemeinden den Gerichtsvorsitz erst in einem weiteren Schritt. Der Vorteil für die Bauern lag nicht zuletzt darin, daß sie von den Unkosten für den Unterhalt des Vogtes mit seinem Gefolge während der Gerichtstage verschont blieben. Als Berufungsinstanz und für die hohe Gerichtsbarkeit war weiterhin das Landgericht zuständig. Im Verlauf der Ostsiedlung wurden die Stadtgerichte vielfach zu Berufungsgerichten für die Dorfgerichte, und vielen adligen Grundherren wurde für ihre Besitzungen auch die hohe Gerichtsbarkeit verliehen. Die Abgrenzung zwischen niederer und hoher Gerichtsbarkeit geschah im allgemeinen nicht nach sachlicher Zuständigkeit, sondern nach der Höhe der zu zahlenden Geldbuße. Die Ausübung der hohen Gerichtsbarkeit berechtigte dazu, von den »Gerichtsangehörigen« bestimmte Leistungen zu erheben, insbesondere Fuhrdienste für die Unterhaltung der Gerichtsstätte. Sie wurden jedoch mißbräuchlich auch für andere Zwecke gefordert, was die hohe Gerichtsbarkeit besonders erstrebenswert machte. Vermutlich geht die Verpflichtung der bäuerlichen Gemeinde, Wege und Stege in ihrem Gebiet instand zu halten, auf die Lokalisierung des Niedergerichts im Dorf zurück.

Die Lokalisierung und eigenverantwortliche Durchführung des Niedergerichts im Dorf wird als Abschluß und Krönung der lokalen bäuerlichen Autonomie und als entscheidendes Kriterium für die »echte« Gemeinde gewertet.[28] Der Erwerb des Niedergerichts vermehrte und steigerte zweifellos die gemeindliche Kompetenz. Eine notwendige Bedingung für die Konstituierung einer selbständigen bäuerlichen Gemeinde war er jedoch nicht, so wichtig er für die Gestaltung der bäuerlich-grundherrlichen Machtverhältnisse im einzelnen sein mochte. Denn die Rechtsfähigkeit der Gemeinde und ihre Handlungsfähigkeit nach innen wie nach außen war bereits mit der herausgehobenen wirtschaftlichen und rechtlichen Stellung gegeben. Im Unterschied zu den älteren, durch Nachbarschaft und grundherrliche Haftungsgemeinschaft organisierten Siedlungs- und Wirtschaftsverbänden regelten die Dorf- und Flurgenossen ihr Zusammenleben und Zusammenwirtschaften durch einvernehmliche Rechtssatzung (*decretum villae,* »Willkür«) und beauftragten ihre Gemeindevertreter mit der Überwachung, d. h. die Gemeinde verfügte in ihren Grenzen über die Kompetenz von »Gebot und Verbot«.[29] Die Geschäftsfähigkeit der Gemeinde wird durch von ihr getätigte Käufe und Verkäufe belegt. Die weitere Entwicklung in den Territorien der Ostsiedlung, aber auch der Vergleich mit den west- und süddeutschen Gemeindeformen werden zeigen, daß die Autonomie der bäuerlichen Gemeinde durch Immunität nur in einer bestimmten historischen Konstellation der gemeindlichen Machtentfaltung diente, jedoch keine Garantie für zukünftige Freiheit bot.

Die rechtliche Immunität der lokalen bäuerlichen Gemeinde war nur ein Zug ihres allgemeinen Strebens, Einwirkungen von außen möglichst zu verhindern oder wenigstens zu kontrollieren. Dieses Ziel – und nicht die seelsorgerischen Bemühungen der Kirche – erklärt die zahlreichen Kirchengründungen in den deutschen Dörfern. Wenn Größe und Leistungsfähigkeit einer Gemeinde es erlaubten, bestand sie auf einer eigenen Kirche und einem eigenen Pfarrer, der in einigen Regionen sogar von der Gemeinde gewählt wurde.[30] Die Identität der säkularen Gemeinde sollte durch die kultische Gemeinschaft gestärkt werden, auch durch die Einbindung des Pfarrers – dem lokalen Repräsentanten der Kirche – in die lokale Solidarität, wie dies beim Schulz bereits der Fall war. Allerdings war die Kirchengemeinde doch als überlokales Kirchspiel angelegt, weil nicht jedes Dorf in der Lage war, einen Pfarrer zu unterhalten und die nichtdeutschen Dörfer vielfach einer deutschen Kirche zugeordnet wurden. Im übrigen erfolgte die Grundausstattung der Kirche bereits bei der Dorfgründung, indem für Kirche und Pfarrer eine bestimmte Anzahl Hufen, in Preußen z. B. vier Hufen, gelegentlich auch verpachtbare Kirchengärten, vorgesehen wurden, von deren Erträgen der Pfarrer leben und die Kirche baulich erhalten werden mußte. Die Stolgebühren für Amtshandlungen und ein Teil des Zehnten, in Preußen das *Meßkorn,* brachten die baren oder verkäuflichen Einnahmen.

Die Abgrenzungen der bäuerlichen Gemeinde richteten sich zwar vor allem gegen herrschaftliche und meist mit Forderungen verbundene Rechte, sie waren jedoch ebenso in den Beziehungen der Gemeinden untereinander wichtig. Nahm ein Mann eine nicht einheimische Frau oder eine Frau einen nicht einheimischen Mann, mußte dem lokalen kultischen Verband – der Bruderschaft oder Gilde – dafür eine Ablösung gegeben werden, z. B. ein Pfund Wachs.[31] Obwohl die Ostsiedlung auf dem Prinzip der Mobilität fußte, entstand – sobald sich der Siedlungsverband erst einmal etabliert hatte – eine endogame bäuerlich-dörfliche Gesellschaft, die zunächst an die Versorgung der eigenen Mitglieder dachte. Das heißt, die Gemeinde kontrollierte nicht nur die wirtschaftliche und soziale Organisation (Flurzwang, Nachbarschaft), sondern auch das Verhalten der einzelnen Mitglieder, soweit es um die bäuerlichen Existenzbedingungen – hier die Verteilung der lokalen Ressourcen – ging.

Gemeindliche Organisation

Allen Formen gemeindlicher Organisation in den deutschen Dörfern gemeinsam war die Versammlung der Gemeindemitglieder. Sie verfügte über das Satzungsrecht in gemeindlichen Angelegenheiten, wählte die gemeindlichen Amtsträger und benannte die »Angestellten« (z. B. Hirten). Bei Unstimmigkeiten innerhalb der Gemeinde galt das Mehrheitsprinzip. Geht man von den gemeindlichen Institutionen aus, lassen sich zwei Gemeindeformen unterscheiden: 1. Gemeinden mit Bauermeister- oder Heimbürgen-Verfassung, 2. Gemeinden mit Schulzenverfassung. Heimbürgen und Bauermeister finden sich in den Dörfern, die auf die frühe fränkisch-thüringische und sächsische Siedlung zurückgehen und sind kennzeichnend für die *Eigenorganisation* der Bauern. Der Schulz dagegen (mit älteren Amtsträgern gleichen Namens, die Gerichtsbarkeit ausübten, nur ganz lose verbunden) vereinte in seinem Amt *grundherrliche und nachbarschaftliche* Zuständigkeiten. Heimbürge, Bauermeister und Schulz waren beauftragt, den Frieden im Dorf zu wahren, die ordnungsgemäße Feldbestellung zu sichern und die gemeindliche Nutzung von Wald, Weiden und Allmende zu überwachen. Diese Kompetenz wurde formelhaft als *»Gebot und Verbot«* bezeichnet. Verstöße gegen die gemeindliche Ordnung *(decretum villae, Willkür)* wurden vor dem Dorfgericht gerügt und von den Dorfvorstehern gemeinsam mit bäuerlichen Delegierten *(Älteste, Ratleute, Geschworene)* verhandelt. Die typischen Strafen für diese Vergehen waren *Bierbußen,* die nach den Gemeindeversammlungen von der Gemeinde gemeinsam vertrunken wurden, ursprünglich um die »Übeltäter« wieder in die Gemeinschaft aufzunehmen, deren Regeln sie verletzt hatten. Weitere Aufgaben der gemeindlichen Amtsträger waren die Verwaltung des Gemeindebesitzes, der Einkünfte aus der Verpachtung von Grund und Gebäuden der Gemeinde, der Badestube, dem Krug, der Brot- und Fleischbank. Über diese Einkünfte mußten sie jährlich vor der Gemeindeversammlung – in manchen Gebieten auch vor dem Grundherrn – Rechenschaft geben.

Größere Unterschiede bestanden zwischen Heimbürge, Bauermeister und Schulz (Richter) im Hinblick auf die niedere Gerichtsbarkeit, die von der Gemeindegerichtsbarkeit für die Dorf- und Flurordnung zu unterscheiden ist. Der Schulz war Vorsitzer im dörflichen Niedergericht, in dem gewählte oder kooptierte bäuerliche Schöffen die Entscheidungen fällten. In der Regel erhielt er ein Drittel der Strafgelder.

Der Bauermeister vereinte gemeindliche und niedere Gerichtsbarkeit und übte sie zusammen mit Schöffen oder der gesamten Gemeinde *(Umstand)* aus. Die Stellung des Heimbürgen war regional verschieden. In einigen Regionen entsprachen seine Kompetenzen denen von Schulz und Bauermeister, in anderen Gebieten waren sie auf die gemeindlichen Fälle beschränkt, während eine besondere Amtsperson – Schulz oder Richter – für die niedere Gerichtsbarkeit zuständig war. Die Mitwirkenden am Niedergericht waren darüber hinaus für Erbschaftsangelegenheiten, Stiftungen und Vormundschaftssachen als urkundende Instanz tätig (ein weiteres Kriterium für die Geschäftsfähigkeit der bäuerlichen Gemeinde!). Der Schulz war zudem für die Erfüllung grundherrlicher Ansprüche (z. B. Eintreibung der Grundrente) verantwortlich, bürgte für Schulden der Gemeinde und unterstützte den Pfarrer bei der Zehnterhebung. Da Heimbürge und Bauermeister zuerst und vor allem Vertreter der Bauern selbst waren, darf man vermuten, daß solche herrschaftlichen Aufträge ursprünglich nicht zu ihren Aufgaben gehört haben.

Insgesamt waren Heimbürgen und Bauermeister bezeichnend für die ältere Form bäuerlicher Gemeinden, die aus einer Doppelorganisation von bäuerlichen und herrschaftlichen Interessen hervorgegangen waren. Demgegenüber repräsentierte der Schulz (Richter) den »kolonialen« Typ der sich selbstverwaltenden, unabhängigen bäuerlichen Gemeinde, deren öffentliche Gewalt und Autorität er verkörperte. Heimbürge und Bauermeister waren *nichterbliche* Gemeindeämter, die durch Wahl besetzt wurden oder als »Reiheamt« für eine bestimmte Zeit von jedem Gemeindemitglied – der Reihe nach – zu übernehmen waren. Das Schulzenamt dagegen war im allgemeinen erblich *(Erbschulz, Lehnschulz)* und wurde meist dem Siedlungsunternehmer (Lokator), der für die Besiedlung des Dorfes mit Bauern gesorgt hatte, für seine »Mühen« (d. h. den Einsatz von Kapital) verliehen. Sein Hof umfaßte in der Regel ein Mehrfaches der üblichen Bauernstellen und war, wohl als Entschädigung für die Wahrung grundherrlicher Rechte im Dorf, von grundherrlichen Abgaben – nicht jedoch vom Zehnt – befreit. Es ist vermutet worden, daß der Schulz auf Grund seiner privilegierten Stellung im Dorf und seiner öffentlichen Autorität im Konfliktfall selbstverständlich die herrschaftliche Seite vertrat und daß in dieser Spannung zwischen Schulz und Bauern die konstitutive Schwäche der ostelbischen Gemeinde liege.[32] Diese Vermutung ist durch die bisher untersuchten Konflikte zwischen bäuerlichen Gemeinden und Grundherren in keiner Weise bestätigt worden.[33] Meist haben sich gerade die Schulzen als Sprecher und Anführer der bäuerlichen Aktionen hervorgetan. Gute Beispiele sind der »Aufstand« der ermländischen Bauern (1440–1442) und der Samländische Bauernaufstand von 1525 sowie die zahlreichen ihm vorangehenden bäuerlichen Aktionen.[34] Auf ihre Führungsposition waren die Schulzen nicht zuletzt durch ihre militärischen Verpflichtungen *(Schulzendienst)* vorbereitet.

Die Organisation der *Kirchengemeinde* folgte den gleichen Prinzipien, nämlich dem Zusammenwirken von gewähltem oder bestelltem Pfarrer mit gewählten Repräsentanten der Gemeinde. Die in der Regel für begrenzte Zeit gewählten *Kirchenväter/Kirchenältesten* waren vor allem für die finanziellen Angelegenheiten zuständig, d. h. sie unterstützten den Pfarrer bei der Einziehung des Zehnten und bei der Eintreibung der Kirchenbußen, die beim Verstoß gegen die christlichen Normen zu zahlen waren. Außerdem verwalteten sie die Kollekten und Schenkungen, deren Erträge für die »Kirchenfabrik«, d. h. die bauliche Erhaltung der Kirche, und für den Kauf von Kerzen, Wein, Meßgewändern, Büchern verwendet wurden. Die Versorgung der Armen und Kranken zählte ebenfalls zu ihren Aufgaben, doch sind Einzelheiten bisher kaum erforscht worden. Am Ende ihrer Amtsperiode oder zu besonderen Terminen, z. B. anläßlich des jährlichen Kirchweihfestes, mußten die Kirchenväter zusammen mit dem Pfarrer Rechenschaft ablegen. Wie notwendig diese Maßnahme war, zeigen beispielsweise die Visitationsberichte für die Bistümer des Herzogtums Preußen nach der Einführung der Reformation. In vielen Gemeinden hatten die Kirchenväter Adligen, Bauern und Gärtnern Geld aus dem Kirchenvermögen geliehen, ohne daß dafür Zinsen gezahlt worden wären, so daß die Einkünfte der Kirchen erheblich geschmälert worden waren.

Der Umgang mit dem Vermögen der lokalen Kirche verweist auf eine wichtige Dimension bäuerlich-dörflichen Autonomiestrebens. Die »frommen Stiftungen« lagen keineswegs ungenutzt im Kasten, sondern waren die wohl wichtigste Kreditmöglichkeit für die Dorfbewohner. Die Bauern waren nicht auf »bürgerlichen« Kredit in den Städten oder auf Anleihen bei reichen Bauern angewiesen, sondern verfügten über gemeindliche Institutionen, durch die sie nicht in persönliche Abhängigkeit gerieten. Vermutlich diente auch die Gemeindekasse als Kreditinstitut. Für die Frühe Neuzeit ist dies belegt.[35] Die

Gelder kamen vor allem durch die »mündelsicheren« Einlagen zusammen, die das Erbteil von Waisen sichern sollten und in die Kompetenz der Gemeinde fielen.

Naturraum, Siedlung, Flur und Gemeinde

Für die Ausprägungen bäuerlicher Gemeinden waren Siedlungsformen und Feldsysteme von zentraler Bedeutung. Denn sie bewirkten unterschiedliche Formen von bäuerlicher Nachbarschaft und Zusammenarbeit. Allerdings haben Historiker diesen komplexen sozialen und politischen Zusammenhang allzuoft auf oberflächenhafte Geographie reduziert.[36]

Die Neusiedler sahen sich unterschiedlichen geographischen und klimatischen Bedingungen gegenüber: bewaldten Mittelgebirgslandschaften (Thüringen, Erzgebirge, Schlesien), fruchtbaren Ebenen (z. B. um Magdeburg), sandigen und sumpfigen Ebenen (z. B. Baltische Seenplatte), Flußmarschen (an Elbe und Weichsel).[37] Diese natürlichen Gegebenheiten begünstigten bestimmte Siedlungs- und Flurtypen: die langgestreckten Waldhufendörfer in Thüringen und Schlesien, die großen Kerndörfer in Sachsen, der Mark Brandenburg, Pommern, Niederschlesien und Ostpreußen, die Marschhufendörfer an Elbe und Weichsel.[38] Es gibt jedoch auch Belege dafür, daß die Neusiedler die Siedlungsform ihrer Herkunftsgebiete beibehielten. Ein Beispiel sind die von westfälischen und niedersächsischen Siedlern gegründeten Hagendörfer in Mecklenburg.[39]

Die vorherrschende *Dreifelderwirtschaft*[40] wirkte sich in Kerndörfern anders aus als in Waldhufendörfern. In den Kerndörfern erforderte sie sorgfältige Abstimmung und Zusammenarbeit der Flurnachbarn, da ihre Felder in den großen Schlägen »im Gemenge« lagen, d. h. meist über keine eigenen Zufahrtswege verfügten. In den Waldhufendörfern schlossen die Felder direkt an den Hof an, so daß Überfahrtrechte keine Rolle spielten und es nicht nötig war, sich miteinander über das gleichzeitige Bestellen und Abernten der Felder abzustimmen. Gleich war jedoch in beiden Systemen die Notwendigkeit, Äcker und Wiesen durch Einzäunungen vor den Viehherden zu schützen. Eine Eindruck, wie sich die Dreifelderwirtschaft auf das bäuerliche Leben auswirkte, vermittelt Haxthausens Bericht aus dem Jahr 1839:

»Noch gegenwärtig kann man in der Altmark Gemeinden finden, welche eine völlig gemeinsame geschlossene Landwirthschaft führen; jeden Abend kommen die Hausväter beim Schulzen zusammen, und nach Berathen mit ihnen bestimmt er, was am andern Tage geschehen soll, und da sieht man sie dann am Morgen zur selben Stunde hinausziehen (ja sie warten wohl auf einander, damit sie in geschlossener Ordnung aus dem Dorfe ziehen können) zum Pflügen, Eggen, Säen etc., und zur selben Stunde auch wieder hereinkommen. Keiner hat bei der Felderwirthschaft seinen eigenen Willen, folgt seinem Ingenium, sondern der gemeinsame Wille beherrscht ihn. Daß bei solcher Sitte keine Fortschritte in der Landwirthschaft gemacht werden, daß man stets beim Alten bleibt, ist sicher; es kann sich kein Genie entwickeln; allein der Dumme, Schwache und Träge kann bei solcher Geschlossenheit noch nicht untergehen, er wird von dem in der Corporation lebenden Gemeindewillen der erprobten Erfahrung geleitet, getragen, gehoben, unterstützt, und so vor dem Untergange bewahrt. Ich fand in solchen Dörfern auf dem ärmsten Boden, der nicht über das 3te Korn trug, keinen armen Mann, keinen der Schulden hatte, aber auch keinen Reichen, aber fast alle gleichmäßig wohlhabend, und die einen Nothpfennig von einigen hundert Thalern unter dem Walsteine (Heerd) vergraben liegen hatten.«[41]

Es ist behauptet worden, daß in den Waldhufendörfern bäuerliche Solidarität nur schwach entwickelt gewesen ist, weil die Bauern dort nicht so nahe beieinander wohnten wie im Kerndorf und gemeinsames Arbeiten nicht notwendig gewesen sei.[42] Abgesehen davon, daß die »Nähe« in den Kerndörfern und die Gemengelage der Felder eher zu Konflikten als zu Solidaritäten Anlaß gab, vernachlässigt diese Auffassung, daß bäuerliches Wirtschaften eng verzahnt war mit herrschaftlicher Nutzung der bäuerlichen Flächen. Selbst wenn es die Bauern vorgezogen hätten, ihre Besitzungen individuell zu nutzen, war das nicht möglich, weil der Grundherr und oft auch der Schulz berechtigt waren, die Brache und die Stoppeln für die Weide ihrer Schafe zu nutzen. Das machte größere zusammenhängende Flächen und damit abgestimmte »Flächennutzungspläne« zumindestens der unmittelbar benachbarten Bauern erforderlich. Das Argument läßt sich vielmehr umkehren in der These, daß die gemeinsame Betroffenheit der Bauern von den herrschaftlichen Huterechten ihre Solidarität stärkte. Hinzukommen die gemeinsamen Interessen der Bauern, die – nicht anders als in den Kerndörfern – in der gemeindlichen Gerichtsbarkeit und Verwaltung bestanden und die in den Waldhufendörfern im Hinblick auf das Verhältnis der Bauern untereinander weniger konfliktträchtig waren als die Mangelverwaltung durch Nachbarschaft und kooperative Dreifelderwirtschaft.

Deutsche und Slaven/Prußen

Es muß davon ausgegangen werden, daß die multi-ethnische Zusammensetzung der Bevölkerung sich auch in der Sozialstruktur der ländlichen Gesellschaft insgesamt wie in der sozialen Schichtung der deutschen Dörfer abbildete, solange der Prozeß der Angleichung zwischen deutschen und einheimischen Bauern nicht abgeschlossen war und ethnische Unterschiede sich auch wirtschaftlich und rechtlich ausprägten.

Lange Zeit ist angenommen worden, daß die deutschen Bauern den slavischen wirtschaftlich und kulturell überlegen waren. Begründet wurde das insbesondere mit der deutschen Gemeindeform zusammen mit der »deutschen Freiheit«. Neuere archäologische und siedlungsgenetische Studien habe diese Ansicht weitgehend modifiziert. Den Slaven konnte »Kulturfähigkeit« nicht mehr abgesprochen werden, als ihre Rodungsleistung im Obermaingebiet offenkundig war.[43] Am Beispiel der Altmark hat H. K. Schulze aufgezeigt, wie schnell die einheimischen slavischen Bauern in den Landesausbau einbezogen worden sind.[44] Das ist keineswegs erst in einer zweiten Phase der »Umlegung« nach deutschem Vorbild geschehen. Für den Raum Berlin haben archäologische Arbeiten sogar das gemeinsame Siedeln von Deutschen und Slaven *seit Beginn* der Ostsiedlung sehr wahrscheinlich gemacht.[45] Die Kontrastierung deutscher und slavischer Dörfer/Gemeinden ist deshalb nicht falsch, nötig ist aber eine neue Interpretation. Das Verhältnis von Deutschen und Slaven darf nicht statisch, sondern muß als Prozeß gesehen werden. Die typologische Gegenüberstellung ist jedoch als Ausgangspunkt geeignet, um das Aufeinandertreffen unterschiedlicher Kulturen zu verdeutlichen. Ihm folgte ein Neben- und Miteinander deutscher und slavischer Bauern in getrennten und gemeinsamen Siedlungen und danach ein vielschichtiger und langwieriger Ausgleich in Wirtschaftsweise, Abgaben, Siedlungsweise, rechtlicher Stellung, Gerichtsorganisation, Gemeindebildung, Sprache und Religion. Wie das Beispiel der Lausitz zeigt, mußte dieser Ausgleich nicht notwendigerweise zugunsten der deutschen Neusiedler ausgehen.

Überdies scheint mir in der Analyse der deutsch-slavischen Nachbarschaft ein Tatbestand bisher ganz vernachlässigt worden zu sein: sie läßt sich angemessen nicht einfach nur als Gegensatz darstellen, vielmehr muß zugleich beachtet werden, wie weitgehend die deutsche Freiheit auf slavischer Unfreiheit beruhte. Denn ganz zweifellos waren nicht nur Leistung und Tradition die Grundlage der Freiheit der deutschen (niederländischen) Neusiedler. Eine ebenso wichtige Voraussetzung waren die Naturalleistungen und die persönlichen Dienstleistungen der einheimischen Bevölkerung. Es bestand also eine Art ethnischer Arbeitsteilung, die zu Unrecht als kulturelle Überlegenheit der Deutschen gewertet worden ist.

Daß die deutsch-slavische Nachbarschaft auch ein ethnisches Problem war, darf nie außer acht gelassen werden, wenngleich es letztlich – allerdings erst unter den veränderten Bedingungen des 16. Jahrhunderts – zu einem Ausgleich gekommen ist. Denn die Unterschiede in Sprache, Recht und kultureller Orientierung waren während des späten Mittelalters durchaus im Bewußtsein der Menschen bedeutsam und führten in der städtischen Bürger- und Zunftpolitik zur Diskriminierung der Wenden;[46] gleiches gilt für die Behandlung der Prußen in den Städten des Ordenstaates Preußen.[47]

Die Auswirkungen der multi-ethnischen Bevölkerungsstruktur auf die bäuerlichen Gemeindebildungen treten besonders deutlich im Ordensstaat Preußen hervor, wo der Orden in den ihm unmittelbar unterstehenden Landesteilen versuchte, das getrennte Siedeln von Deutschen und Prußen möglichst lange durchzuhalten. In den westlichen Landesteilen erscheint der lokale Verband der prußischen Bauern zwar als *Gemeinde,* und als Vertreter der Bauern wird ein *Starost* genannt, doch war diese prußische Gemeinde als Haftungsverband gegenüber dem Grund- und Landesherren angelegt, und der Starost besaß keinerlei Sonderrechte. Ansprüche auf Grund besonderer Verdienste erwarb sich vielmehr der *Kämmerer,* der im landesherrlichen Auftrag die prußischen Dörfer beaufsichtigte und verwaltete sowie am landesherrlichen Gericht über die Prußen mitwirkte.[48] Es ist keineswegs ein Zufall, daß die prußischen Bauern viel länger als die slavischen Bauern ihre Sprache beibehielten und auch nur ganz oberflächlich christianisiert werden konnten. Denn sie wurden durch den Orden von der Teilhabe an der deutschen »Öffentlichkeit«, von deutscher Landesherrschaft und deutschen bäuerlichen Gemeinden systematisch ausgeschlossen. Infolgedessen fanden die prußischen bäuerlichen Gemeinden ihre Identität in der lokalen Nachbarschaft, in der gemeinsamen Sprache und im gemeinsamen Beharren auf ihren traditionellen religiösen Vorstellungen und Kultformen. Die langfristigen Auswirkungen dieser historischen Erfahrung für die jeweilige Gesamtgesellschaft und ihre Entwicklung sind bisher noch nicht untersucht worden.

Eine sozialgeschichtliche Deutung haben die multi-ethnischen Verhältnisse bislang nur als Kriterium für soziale Schichtung im Dorf erfahren, eine Deutung allerdings, die als überholt angesehen werden muß.[49] Man nahm an, daß die *Kossäten* in den brandenburgischen und die *Gärtner* in den schlesischen Dörfern slavischer Herkunft waren, weil man sich nicht vorstellen konnte, daß Deutsche sich angesichts der Möglichkeiten der Kolonisation mit einer Kleinstelle *(Kate, Garten)* begnügt haben. Inzwischen ist nicht nur die Beteiligung der slavischen Bauern an der Erschließung des Landes nachgewiesen, sondern ebenso klar geworden, daß die Einwanderer durchaus aus verschiedenen sozialen »Schichten« kamen. Aufstieg war zwar möglich, keineswegs aber waren bei der Ostsiedlung insgesamt Verhältnisse wie bei der nordamerikanischen »Landnahme« gegeben, auf die sich die Forschung mit Vorliebe bezogen hat. Heute stellt sich das Problem anders. Es wird zu untersuchen sein, ob und inwieweit die Kleinstellen mit der Dorfgründung entstanden oder ob sie später gebildet wurden, etwa zur Versorgung nicht hoferbender Kinder. Für die Ordensdörfer sind Kleinstellen vermutlich zugleich mit der Siedlung geplant worden, da die in den Gründungsurkunden genannten Handwerker auf Gärten saßen. Eine weitere Überlegung spricht für eine Gleichzeitigkeit von bäuerlichen Stellen und Kleinstellen. Die Wirtschaftsfläche der Bauernhöfe war so groß, daß die bäuerliche Familie nicht in der Lage war, die Arbeitsspitzen in der Feldbearbeitung und in der Ernte allein zu bewältigen, zumal die Vegetationsperiode vor allem in Ostpreußen recht kurz war und anstehende Arbeiten nicht aufgeschoben werden konnten. Kleinstelleninhaber, die einen Teil ihrer Existenz durch Bearbeitung eines »Gartens« sicherten und deren Arbeitskraft in den Arbeitsspitzen zur Verfügung stand, waren daher für die bäuerliche Wirtschaft eine Notwendigkeit. Die im Gegensatz zur lokal gebundenen Lohnarbeit der Kossäten und Gärtner mobile Lohnarbeit der saisonalen Wanderarbeiter ist erst um 1400 nachweisbar[50] und steht möglicherweise im Zusammenhang mit dem Bevölkerungsrückgang seit dem zweiten Drittel des 14. Jahrhunderts.

Zu der vorn erwähnten ethnischen Arbeitsteilung gehört die *Gesinde*frage. Es hat den Anschein, daß Wenden und Prußen einen größeren Teil des Gesindes, also der – im Gegensatz zur »freien« Lohnarbeit – »abhängigen« Lohnarbeiter stellten, insbesondere in den Städten.[51] Doch ist völlig unbekannt, ob der Gesindedienst bei ihnen, wie im allgemeinen bei den Deutschen, nur eine Übergangsphase bis zur Übernahme eines Hofes oder einer kleinbäuerlichen Stelle war.

Gemeinde und soziale Schichtung[52]

Die Hinweise auf die ethnische Arbeitsteilung haben bereits konkrete Aspekte der sozialen Schichtung deutlich gemacht. Generell war für die Gemeinden der Neusiedler Gleichheit in der Landausstattung und Gleichheit der Genossen im Hinblick auf die gemeinsamen Zwecke kennzeichnend. Wie sich die ursprüngliche wirtschaftliche Gleichheit weiterentwickelte, hing nicht zuletzt von den Erbgewohnheiten ab. Wo Realteilung üblich war, kam es schnell zu Besitzzersplitterungen und großen Unterschieden in den wirtschaftlichen Verhältnissen der Bauern. Herrschte Anerbenrecht, mußten die nichterbenden Kinder wegziehen, wenn sie nicht als Arbeitskräfte auf dem elterlichen Hof bleiben wollten. Neben der Abwanderung in die Stadt[53] und der Teilnahme am weiteren Siedlungsvorgang – solange dieser andauerte – blieb als Möglichkeit auch die Übernahme einer Kleinstelle. Zeitweiliger Gesindedienst, im allgemeinen bis zur Verheiratung oder Hofübernahme, war für Bauernsöhne und Bauerntöchter durchaus üblich, aber kein lebenslanger »Beruf«. Das Gesinde bildete, weil sozial in den Familienverband eingegliedert und rechtlich wie die Kinder der Hausherrschaft des Hausherrn unterstellt, noch keine selbständige soziale Schicht. Als soziale Gruppe gehörte es zur »jungen Mannschaft«, also zu einer *Altersklasse,* die in den spätmittelalterlichen Gemeinden nicht weiter schichtenspezifisch aufgegliedert wird.

In den großen Dörfern, insbesondere den Kirchendörfern, lebten neben den Bauern *Handwerker:* Schmied, Stellmacher/Wagner, Bäkker, Fleischer, Leineweber, Krüger. Sie gehörten zur Gemeinde, wenn sie Anteil an der Allmende und den gemeindlichen Nutzungen hatten, was im allgemeinen der Fall war, wenn sie einen »Garten« (nicht verhuftes Land) besaßen. Selbstverständlich hatten sie jedoch kein Mitspracherecht, wenn es um die Angelegenheiten der Flurgenossen

(Hufner) ging. Ihr geringer Landbesitz sagt aber nicht ohne weiteres etwas über ihre soziale Stellung und wirtschaftliche Situation aus, da ihr eigentliches Einkommen ja aus handwerklicher Arbeit stammte. Hierbei kam es darauf an, ob sie ihr Gewerbe als Lohnarbeit oder selbständig betrieben und ob sie ihren Garten (wie die Bauern ihren Hof) zu Erbzinsrecht besaßen oder nur gepachtet hatten. Da die Ansiedlung von Banngewerben (Bäcker, Fleischer und Krüger) nicht im freien Ermessen der Gemeinde stand, sondern mit der Herrschaft ausgehandelt werden mußte, konnte es durchaus vorkommen, daß ein wohlhabender Bauer die Rechte auf die Fleischbank erwarb, die eigentliche Arbeit jedoch als Lohnarbeit vergab. Eine ähnliche Aufteilung der Nutzung ist für Krüge häufig nachgewiesen. Ein Krüger, der seinen Krug zu Erbzinsrecht innehatte und womöglich sein eigenes Bier brauen durfte sowie über Hufenland verfügte, gehörte meist zu den Reichen im Dorf; übernahm er dagegen vom eigentlichen Kruginhaber nur die Nutzung des Kruges, war zwar selbständig, aber wirtschaftlich nicht gut gestellt.[54]

Neben Erbgewohnheiten und Privilegierung konnte das *Amt* ein weiteres Schichtungskriterium sein, allerdings nur dann, wenn es zusätzliche Einkommensquellen eröffnete. Dies war bei den Ortsvorstehern der Fall, die Einkünfte aus dem Dorfgericht bezogen und möglicherweise ihre Mittlerfunktion zwischen Gemeinde und Herrschaft zu ihrem Vorteil ausnutzten. Im Amt des Schulzen vereinigten sich – anders als beim Bauermeister – Amt und Privileg. Die Schulzen waren auch aus den eigentlich dörflichen Heiratskreisen ausgegliedert, jedenfalls was den Erben anging, und bildeten überörtliche Heiratskreise. In Preußen leisteten sie Reiterdienste wie die kleinen Freien und wurden im 15. Jahrhundert wie diese steuerlich veranlagt.[55]

In den Gebieten mit Schulzenverfassung und Anerbenrecht fällt es schwer, von Schichtung in der Gemeinde zu sprechen, da Schulz, Pfarrer und Krüger gegenüber der großen Zahl der »Nachbarn« – es konnten bis zu 60 sein – wohl kaum eine »Oberschicht« darstellten, ebensowenig wie die wenigen Gärtner die dörfliche »Unterschicht« bildeten. Dagegen ist das Schichtenmodell für die wirtschaftlich stark differenzierten Gemeinden der Realteilungsgebiete, in denen zudem Amt und Privileg nicht gekoppelt waren, durchaus brauchbar. Das heißt aber nicht, daß die Gemeinden der Anerbengebiete homogener und daher weniger konfliktträchtig gewesen sind als die der Realteilungsgebiete. Zutreffen mag das für »Verteilungskämpfe«, d. h. für Auseinandersetzungen um die Berechtigung zur Allmendnutzung, aber nicht für die – den bäuerlichen Alltag ausmachenden – zentralen Konflikte der Nachbarn und Flurgenossen. Vor allem ist das Kriterium »gleicher Landbesitz« viel zu äußerlich und formal, um von ihm auf Homogenität schließen zu können. Dies verdeutlichen gut die dem Erzgebirge vorgelagerten Waldhufendörfer, die sich 1–2 km an kleinen Bachläufen entlang erstreckten.[56] Die erheblichen Unterschiede der Höhenlage und der geologischen Gegebenheiten, denen sich der erste und der letzte Hofbauer gegenüber sahen, schlugen sich zweifellos in der jeweiligen wirtschaftlichen Situation nieder. Um den innergemeindlichen sozialen Beziehungen auf die Spur zu kommen, müßten vor allem die Verhältnisse der einzelnen bäuerlichen Familien untereinander und zur Gemeinde untersucht werden. Auf Grund der Quellenlage (Bußregister, Prozeßakten, Testamente) wird das wohl erst für das ausgehende 14. Jahrhundert möglich sein. Ein aufschlußreiches Indiz für die allgemeine Konfliktanfälligkeit der bäuerlichen Gemeinden sind die Einrichtungen, die Frieden stiften und garantieren sollten, insbesondere Gemeindefeste und religiöse Bruderschaften.[57]

Gemeinde als allgemeine ländliche Organisationsform

Die *Grundformen* der mittel- und ostelbischen Gemeinde erfuhren regional- und grundherrschaftsspezifische *Weiterentwicklungen.* Eine Besonderheit stellten die *Stadtdörfer* dar, d. h. die Dörfer, die gleichzeitig mit einer dazugehörigen Stadt gegründet wurden.[58] Da der Lokator der Stadt in der Regel auch das Dorf besetzte, erhielt er auch das Dorfgericht. Die lokale Autonomie des Dorfes wurde dadurch eingeschränkt und stützte sich vor allem auf den Verband der Flurgenossen.

Entwicklungsgeschichtlich erreichte die ostelbische bäuerliche Gemeinde im Ordensstaat Preußen ihren End- und Höhepunkt in der Mitte des 14. Jahrhunderts. Besonders bemerkenswert ist, daß das Gemeindeprinzip nicht auf bäuerliche Siedlungen im engeren Sinne (»Dorf«) beschränkt blieb, sondern allgemeines Organisationsschema für ländliche Siedlungen mit gemeinsamen Nutzungen und Verpflichtungen wurde, also auch für die *Gärtnerdörfer.* Es ist denkbar, daß die Gärtner, die auf den *Vorwerken* (Eigenbetriebe) des Ordens arbeiteten, ebenso dem grundherrlichen *Hofrecht* hätten unterstellt werden können. Vermutlich erwies sich das Gemeindeprinzip als geeigneter, weil es – wie bei den bäuerlichen Gemeinden – Beamte, also Verwaltungskosten, einsparte. Einen aufschlußreichen Einblick in die Arbeitsbeziehungen von Dreschgärtnern bieten die Verhältnisse in dem schlesischen Dorf Scheidelwitz zu Beginn des 17. Jahrhunderts.[59] Die 15 Dreschgärtner erhielten »Mandel und Hebe«, nämlich ihren Anteil am geernteten und ausgedroschenen Getreide, gemeinsam zugeteilt, und es blieb ihrer Genossenschaft überlassen, die Aufteilung vorzunehmen. Diese Genossenschaft entspricht der bäuerlichen Flurgenossenschaft, und es ist anzunehmen, daß es bei den Gärtnern auch bestimmte, dem bäuerlichen »Flurzwang« entsprechende Arbeitsformen gab. Das schlesische Beispiel kann nicht verallgemeinert und nicht ohne weiteres in das spätere Mittelalter zurückprojiziert werden, ist aber wohl als eine typische Form der Kooperation unter Dreschgärtnern anzusehen.

Die bäuerliche Gemeinde in der »Krise des 14. Jahrhunderts«[60]

Das Ende der Ostsiedlung, soweit sie von Deutschen getragen wurde, fiel zusammen mit dem dramatischen Bevölkerungsrückgang, der 1349 durch das erstmalige Auftreten der asiatischen Pest eingeleitet wurde. Auf die Entwicklung der bäuerlichen Gemeinden in Süd- und Südwestdeutschland hatten Bevölkerungsrückgang und Bevölkerungsumverteilung sowie die sich anschließende Agrardepression tiefgreifende Wirkungen. Pestzüge, verlassene (»wüste«) Hufen und Dörfer gab es aber ebenso in mittel- und ostelbischen Territorien; zumindestens für Ostelbien wird jedoch bestritten, daß der Einbruch so gravierend war wie in den westlichen Gebieten. Der oft behauptete ursächliche Zusammenhang zwischen der »Krise des 14. Jahrhunderts« und der Herausbildung der Gutswirtschaft und Gutsherrschaft ist bisher noch nicht bewiesen worden.[61] Festzustellen ist weder eine allgemeine Verschlechterung der bäuerlichen Rechtslage noch der gemeindlichen Wirkungsmöglichkeiten. Im Ordensstaat Preußen nahm die »politische« (= gesamtstaatliche) Bedeutung der bäuerlichen Gemeinden in der ersten Hälfte des 15. Jahrhunderts sogar zu, da der Orden seine Finanznöte nur mit Hilfe seiner Bauern bewältigen konnte.[62] Allerdings gelang es den Bauern nicht – wie im deutschen Südwesten –, diese starke Position durch die Erlangung der Landstandschaft politisch langfristig abzusichern.[63]

Dennoch sind Bevölkerungsrückgang, Wüstung und Agrardepression (d. h. niedrige Preise für Getreide) nicht ohne Auswirkungen geblieben. Gegen Ende des 14. Jahrhunderts ist im Ordensstaat Preußen zu beobachten, wie Prußen als Bauern in deutschen Dörfern Fuß faßten, obwohl das eigentlich der Politik des Ordens widersprach. Dafür gibt es mindestens zwei Deutungen: Vielleicht waren die Prußen von den Seuchenzügen weniger betroffen als die Deutschen, so daß sie ohne weiteres die wüsten Höfe in Besitz nehmen konnten; vielleicht waren die prußischen Dörfer aber ohnehin dichter besiedelt und bot sich unversorgten Bauernsöhnen durch die Wüstungen in den deutschen Dörfern die Chance, Mitglieder der deutschen Gemeinden zu werden. Jedenfalls hat der Bevölkerungsrückgang in Preußen den Ausgleich zwischen deutschen und prußischen Bauern allem Anschein nach gefördert. Eine andere Wirkung der Agrardepression waren zweifellos die Landverkäufe des kleinen Adels an Bürger, wie E. M. Engel und E. Müller-Mertens für Brandenburg gezeigt haben.[64] Im gleichen Zeitraum versuchten viele Städte, ihr Stadtgebiet zu einem politischen Territorium auszubauen.[65] Ohne ihre Finanzkraft und die Finanznot des Adels wäre das nicht denkbar gewesen.

Der ethnische Ausgleich, die Besitzumschichtungen zugunsten von Bürgern und die politische Expansion einer Reihe von Städten stellten tiefgreifende Veränderungen gegenüber der »kolonialen« Struktur dar. Die Entscheidung über die zukünftige Entwicklung in Richtung Gutsherrschaft und bäuerliche Erbuntertänigkeit aber war damals noch nicht gefallen.

Die Geschichte der bäuerlichen Gemeinden in den Neusiedlungsgebieten ist nicht nur im Zusammenhang mit der allgemeinen europäischen »Krise des 14. Jahrhunderts« zu sehen. Es ist auch zu fragen, welche Konsequenzen sich aus dem Vorgang der Kolonisation selbst ergaben. (1) Wie gestaltete sich das Verhältnis bäuerliche Gemeinde – Grundherr, nachdem die »Landnahme« abgeschlossen war? Konnte die Gemeinde auch unter »normalen« Verhältnissen ihre Stellung wahren? Es scheint, daß dies so lange – immerhin 300 Jahre – der Fall war, wie die Siedlungsmöglichkeiten insgesamt nicht erschöpft waren und dem Grundherrn mit Abzug gedroht werden konnte. Doch auch nach der Beendigung der Expansion und des Wachstums von Bevölkerung und Wirtschaft blieb die starke Stellung der Bauern erhalten, weil die Grundherren noch keine anderen Nutzungsmöglichkeiten ihres Landes entwickelt hatten und auf die selbständige bäuerliche Wirtschaft angewiesen waren. (2) Gab es Unterschiede in der Weiterentwicklung zwischen Rodungsdörfern und Entwässerungsdörfern? Die Rodung war ein einmaliger Vorgang, während die Sicherung der Entwässerung oder der Schutz vor Flüssen ständig fortbestehender Einrichtungen, der Deichverbände, bedurfte. Vermutlich haben die Deichverbände, die meist mehrere Dörfer umfaßten, insgesamt auch eine Stärkung der bäuerlichen Einzelgemeinden bewirkt. Die privilegierte Stellung der Mennonitendörfer in der Weichselniederung ist seit dem 16. Jahrhundert ausdrücklich belegt.[66] Obwohl diese Neusiedlungen eine neue Kolonisationsphase darstellen, darf in diesem Punkt vielleicht doch ein Rückschluß auf ältere Verhältnisse gezogen werden.

Zusammenfassend läßt sich die These aufstellen, daß der Bevölkerungsrückgang in den ostelbischen Gebieten nur eine Lage stabilisierte, die seit Beginn der Kolonisation bestanden hatte, nämlich den relativen Mangel an Menschen. Ist das richtig, dann war die »Krise« eine Fortsetzung der *kolonialen Situation* und hat allein keine grundlegend neuen Beziehungen zwischen Bauern, Gemeinden und Herren schaffen können. Solange Erweiterung des besiedelten Landes und bäuerliche Arbeit die entscheidenden Kräfte der wirtschaftlichen Entwicklung waren, konnten Bauern ihre Position ständig verbessern, ohne dabei in einen schwerwiegenden Interessengegensatz zu den Grundherren zu geraten. Der Ort ihres Zusammentreffens war nicht der Herrenhof, sondern der Markt, über dessen konkrete und abstrakte Funktionen ihre Beziehungen vermittelt wurden. Dennoch war diese Konstellation für die Bauern voller Widersprüche und daher labil. Einerseits beruhte ihre lokale »Autonomie« auf der Marktintegration, die sie aber abhängig machte, andererseits erstrebten sie gerade Unabhängigkeit. Als sozialer Verband richtete sich die bäuerliche Gemeinde generell gegen Herren wie Städte. Gleichzeitig gab es eine Land-Stadt-Bewegung derjenigen Dorfbewohner, die im Dorf kein ihnen angemessen erscheinendes Auskommen finden konnten und die Dienst oder Lehre in der Stadt vorzogen (abgefundene Töchter und Söhne von Bauern, Kindern von Kossäten und Gärtnern ohne Aussicht auf ein eigenes Anwesen). Die fundamentale gegenseitige Angewiesenheit von bäuerlicher und städtischer Wirtschaft wird am deutlichsten in der geplanten *Stadt-Land-Siedlung* in Schlesien *(Weichbildverfassung),* die die Bauern nicht nur wirtschaftlich, sondern auch rechtlich auf die Stadt verwies.[67] Schließlich war die Position der Bauern so lange nicht gefährdet, wie die Marktfunktion der Städte bestand. Erst nachdem die Städte als bäuerlicher Markt ausgeschaltet worden waren, ging der Handlungsspielraum der deutschen Bauern verloren. Dies bestätigt das Beispiel der Bauern auf der Insel Poel (nördl. v. Wismar), die ihre Stellung wahren konnten, solange sie direkten Zugang zum Handel behielten.[68]

Bäuerliche Gemeinden als Immunitäten haben sich auf Grund der politischen Expansion und des wirtschaftlichen wie demographischen Wachstums zuerst an den Rändern des Reiches durchgesetzt und sich dann mit den einander folgenden Siedlungswellen weiter nach Osten und Südosten ausgebreitet. Die Siedlungsbewegung verlockte Bauern durch mehr persönliche Freiheit und Teilhabe an lokaler Herrschaft. Die bäuerlichen Gemeinden organisierten die landwirtschaftliche Produktion und trugen teilweise die militärische Sicherung des Landes. So wurden sie in mehrfacher Hinsicht ein zentraler Faktor der mittelalterlichen Staatsbildung, und zwar nicht nur als Träger der Siedlungsbewegung, sondern ebenso in der administrativen Durchdringung des Landes, die mit den »Verwaltungsstäben« der Herrscher allein nicht möglich gewesen wäre. Darum ist es gerechtfertigt, »Herrschaft mit Bauern« als ein wesentliches Kennzeichen der mittelalterlichen Gesellschaft seit dem 12. Jahrhundert anzusehen.

3. Bäuerliche Gemeinden in Nord-, West-, Süd- und Südwestdeutschland

Neusiedlung und innerer Landesausbau

Die für die Bauern günstige Situation beschränkte sich nicht auf die Randgebiete des Reiches. Vergleichbare Möglichkeiten boten sich innerhalb seiner Grenzen dort, wo noch ausgedehnte Mittelgebirgslandschaften zu roden und weite Niederungen zu entwässern waren. Noch heute lassen sich – z. B. im Odenwald und im mittleren Schwaben – unschwer mehr oder weniger geschlossene Neusiedlungsgebiete mit regelmäßigen Dorf- und Fluranlagen ausmachen, die sich deutlich von der älteren Siedlungslandschaft abheben. Neben die großflächige Neusiedlung trat die Erweiterung älterer Siedlungen durch neue Gehöftegruppen und Einzelhöfe. Daß die Siedler im Hinblick auf Abgaben und rechtlichen Status privilegiert waren, kommt vielfach in ihrer Bezeichnung als »freie Bauern« oder »Freie« zum Ausdruck. Es gelang jedoch nicht ohne weiteres und überall, damit gemeindliche Freiheit, vor allem den Erwerb des Niedergerichts, zu verbinden. Aber es gibt Beispiele für Neusiedlungen, deren Verfaßtheit der kolonialdeutscher Siedlungen gleicht.

Am besten zeigen dies die von K. Fehn[69] untersuchten neun Angerdörfer zwischen Laugna und Mindel in Mittelschwaben, die – soweit die Daten bekannt sind – im zweiten Viertel des 14. Jahrhunderts nach der Zustimmung des Lehnsherrn von geistlichen, adeligen und bürgerlichen Grundherren in einem Waldgebiet gegründet wurden. Wie in der gleichzeitigen Hochphase der Besiedlung im Ordensstaat Preußen waren die Bauern wirtschaftlich und rechtlich gleichgestellt. Sie erhielten ihre *Lehen* (25,5 ha) zu »freiem Recht«, d. h. mit Erbrecht gegen festen Zins, und waren für die Anfangsjahre der Rodung vom Zins befreit. Dem ostdeutschen Lokator entsprach der *Reutmeister.* Er warb die Siedler in der näheren Umgebung an und erhielt die Niedergerichtsbarkeit, so daß das Dorfgericht unter seiner Leitung tagte. Obwohl die neuen Dörfer vergleichsweise klein waren (das größte umfaßte 525,5 ha), wurden die meisten mit einer eigenen Kirche ausgestattet.

Die gemeindliche Organisation der neuen Gehöftegruppen und Einzelhöfe konnte verschiedene Formen annehmen. Beispielsweise wurden hochgelegene Ausbausiedlungen zunächst in die Kirche des älteren Taldorfes eingepfarrt, wodurch die Pfarrei den Charakter eines gemeindlichen Verbandes gewann. Da die Aussiedler untereinander mehr Gemeinsamkeiten hatten als mit den Bewohnern der Talsiedlung, strebten sie bald nach eigenen Gemeindeverbänden, die ihren Bedürfnissen nach Abstimmung und menschlichen Beziehungen mehr entsprachen. Sie schlossen sich zusammen, um einen eigenen Pfarrer zu unterhalten, und dokumentierten ihren Zusammenhalt bei Begräbnissen und Prozessionen (z. B. »Kreuztracht«[70]). Die sozialen Kontakte durch einen gemeinsamen religiösen Kult boten die regelmäßig wiederkehrende Gelegenheit, vor und nach den Gottesdiensten auch wirtschaftliche und administrative Probleme zu besprechen. Eine andere Form von Verbandsbildung, nämlich gesonderte Gerichtsbezirke der »freien« Neusiedler, findet sich im Schwarzwald.[71] Obwohl die Kontakte dieser Bauern, die vor allem Viehzüchter waren, nicht so eng waren wie in den Kerndörfern, entstanden lokale Gemeinden, weil unter den schwierigen Lebensbedingungen des Gebirges gegenseitige Hilfe noch wichtiger war als im Dorf. Nicht zuletzt die starken bäuerlichen Widerstandsbewegungen im späten Mittelalter und in der Frühen Neuzeit, die gerade von diesen Gemeinden getragen wurden, beweisen deren Wirksamkeit.[72]

Auflösung der älteren Grundherrschaft und Gemeinde als neue Sozialform

Insgesamt war für die Entwicklung in Altdeutschland jedoch bezeichnender, daß die gemeindliche Zuständigkeit und Selbständigkeit allmählich zunahmen. Deutlicher als in den Kolonisationsgebieten, wo sich der Gegensatz zwischen älteren und modernen Formen wirtschaftlicher und sozialer Organisation primär als ein ethnischer darstellt, wird in Altdeutschland erkennbar, welche wirtschaftlichen und sozialen Veränderungen erforderlich waren, um für bäuerliche Gemeinden Raum zu schaffen. Zwei Vorgänge müssen berücksichtigt werden: die Auflösung der älteren Grundherrschaft und die »Krise des 14. Jahrhunderts«. Sie hatten entsprechend der Größe und Struktur der jeweiligen Grundherrschaft und den unterschiedlichen Bedingungen in den einzelnen Regionen vielgestaltige Auswirkungen.[73]

Inwieweit die *Auflösung der älteren Grundherrschaft* ein allgemeiner Prozeß war, läßt sich nicht mit Bestimmtheit sagen, da die Villikationsverfassung bisher vor allem für die großen Grundherrschaften nachgewiesen worden ist, während über die adeligen Grundbesitzungen wenig bekannt ist. Im Zentrum der älteren Wirtschaftsweise stand der von Unfreien bearbeitete herrschaftliche Eigenbetrieb. An den Rändern der Herrschaft gab es selbständig wirtschaftende Bauern, deren Produktion jedoch ganz auf die Bedürfnisse des herrschaftlichen Haushaltes abgestellt war. Noch selbständiger waren die Bauern in den – für die Struktur mittelalterlicher Grundherrschaften so bezeichnenden – Streubesitzungen. Rechtlich war die Lage der Arbeiter auf den Herrenhöfen (Salhöfen, Meierhöfen) wohl am gedrücktesten, während die selbständig wirtschaftenden Bauern, von ihrem rechtlichen Status als Unfreie oder eingeschränkt »Freie« abgesehen, besser gestellt waren. Das kommt nicht zuletzt in ihrer Ehefähigkeit zum Ausdruck.

Das Aufgeben der Eigenwirtschaft und die Vergabe des Sallandes an selbständig wirtschaftende Bauern bedeutete für die bisher Unselbständigen eine entschiedene Verbesserung ihrer Situation, zumal etwa gleichzeitig die Abgaben von naturalen Anteilen an der jeweiligen Ernte in feste Mengen umgewandelt wurden. Wer auf dem Gebiet des eigenen Herren kein wirtschaftliches Auskommen fand, konnte sich in andere Herrschaften begeben und dort einen Hof übernehmen. Diese Mobilisierung der ländlichen Bevölkerung, die mit einem beträchtlichen Bevölkerungswachstum einherging, schuf freilich komplizierte Beziehungen zwischen Herren und Bauern.

Die mit der älteren Grundherrschaft verbundenen Rechte wurden bei ihrer Auflösung aufgeteilt. Man unterscheidet zwischen jüngerer *Grund*herrschaft (Rentengrundherrschaft), *Leib*herrschaft und *Gerichts*herrschaft. Sie lagen vielfach in verschiedenen Händen und banden die betroffenen Bauern an verschiedene Herren. Selbstverständlich strebten die Herren danach, die Leistungen, die ihnen von ihren Eigenleuten zustanden und die durch deren Mobilität gefährdet waren, nicht zu verlieren. Dem diente das Instrument der Leibherrschaft mit einem jährlich fälligen Leibzins und einer beim Tode fälligen Abgabe.[74] Das schwierigste Problem für die Leibherren wie für die Eigenleute war eine Ehe zwischen Eigenleuten verschiedener Herren; solche Ehen wurden immer wieder geschlossen und waren nach der Mobilisierung der ländlichen Bevölkerung und schon vorher in den Streulagen nicht zu verhindern. Es mußte geklärt werden, wem das Ehepaar seine leibherrlichen Abgaben zu leisten hatte und welchen Status die aus diesen Ehen hervorgehenden Kinder haben würden. Daneben bestand das alte Problem fort, welche Statusänderung eine Ehe zwischen Eigenleuten und »freien« Bauern zur Folge hat, ob der Freie seine Freiheit verlor oder nicht und wem die Kinder folgten, ob dem schlechteren oder dem besseren Status. Die herrschaftliche Konkurrenz um Einnahmen und das Unabhängigkeitsstreben der Eigenleute führte zu ständigen Konflikten. In Altbayern wurde dieses Problem für die umfangreichen landesherrlichen Besitzungen schon früh durch Teilungsverträge geregelt: Die Eigenleute der verschiedenen landesherrlichen Linien konnten danach untereinander heiraten, und die Kinder wurden nach einem bestimmten Schlüssel den verschiedenen Leibherren zugewiesen.[75]

Die Herrensitze wurden auf die Höhenburgen verlegt,[76] die früheren Wirtschafts- und Verwaltungszentren *(Salhöfe, Meierhöfe)* blieben – soweit sie nicht ebenfalls ›vermeiert‹ wurden – mit meist eingeschränkter Zuständigkeit bestehen.[77] Ihre wirtschaftsorganisatorischen Aufgaben reduzierten sich mit dem Ende der Eigenwirtschaft auf das Einziehen, die Lagerung und die Vermarktung der Abgaben. Unverändert blieben zunächst die Gerichtsfunktionen, denn auch die wirtschaftlich selbständigen Bauern blieben dem *Hofrecht* ihrer Herren unterworfen. Selbst Ordnungsverstöße gegen den lokal kontrollierten Dorf- und Flurfrieden wurden nicht vor einem Dorfgericht gerügt, sondern von den Gemeindevertretern am herrschaftlichen Gericht vorgebracht.[78] Als neue Aufgabe kam die Registratur der herrschaftlichen Einkommensquellen hinzu – angesichts deren Vielfalt und Verstreutheit unbedingt erforderlich.

Die Auflösung der älteren Grundherrschaft bewirkte, daß die betroffenen Menschen nach neuen Formen der sozialen, wirtschaftlichen und rechtlichen Organisation ihres Lebens suchten. Soziale Probleme ergaben sich aus dem Nebeneinanderwohnen von Bauern mit rechtlich verschiedenem Status und den dargestellten Folgen für die Heiratsmöglichkeiten, gleichgültig ob dessen Grundlage herrschaftliche Politik war oder der Ehrbegriff von »Freien« und Eigenleuten. Ein wirtschaftliches Problem war, daß trotz der Abwanderung in die gleichzeitig entstehenden Städte das mit den technischen Mitteln der Zeit zu nutzende Land nicht ausreichte, um genug Nahrungsmittel zu produzieren. Die wachsende Bevölkerung konnte nur ernährt werden, weil durch intensivere Bodennutzung die Getreideerträge gesteigert wurden. Das geschah mit Hilfe der *Dreifelderwirtschaft.*[79] Sie erforderte bestimmte Regelungen des Miteinanderwirtschaftens. Es entwickelte sich die neue wirtschaftliche Korporation der Flurgenossen; sie verband sich mit der älteren Sozialform der *Nachbarschaft*[80] zu einer neuen lokalen Sozialform, die sich auf die Dauer als stärker erwies als die Zugehörigkeit der einzelnen Mitglieder zu einem herrschaftlichen Verband. Denn für das Zusammenleben der Flurgenossen und Dorfnachbarn war die lokale Einbindung wichtiger. Die eines Tages erlangte wirtschaftliche und lokale Selbständigkeit bedurfte jedoch der Absicherung gegen die leibherrlichen Personenverbände und die lokalen Vertreter herrschaftlicher Ansprüche (z. B. die Schultheißen) durch entschiedenes gemeinsames Handeln der Lokalgruppe. Es vollzog sich in der Form von *beschworenen Einungen* (»Verschwörungen«). Die Bauern traten den Herren als ›Interessengruppe‹ entgegen und erzwangen Zugeständnisse. Vielfach begünstigten politische und wirtschaftliche Konstellationen das bäuerliche Streben nach gemeindlicher Autonomie. Handlungsmöglichkeiten boten sich – im Gefolge der »Krise des 14. Jahrhunderts« – insbesondere zu Beginn des 15. Jahrhunderts, allerdings nicht überall, wie die gegensätzlichen Beispiele Franken und Südwestdeutschland zeigen werden.

In den neu gegründeten Dörfern waren die »Gleichheit« der Flurgenossen und die gegenseitige soziale Anerkennung, wie sie im Heiratsverhalten der Gemeindemitglieder *(Konnubium)* zum Ausdruck kommt, zumeist selbstverständlich. In den älteren Siedlungen wurden sie dagegen nur allmählich erreicht. Angesichts der herrschaftlichen Sanktionen, wenn Eheleute verschiedenen herrschaftlichen Personenverbänden angehörten (»ungenossame« Ehe), mußte das Prinzip der lokalen Endogamie auch in der Gemeinde selbst erst durchgesetzt werden. Die Auflösung der älteren Grundherrschaft und ihre Folge, die Herausbildung bäuerlicher Gemeinden, bewirkte somit weit mehr als eine Umgestaltung der herrschaftlichen Sphäre und die bäuerliche Teilhabe an Herrschaft: eine neue lokale Form der »Vergemeinschaftung« (im Sinne Max Webers), welche die neue Form der Vergesellschaftung trug. Rückblickend erscheint das gemeindliche Leben als sehr persönlich und kleinräumig. Das darf aber nicht darüber hinwegtäuschen, daß sich transpersonale »moderne« Herrschaft nicht allein auf den politischen Höhen des Reiches und der Territorialstaaten entwickelt hat, sondern gleichzeitig in den lokalen Institutionen der bäuerlichen (und städtischen) Gemeinden.

Die neue Sozialform Gemeinde, begründet in der beschworenen Einung, jährlich erneuert und bestätigt im rituellen Vertrinken der Bier- und Weinbußen, symbolisiert in der Tischgemeinschaft der Mitglieder und ihrer Ehefrauen, entfaltete eigene Lebensformen und setzte eigene Normen. Neben der wirtschaftlich-sozialen Differenzierung der Dorfbewohner spielte die familienähnliche Gliederung der Lokalgruppe in Alters- und Geschlechterklassen eine große Rolle. Insbesondere die Jugend wurde früh daran beteiligt, die gemeindliche Ordnung zu wahren, deren Regeln sie dadurch ›spielend‹ lernte. Die Rügebräuche, die die innerehelichen Machtverhältnisse zwischen Mann und Frau betrafen, wurden hauptsächlich von der männlichen Jugend getragen; ebenso kontrollierte sie die Wiederverheiratung von Witwen, denn damit wurde zugleich über ihre eigenen Chancen entschieden, wirtschaftlich und rechtlich selbständig zu werden. Auf die Bedeutung der Alters- und Geschlechterklassen verweisen auch die

Feste für verheiratete Frauen u. a. nach der Geburt eines Kindes sowie die Weiberfasnacht, die Umkehrung der ›natürlichen‹ Ordnung im Verhältnis von Männern und Frauen einmal im Jahr, indem die Frauen die Herrschaft an sich rissen und Männer von ihrer Gesellschaft ausschlossen.[81]

Regionalformen

Das beschriebene Zusammenspiel von Herrschaft und Bauern führte zu mannigfachen lokalen Formen der bäuerlichen Gemeinde. Sie werden aufgrund der Bezeichnungen für den Gemeindeverband, die Amtsträger und die Aufgaben und Kompetenzen zu Regionalformen zusammengefaßt. Diese decken sich nicht mit den von Friedrich Lütge entwickelten Regionalformen der Grundherrschaft.

Wenn man sich an den in den Quellen benutzten Begriffen orientiert, kommt man zu teils kleinräumigen, teils großräumigen Regionalformen von bäuerlicher Gemeinde. Das sagt aber zunächst nur etwas über die Verbreitung der Bezeichnungen aus, nichts über die eigentliche Struktur der jeweiligen Gemeinden. Wenn für Amtsträger Namen wie Schultheiß und Ammann vorkommen, so verweist das zwar eindeutig auf die Herkunft aus der herrschaftlichen Sphäre und dokumentiert die Rolle der »Verdorfung« von Herrschaft im Prozeß der Gemeindebildung. Es erlaubt jedoch nicht, direkt auf die Stellung dieser Amtsträger im Lokalverband zu schließen. Das gilt noch mehr für den Heimbürgen, der in West-, in Mittel- und in Süddeutschland deutlich verschiedene Amtsfunktionen hatte.

Wie schwierig es ist, regionale Formen bäuerlicher Gemeinden zu erfassen, zeigen beispielsweise die südwest- und westdeutschen Verhältnisse.[82] Dicht beieinander lagen in den fränkischen Rheinlanden: die *Zenteneien* um Trier,[83] die *Heimgereden* an der unteren Mosel und am Mittelrhein, die *Honschaften* in der Kölner Bucht und die *Burschaften* am Niederrhein.

Die Bezeichnung bäuerlicher Gemeinden als *Zentenei* oder *Honschaft* geht auf ältere Gerichtsverbände (Zent, Hundertschaft) zurück, deren Anfänge in der fränkischen Zeit liegen.[84] Nach der Auflösung der älteren Grundherrschaft übernahmen die um früheres Herrenland erweiterten bäuerlichen Siedlungen auch eine Reihe ehemals herrschaftlicher Aufgaben. Häufig garantierte die Gemeinde, daß die Abgaben an den Grundherrn geleistet wurden, und überwachte die Frondienste. Sie war für die Ordnung im Dorf und in den Feldfluren verantwortlich und besaß für ihren Bereich die Kompetenz von *Gebot und Verbot.* Die Gemeindeversammlung wählte (neben dem Flurwart und den Hirten) als Amtsträger Zender oder Honne, die das Dorf nach außen vertraten. Sie hatten den Vorsitz im Dorfgericht, vor dem Verstöße gegen die Dorf- und Flurordnung verhandelt wurden, und vertraten zusammen mit zusätzlich gewählten *Nachbarn* die Gemeinde im älteren überlokalen Hochgericht, das für alle anderen Rechtsfälle zuständig war.

Heimgerede als Bezeichnung für Gemeinden ist für das Mittelrheingebiet spezifisch, nicht dagegen die Bezeichnung ihrer gemeindlichen Funktionsträger als *Heimbürge, Schultheiß, Schöffe.* Die Erforschung der Heimgereden ist noch längst nicht abgeschlossen und die Interpretation der vorliegenden Ergebnisse ist umstritten; weitgehend sicher ist jedoch, daß (wie Zender und Honne) auch der Heimbürge eine Doppelfunktion ausübte: als Ortsvorsteher und als Vertreter der Gemeinde im Hochgericht. In dieser zweiten Funktion war er aber anscheinend nicht der Gemeinde verpflichtet. So mußten die 14 Heimbürgen des Beltheimer Hochgerichts den drei Gerichtsherren einen Eid ablegen, während ihre Helfer in Rechtssachen, die *Landmannen,* durch Eid der Gemeinde verpflichtet waren. Heimbürge und Landmannen waren vermutlich auch im dörflichen Rügegericht gemeinsam tätig. Anders als in Thüringen, wo sie ganz ausgesprochen Amtsträger für *Nachbarschaftssachen* waren, standen bei den Heimbürgen in Westdeutschland gerichtliche Aufgaben im Vordergrund, ähnlich wie bei Zender und Honne. Diese Gemeinsamkeit beruhte auf dem hier wie dort engen Zusammenhang zwischen übergeordnetem Gerichtsverband und Gemeindebildung. Die Heimgereden waren zwar, wie das Beispiel des Beltheimer Hochgerichts zeigt, gerichtlich nicht so ›autonom‹ wie die Kolonisationsdörfer, dafür besaßen ihre Heimbürgen aber die Kompetenz der Rechtsweisung in herrschaftlich-bäuerlichen Angelegenheiten.

Die *Burschaften* am Niederrhein waren die bäuerliche Organisationsform in einem locker besiedelten Gebiet mit Siedlungsverdichtung in der hochmittelalterlichen Ausbauphase und eigenen lokalen Gerichten (nach Auskunft der Quellen) erst im späten Mittelalter. Die lokale Friedenssicherung beschränkte sich hier weitgehend auf den Bereich des *Hausfriedens*; ›befriedete‹, eingehegte Dörfer gab es nicht. Räumliche Nachbarschaft gab es jedoch, und aus ihr erwuchsen in Siedlung und Flur wirtschaftliche und soziale Aufgaben, die von der Versammlung der Nachbarn geregelt wurden. Dabei spielten rechtsständische Unterschiede unter ihnen keine Rolle. Der gewählte *Burmester/Burrichter* bildete zusammen mit den ebenfalls gewählten *Geschworenen* das *Burgericht.* Der Burrichter vertrat die Burschaft auch vor dem herrschaftlichen Gericht. Waren Burschaften sehr klein, wurden auch innergemeindliche Streitfälle vor dem herrschaftlichen Gericht verhandelt, dem die Burschaft wie Zentenei, Honschaft und Heimgerede unterstellt war. Im Gegensatz zu den anderen Gemeindeformen stand hier aber die Kirche meistens nicht im Dorf. Stattdessen bildeten mehrere Burschaften ein *Kirchspiel.* Dieses hatte Funktionen auch für die weltliche Verwaltung; es wurde die administrative Einheit u. a. zur Einziehung der landesherrlichen Steuern. Für die Burschaft war also eine Aufteilung der gemeindlichen Funktionen kennzeichnend: auf die kleinräumige Burschaft selbst, auf das Kirchspiel und auf den großräumigen Gerichtsverband.

Die Burschaften im niederrheinischen Streusiedlungsgebiet waren aber nur eine Spielart der über ganz Norddeutschland bis zur mittleren Elbe verbreiteten Burschaften/Bauerschaften. Daß ihre Institutionen – Burrichter/Burmester, Versammlung der Nachbarn (Tie), Burgericht/Burding – überall die gleiche Bezeichnung trugen, darf nicht als Zeichen dafür genommen werden, daß auch die gemeindlichen Strukturen überall gleich gewesen seien. Das Gegenteil ist richtig. Infolge der natur- und kulturräumlichen Unterschiede in dem großen Verbreitungsgebiet und der zeitlichen Stufung seiner siedlungsmäßigen Erschließung und herrschaftlichen Gestaltung verbergen sich hinter der Bezeichnung Burschaft/Bauerschaft durchaus verschiedene Formen von Gemeinde. In den norddeutschen Küstenregionen zum Beispiel[85] standen am Beginn der Erschließung einerseits große Gebiete umfassende Pfarreien und Gerichtsverbände, andererseits die Siedlung und Zusammenleben organisierenden Verbände der *Geschlechter.* Erst im Verlauf der Siedlungsverdichtung wurde es nötig, auf nachbarschaftlicher Basis lokale Verbände zu bilden. So treten in Dithmarschen Burschaften erst im 14. Jahrhundert in Erscheinung. Dieses späte Auftreten hatte zur Folge, daß die Burschaft neben Kirchspiel, Landgericht/Go und Geschlechterverband stand, zum Teil auch in Konkurrenz zu diesen älteren Verbänden. Ferner konnte die Deichgenossenschaft, ursprünglich die Grundlage der wirtschaftlichen

Existenz, eine größere Rolle spielen als der Nachbarschaftsverband. Sie war überörtlich und unterschied sich darin von der Flurgenossenschaft in Dörfern mit Dreifelderwirtschaft.

Anders war es, wo zusammen mit der Siedlung der Lokalverband entstand, so im Lauenburgischen,[86] im nördlichen Niedersachsen und in Elbostfalen. Dort, wo Nachbarschaft, Wirtschaftsverband und Kirchspiel identisch waren, gab es Bauerschaften/Burschaften, die den Zenteneien und den Heimgereden weitgehend entsprachen. Der Bauermeister war, wie im »Sachsenspiegel« ausführlich dargestellt,[87] zugleich Leiter der Gemeinde und Mitwirkender im Hochgericht.

Naturräumliche Gegebenheiten konnten den Charakter und die Verhältnisse innerhalb von Burschaften stark bestimmen. In Teilen Niedersachsens etwa gab es Burschaften, die wie Inseln in einer unbesiedelten Landschaft lagen. Sie bestanden häufig nur aus wenigen Höfen, die nicht Mehrfelderwirtschaft, sondern Einfeldwirtschaft (»ewiger Roggenanbau«) betrieben. Für eine institutionalisierte Gemeindeorganisation bestand nur ein geringer Bedarf. Konflikte zwischen einzelnen Bauern konnten von diesen selbst geregelt werden, Außenkonflikte, z. B. mit Nachbargemeinden, spielten bei diesen ›Siedlungsinseln‹ zunächst jedenfalls keine große Rolle. Die ausgedehnten Weideflächen zwischen den Burschaften waren noch nicht einzelnen Gemeinden zugeordnet. So erhielten viele Gemeinden im Osnabrücker Land erst im 15. Jahrhundert feste Grenzen, und zwar als Folge von Wüstungen und der dadurch erforderlich gewordenen Neuorganisation.

Die Bauermeister der fränkischen Gemeinden sind kein Indiz für das Bestehen einer Bauerschaft im dargestellten Sinn. Ebenso wie die fränkischen Heimbürgen treten sie lediglich als Amtsträger des Nachbarschaftsverbandes auf, während die Verbindung zur Herrschaft und zum herrschaftlichen Gericht von herrschaftlichen Amtsträgern wahrgenommen wurde.

Für die bäuerlichen Gemeinden in *Mainfranken*[88] war dreierlei bestimmend: unterschiedliche wirtschaftliche Gegebenheiten (Weinbau in alten Siedlungen entlang des Mains bis Bamberg, in den übrigen Gebieten Getreideanbau); Erweiterung alter Siedlungen und Neusiedlung vor allem am Obermain; Vielfalt der herrschaftlichen Verhältnisse mit Herrschaftskonkurrenz und Kompetenzstreitigkeiten als Folgen. Bevölkerungsrückgang und wirtschaftliche Verluste seit der Mitte des 14. Jahrhunderts erweiterten den Spielraum der fränkischen

Gemeinden, ihre Interessen gegen die um die Ortsherrschaft konkurrierenden Herren zur Geltung zu bringen. Das 15. Jahrhundert war ein Höhepunkt in der Verselbständigung der Gemeinden, wie die Weistümer aus dieser Zeit dokumentieren.[89] Auf der lokalen Ebene standen neben den Amtsträgern eines oder mehrerer berechtigter Herren die gewählten Vertreter der bäuerlichen Nachbarschaft, Heimbürgen oder Bauermeister. Der herrschaftliche Schultheiß, der im Dorfgericht den Vorsitz hatte, war im allgemeinen ebenfalls ein alteingesessener und angesehener Bauer. Er vertrat auch die Gemeinde nach außen, mußte sich in gemeindlichen Angelegenheiten aber mit Heimbürgen/Bauermeister absprechen. Wie in West- und Nordwestdeutschland war das Dorf an der überlokalen Gerichtsorganisation beteiligt – durch den Schultheiß oder einen anderen dazu gewählten Bauern als Schöffe des *Zentgerichts.* Diese bäuerliche Beteiligung beruhte auf der Kenntnis des Gewohnheitsrechts. Sie endete darum im 16. Jahrhundert: als das Römische Recht durchgesetzt, das Gerichtswesen umgestaltet und der Vorsitzende des Gerichts, der Zentgraf, landesherrlicher Beamter wurde, schieden die Bauern aus der mittleren Gerichtsebene aus.

Die komplizierten gemeindlichen Verhältnisse im nördlichen *Hessen* sind erst neuerdings überschaubar geworden.[90] Nachweisbar sind bäuerliche Gemeinden in diesem Raum so früh wie in den benachbarten Gebieten, die gemeindlichen Strukturen sind jedoch erst für das 15./16. Jahrhundert klarer zu erkennen. Damals waren die gemeindlichen Ämter freilich bereits umgestaltet worden, und zwar zum einen durch die Folgen der »Krise des 14. Jahrhunderts«, zum anderen durch Eingriffe der Landesherrschaft. Der Wandel in den Aufgaben und Kompetenzen der Amtsträger ist seit dem 16. Jahrhundert für die hessischen Gemeinden gut belegt. Die ganz unterschiedlichen Bezeichnungen für die Ortsvorsteher – *comes, Grebe, Richter, Schultheiß, Heimbürge* – und ebenso für die Mehrmännergremien verraten die Vielfalt politischer Kräfte im Raum Hessen bzw. Hessen-Thüringen. Während südlich der Linie Marburg – Alsfeld – Hersfeld (wie im angrenzenden Mainfranken) Heimbürgen als Dorfvorsteher und als Mehrmänneramt belegt sind, herrschen im nördlichen Hessen comes/Grebe, Richter und Schultheiß vor, Bezeichnungen also, die auf ursprünglich gerichtliche Aufgaben hinweisen. Überschneidungszonen der beiden Bezeichnungen gibt es im Raum Frankenberg – Rotenburg – Hersfeld – Marburg.

In *Bayern*[91] und *Schwaben* war die Situation im 11./12. Jahrhundert recht ähnlich, später bewirkten politische Entwicklungen, daß sich das Verhältnis von Herren und Bauern in den beiden Regionen unterschiedlich gestaltete. Während in Bayern die Landesherren durch das Aussterben bedeutender Grafengeschlechter, das Zurückdrängen der großen Reichsklöster und den Gewinn wichtiger Klostervogteien ihren Einflußbereich ausdehnen konnten, war es in Schwaben so, daß nach dem Untergang der Staufer alle weltlichen und geistlichen Herren – und dazu noch die neu aufsteigenden Städte – beim Ausbau ihrer Stellung miteinander konkurrierten. Konkret bedeutete dies, daß die bayerischen Landesherren viele Probleme, die im Gefolge der Auflösung der älteren Grundherrschaft auftauchten, bereits im 13. Jahrhundert lösen und im 14./15. Jahrhundert die Auswirkungen der »Krise« ganz anders auffangen konnten als die Vielzahl von Herren im deutschen Südwesten, die angesichts der wirtschaftlichen und politischen Veränderungen im 15. Jahrhundert überleben wollten. Eines gilt jedoch für beide Regionen (und ebenso für Franken sowie für West- und Nordwestdeutschland): gemeindliche Freiheit bedeutete keineswegs auch immer persönliche Freiheit der Gemeindemitglieder. Die Gemeinde stand über der rechtsständischen Qualität des Einzelnen.

Die *altbayerische Gemeinde*[92] galt in der Forschung lange als »statisch« und schwach entwickelt. Das begann sich erst zu ändern, als Arbeiten für den »Historischen Atlas von Bayern« den lokalen Gegebenheiten systematisch auf den Grund gingen. Dabei wurde nach und nach eine solche Vielgestaltigkeit der bäuerlichen Gemeinde in Bayern erkennbar, daß es eigentlich nicht statthaft ist, von *der* bayerischen Gemeinde zu sprechen. Aber das gilt für jede andere Region genauso, und eine Darstellung wie diese muß mit Verallgemeinerungen arbeiten.

Zwei seit dem 16. Jahrhundert deutlich ausgeprägte Gemeindeformen sind seit längerem bekannt: die *Hofmarksgemeinde* der adligen und geistlichen Grundherren und die *landgerichtische Gemeinde,* die dem landesherrlichen Landgericht unterstand, deren Mitglieder aber durchaus nicht alle landesherrliche Bauern waren. Oder anders gesagt: neben den landesherrlichen Bauern gehörten diesen Gemeinden alle dem Landgericht unterstellten Bauern an, gleichgültig wer ihr Grundherr war. Eine geschlossene Siedlung waren diese Gemeinden nur, soweit es sich um Dörfer handelte. In Streusiedlungs- und Einzelhofgebieten umfaßte eine Gemeinde (ganz ähnlich wie in Westfalen) mehrere Siedlungen.

Die landgerichtische Gemeinde entstand im Zuge des Ausbaus der landesherrlichen Ämter- und Gerichtsverfassung seit dem 14. Jahrhundert. Auf der lokalen Ebene war die Genossenschaft der Nachbarn und der Nutzungsberechtigten gemeindebildend. Die Gemeindemitglieder wählten als ihre Repräsentanten die *Vierer.* Diese besaßen in gemeindlichen Angelegenheiten ein gewisses Aufsichts- und Strafrecht. Die eigentliche Aufsichts- und Polizeigewalt lag jedoch bei *Ammann* und *Schergen,* den Amtspersonen des Landgerichts, auf deren Bestellung die Gemeinde keinen Einfluß hatte. Sie hatte selbst in Gemeindeangelegenheiten nur begrenzte Kompetenzen. Die Niedergerichtsbarkeit lag selbstverständlich beim Landgericht. Für die nicht-landesherrlichen Bauern war das ein großer Vorteil: in Konflikten mit ihrem Grundherrn waren sie nicht dessen Gerichtsbarkeit unterworfen, sondern konnten sich an das Landgericht des Landesherren wenden, der seinerseits ein Interesse daran hatte, die Grundherrschaften zu kontrollieren.

Pankraz Fried sieht die landgerichtische Organisation bereits im 12. Jahrhundert angelegt, nämlich in dem systematischen Bestreben der Landesherren, Gerichtsrechte zu erwerben und diese gegenüber dem Adel als Herrschaftsrechte einzusetzen. Das gelang ihnen mit den Landfriedengesetzen im 14. und der Einrichtung der Landgerichte im 15. Jahrhundert. Die Entwicklung in Bayern verlief also genau umgekehrt als die in den ostdeutschen Territorien. Dort war der ursprünglich über besonders viel Macht verfügende Landesherr gezwungen, neben Land nach und nach auch Gerichtsrechte abzugeben, um so schließlich auch die Bauern zu verlieren. In Bayern dagegen konzentrierten die Landesherren die Gerichtsrechte bei sich und gewannen dadurch zugleich landgerichtische Bauern.

Die Herkunft der Hofmarkgemeinden der geistlichen und adeligen Grundherrschaft aus der älteren Grundherrschaft ist unzweifelhaft. Anders als in den landgerichtischen Gemeinden lagen in den geistlichen Hofmarken die Grund- und die Gerichtsherrschaft meistens in einer Hand. Die Hofmarksgemeinde war Siedlungs-, Nutzungs- und Niedergerichtsverband. Die Blut- und Schrannengerichtsbarkeit lag beim Landgericht. Die materielle Grundlage für die Ausbildung von gemeindlichen Solidaritäten und Zuständigkeiten weist auf ältere Zustände zurück. Die Allmende blieb zumeist unter der Kontrolle der

Herrschaft, und der herrschaftliche Amtsträger im Dorf, der Ammann, war für alle die Aufgaben der Dorf- und Flurpolizei zuständig, die in der landgerichtischen Gemeinde die gewählten Vierer regelten. Bei der Auswahl des Ammanns hatten die Bauern allerdings ein Mitspracherecht. Das erklärt wohl seine (von P. Fried betonte) Solidarität mit den Bauern. Zugleich ist P. Fried der Meinung, das Mitspracherecht der Gemeinde sei dadurch »entscheidend ein[ge]engt« worden, daß der Ammannhof zu Erbrecht verliehen wurde. Das darf man jedoch nicht zu formal sehen. Die Vererbbarkeit seines Hofes verband den Ammann gerade mit den gemeindlichen Interessen. Da lag Konsens mit der Gemeinde nahe. In dieser Hinsicht gleichen sich Ammann und ostelbischer Erbschulz; für beide war trotz Privilegierung und besonderer Beziehung zur Herrschaft die lokale Solidarität wichtig.

Wie in der älteren Gerichtsgemeinde wirkten in der Hofmarksgemeinde die Bauern am Gericht und an der Weisung des Rechts mit. Darin bestand die gemeindliche Teilhabe an der Ausübung von Herrschaft. Denn die Hofmarken waren zwar Immunitäten, aber nur für den Inhaber der Herrschaft. Auch die »Dorfgerichte« des 13. und 14. Jahrhunderts, die nach der Auflösung der älteren Grundherrschaft entstanden waren – zum Teil lebten sie in den Hofmarken weiter, zum Teil wurden sie vom Landgericht abgelöst –, zeigen das Streben der Grundherren, ihre persönliche Immunität räumlich auszuweiten. Diese »Dorfgerichte« waren also keine bäuerlichen Niedergerichte.

Was bedeuteten die beiden Gemeindeformen langfristig für die Bauern? Nach P. Fried waren in der Frühen Neuzeit die Bedrückungen der Hofmarksbauern größer als die der landgerichtischen Bauern. Wenn das richtig ist, dann gleichen in dieser Hinsicht die bayerischen Verhältnisse den ostdeutschen. Auch dort waren in der Frühen Neuzeit nicht die landesherrlichen Bauern am schwersten bedrückt, sondern die »Privatbauern« der Gutsherren, die ihre »Untertanen« rechtlich und wirtschaftlich von der »Öffentlichkeit« (Staat und Markt) abschlossen. Eine weitere Parallele zeigt vielleicht ein vergleichender Blick auf die Rolle der Städte in beiden Regionen: die Schwäche der Städte in Ostdeutschland gilt als ein Grund für die bäuerliche »Unfreiheit«, und Bayern war eine zwar märktereiche, aber städtearme Landschaft.

Der Prozeß der »Verdorfung« und Gemeindebildung in *Südwestdeutschland*[93] wurde stark dadurch beeinflußt, daß es hier zwar einige größere Herren gab (z. B. die Grafen und späteren Herzöge von Württemberg und die badischen Markgrafen), eine politische Macht vom Gewicht der bayerischen Herzöge aber seit dem Ende des 13. Jahrhunderts fehlte. Stattdessen entstand eine Vielzahl weltlicher, geistlicher und städtischer Herrschaften mit weit verstreuten Rechten über Land und Leute. Diesen Gegebenheiten entsprechend entwickelten sich bäuerliche Gemeinden im deutschen Südwesten zu verschiedenen Zeitpunkten und mit unterschiedlicher Geschwindigkeit.[94] Ein Sonderfall sind die *freien Bauern,* die in einigen Regionen, vor allem im Allgäu, größere Bedeutung hatten.[95] Ob ihre bäuerliche Freiheit im frühen oder im hohen Mittelalter entstand, ist umstritten und kann hier offen bleiben. Entscheidend ist, daß diese Bauern ihr Land nicht einer Grundherrschaft verdankten, sondern als *freies Eigen* besaßen und der Herrschaft nur als Schutzherrschaft bedurften, die sie wählen und wechseln konnten.

Die Grundlage für lokale bäuerliche Wirtschaftsverbände waren auch im südwestdeutschen Raum Siedlungsverdichtung und Intensivierung der Landnutzung durch ein Mehrfeldersystem. In den älteren Dörfern lagen die Verhältnisse ähnlich wie in Franken. Die Zersplitterung der Herrschaftsrechte und die herrschaftliche Konkurrenz um die Leistungen der Bauern behinderten eine geordnete bäuerliche Wirtschaft. Die Bauern schlossen sich deshalb in Einungen zusammen und begründeten einen lokalen Verband mit eigener Identität, der die Aufteilung der Bauern nach ständischen Qualitäten und nach Grund-, Gerichts-, Leib- und Schirmherren überwand.

Die Vielgestaltigkeit der bäuerlichen Gemeinden war im Südwesten noch größer als anderswo. Zu den überall bestimmenden Faktoren (Siedlungs- und Herrschaftsform, Wirtschaftsweise) kamen in einigen Gebieten weit fortgeschrittene landwirtschaftliche Diversifikation (z. B. in Weinbaugebieten) und Besitzzersplitterung hinzu. Sie führten innerhalb des Gemeindeverbandes zu komplexen wirtschaftlichen und sozialen Strukturen mit entsprechenden institutionellen Regelungen. Je größer und vielfältiger eine Gemeinde war, desto differenzierter und »städtischer« erscheinen ihre Institutionen und ihre Amtsträger, insbesondere was die Kassenführung und die Armenversorgung angeht.

Am Beginn der gemeindlichen Entwicklung im 13. Jahrhundert stand die herrschaftlich-gemeindliche Doppelorganisation: der Ortsvorsteher, der herrschaftliche *Schultheiß,* besorgte die gemeindlichen Angelegenheiten zusammen mit den von der Gemeindeversammlung gewählten bäuerlichen Vertretern, die meist nach ihrer Zahl, z. B. *Vierer* oder *Zwölfer,* genannt wurden. Gemeindliche Rechte, die über diese Mitwirkung hinausgingen, wurden erst in einem langen Prozeß durchgesetzt, in dem häufig die »Krise des 14. Jahrhunderts« den Durchbruch brachte. So erreichten oberschwäbische Gemeinden im 15. Jahrhundert ein Mitspracherecht bei der Besetzung des Schultheißenamtes.[96] Nordschwäbische Dörfer erweiterten ihre Gemarkungen durch die Aufteilung benachbarter Wüstungen und erlangten innerhalb ihrer Grenzen die Gebietshoheit *(Zwing und Bann).*[97] In anderen Gebieten, z. B. in Mittelschwaben, konnten Gemeinden auch die Niedergerichtsbarkeit erwerben. Ihre Selbständigkeit ist der kolonialer deutscher Dorfgemeinden durchaus vergleichbar.

Anders verlief die Ausbildung lokaler Gemeinden in den Gebieten, in denen die »Vergrundherrschaftung« der Bauern erst im 15. Jahrhundert abgeschlossen wurde und dadurch zeitlich mit der »Territorialisierung von Herrschaft« zusammenfiel. Was in den Gebieten der Ostsiedlung selbstverständlich war – daß Herrschaftsrechte über Land und Leute Herrschaft über einen lokalen Dorf- oder Gemeindeverband bedeuteten –, gab es im deutschen Südwesten in größerem Maße erst im 15./16. Jahrhundert. Die wirtschaftlichen und demographischen Auswirkungen der »Krise des 14. Jahrhunderts« trieben die Entwicklung dahin voran,[98] trotzdem war sie ein langwieriger Prozeß. Die Kemptener Äbte etwa brauchten hundert Jahre, bis sie aus ihrer Klosterherrschaft ein Territorium gemacht hatten.[99] Um ihr Herrschaftsgebiet abzurunden, tauschten viele weltliche und geistliche Herren nicht nur Bauern in Streulagen gegenseitig aus, sondern versuchten auch, die bloß ihrer Schutzherrschaft unterstehenden freien Bauern zur Übergabe des freien Eigen zu zwingen. Vor allem aber waren sie bestrebt, durch Heiratsbeschränkungen und das Verbot des »freien Zuges« die Bewegungsfreiheit ihrer Eigenleute zu unterbinden. Diese Vorgänge, die in Südwestdeutschland zur Ausbildung der Leibeigenschaft geführt haben, sind für zahlreiche geistliche, weltliche und städtische Territorien im einzelnen untersucht.[100] In vielen Fällen ist klar zu erkennen, wie Herrschaftsintensivierung und Weiterentwicklung bäuerlicher Gemeinden unmittelbar zusammenhängen. Bauern, deren Rechte eingeschränkt wurden und die von gewaltsamen Aktionen betroffen waren, setzten sich energisch zur Wehr. Ihr Widerstand stützte sich auf ihre Gemeinde- und Gerichtsverbände. Langfristig konnten sie erträgliche Regelungen ihrer Abgaben und ihrer rechtlichen Situation erreichen. Insgesamt mußten sie freilich eine Nivellierung in Kauf nehmen, bei der – anders als beim Ausgleich zwischen deutschen und einheimischen Verhältnissen in den mittel- und ostdeutschen Territorien – nicht der bessere Status allgemein wurde. Im Gegensatz zu anderen Regionen hat im Südwesten die Agrardepression des 14. Jahrhunderts hauptsächlich die Herrschaftsbildung auf Kosten der Bauern begünstigt.

4. Freie Dörfer, freie Gerichte, Reichsdörfer, Landesgemeinden

Kurz erwähnt seien noch die Freidörfer, Königsdörfer, Reichsdörfer,[101] deren gemeindliche Organisation sich im Prinzip nicht von der der bisher behandelten Dorfformen unterschied. Ihre Besonderheit war, daß sie keinen leibherrlichen Ansprüchen unterstanden und ihren Schutzherrn frei wählen konnten. So standen die Reichsdörfer allein unter der Schutzherrschaft des Reiches; ihre gemeindlichen Institutionen waren deshalb für zahlreiche Aufgaben in Verwaltung und Gerichtsbarkeit zuständig. Das hat sich, so in Franken[102] zum Teil bis ins 18. Jahrhundert erhalten. Das große Selbstbewußtsein dieser Dörfer dokumentieren Gemeindesiegel und repräsentative Bauten (Rathaus, Brunnen).[103]

Anders verhielt es sich mit den freien Gerichten.[104] Sie bildeten keine Lokalverbände, sondern waren Gerichte für verstreut und in bäuerlichen Gemeinden lebende Freie, die dem Landgericht nicht unterstanden. Darin, d. h. in ihrem besonderen Rechtsstatus, bestand ihre Freiheit.

Landesgemeinden[105] gab es in den norddeutschen Küstenregionen und in der Schweiz. Sie waren übergreifende politische Verbände, die nicht auf lokalen bäuerlichen Gemeinden aufbauten. Diese entstanden später und waren deshalb schwach ausgebildet. Die Landesgemeinden hatten eine starke Stellung und verdankten das bestimmten Herrschaftskonstellationen, in Ostfriesland beispielsweise der Schwäche der gräflichen Gewalt und der Tatsache, daß dort Grundherrschaft weitgehend fehlte.

5. *Schlußbemerkungen*

Ein Vergleich der in diesem Kapitel beschriebenen Gemeindeformen zeigt: es wäre falsch, aus der perfekten Immunität der ostelbischen bäuerlichen Gemeinden und der Beherrschung des Niedergerichts durch sie auf der einen, der ganz unterschiedlichen gerichtlichen Kompetenz west- und norddeutscher Gemeinden auf der anderen Seite auf die Stärke oder Schwäche dieser Gemeinden zu schließen. Die Verhältnisse im Westen Deutschlands kennzeichnet es wohl, daß die bäuerliche Mitwirkung dort bis auf die mittlere Gerichtsebene reichte, auf der ein größerer Gerichtsverband mehrere/zahlreiche Gemeinden umfaßte. Diese Gerichtsverbände waren in gleicher Weise für landesherrliche wie für adelige Grundherrschaften zuständig; dadurch bestand immer eine direkte Verbindung zur Landesherrschaft und es gelang weniger häufig als im Osten Deutschlands, daß Gemeinden der Patrimonialgerichtsbarkeit der Gutsherren unterworfen wurden. Man kann sogar sagen, daß die Entwicklung in den altdeutschen Territorien genau entgegengesetzt zu der in den ostelbischen Gebieten verlief. Dort hatten die Landesherren den geistlichen und weltlichen Grundherren vielfach bereits in der Expansionsphase zusammen mit dem Land auch die niedere und höhere Gerichtsbarkeit über ihre Bauern verliehen. Später zwangen finanzielle Notlagen sie oft dazu, hoheitliche Funktionen zu verpfänden oder zu veräußern, so daß ihnen der Nutzen gemeindlicher Gerichtsbarkeit schließlich nur in ihren Amtsdörfern blieb. Anders in den altdeutschen Gebieten: war die territoriale Macht schwach, wie z. B. in Franken, dann beherrschten die Bauern die Hochgerichte; war der Landesherr stark, dann benutzte er, wie das Beispiel Bayern zeigt, den Gerichtsbereich zur Konsolidierung seiner Macht. Für die seiner Herrschaft unterstellten Bauern bedeutete das eine Absicherung ihrer rechtlichen Lage; sie brauchten die Absicherung dann nicht mehr auf der lokalen Ebene herbeizuführen.

Die Geschichte der bäuerlichen Gemeinde war alles andere als ein einheitlicher Ablauf. Will man sie beschreiben, muß man von den vielfältig verschiedenen Konstellationen von herrschaftlicher und bäuerlicher Sphäre ausgehen; nur so ist es möglich, die bäuerlichen Handlungsspielräume deutlich zu machen und zueinander in Beziehung zu setzen. Die verschiedenen Spielarten der bäuerlichen Gemeinde sind aus dem Zusammenwirken von Herrschaft und Bauern hervorgegangen, das seit dem Aufkommen der Städte ökonomisch durch den Markt ›gebrochen‹ und neu vermittelt wurde. Das heißt zugleich, daß die bäuerliche Gemeinde keine selbstbestimmte Form bäuerlichen Zusammenlebens war. Sie ist ganz entscheidend von ihrem Gegenpol, von der Herrschaft und deren Interessen geprägt worden. Zwischen Herrschaft und Gemeinde bestand ein Spannungsverhältnis, zu dem auch gehörte, daß ihre Beziehung eine Wechselbeziehung war: Tausch von Schutz und Schirm gegen Produkte, und daß dies beiden Seiten klar bewußt war. Wurde diese Wechselbeziehung von der Herrschaftsseite gestört oder zerstört, waren die Gemeinden der organisatorische Kern für bäuerlichen Widerstand. Nur sie konnten wirksam Widerstand leisten; einzelne Bauern hätten der Gewalt der Herren nicht widerstehen können.[106]

V. Herrschaft über Bauern

Bäuerliche Gemeinden in Deutschland vom 16. bis zum 18. Jahrhundert

1. Von der Herrschaft mit Bauern zur Herrschaft über Bauern

Bäuerliche Gemeinden sind bis zum 15. Jahrhundert in allen deutschen Regionen entstanden. Voraussetzungen – für die Abgrenzung nach außen wie für die innere Differenzierung – waren Verselbständigung des bäuerlichen Wirtschaftens, »Verdorfung« und »Vergrundherrschaftung«. Die Teilhabe an der Herrschaft war unterschiedlich. Auf den Erwerb und die Lokalisierung der niederen Gerichtsbarkeit in der Gemeinde läßt sie sich nicht zuspitzen. Wie das fränkische Beispiel zeigt, konnte die Mitwirkung im überlokalen Gericht für die Stellung der Gemeinden ebenso wichtig sein. Eine Beurteilung der tatsächlichen Machtverhältnisse, um bäuerliche Forderungen und Vorstellungen vom »guten Leben« durchsetzen zu können, ist zwar ohne die strategisch wichtige Institution Gemeinde nicht möglich, doch spielten auch andere Faktoren, die von den Bauern nicht direkt zu beeinflussen waren, eine große Rolle: die verschiedenartigen Wirtschafts- und Verwaltungsstile von geistlichen und weltlichen Grundherren, die mehr oder weniger ständige Anwesenheit des Grundherren auf oder die Abwesenheit von seinem Sitz, nicht zuletzt die Regelungen der Erbfolge. Denn sie entschieden über Aufteilung oder Zusammenbleiben des Besitzes und damit über Aufsplitterung oder Konzentration von lokaler grundherrlicher Macht.[1] Die Spielräume für gemeindliches Handeln waren darum äußerst vielgestaltig und änderten sich ständig.

Wie immer die Verhältnisse sich im einzelnen entwickelten, im Prinzip blieb *Herrschaft mit Bauern* so lange möglich, wie die bäuerliche Wirtschaft unmittelbar mit dem städtischen Markt verbunden blieb und die bäuerliche Gemeinde über eine allgemein anerkannte Kompetenz verfügte, nämlich das *Recht*, sei es bei der Ausübung der niederen Gerichtsbarkeit, bei der Rechtsweisung *(Weistümer)* oder bei der Rechtsetzung *(Willkür, Beliebung)*.

Die Überschrift »Herrschaft über Bauern«[2] entspricht zunächst ganz den Vorstellungen, die bis heute in der Forschung wie im allgemeinen historischen Bewußtsein über das Verhältnis von Herrschaft und bäuerlicher Gemeinde in der Frühen Neuzeit verbreitet sind. Sie haben bewirkt, daß es lange wenig lohnend erschien, sich mit den bäuerlichen Gemeinden in diesem Zeitraum zu beschäftigen, trotz einer Fülle von Informationen in den Quellen gerade seit dem 16. Jahrhundert. Was erklärte diese Zurückhaltung?

In Südwestdeutschland schienen nach der Niederlage im Bauernkrieg die bäuerlichen Gemeinden politisch bedeutungslos geworden zu sein.[3] Von der Mitwirkung an der Gerichtsbarkeit wurden sie dort, wo sich das gelehrte Römische Recht durchsetzte, ausgeschaltet. Politische Standschaft erlangten die Bauern zwar in vielen Zwergterritorien, nicht jedoch in den größeren Territorien.[4] Wirtschaftlich war ihre Rolle in der Städte- und Gewerbelandschaft Südwestdeutschland nicht mehr so dominierend. Da die grundherrlichen Renten nur begrenzt zu steigern waren, gewannen die direkten und indirekten Einkünfte aus dem ländlichen Gewerbe immer größere Bedeutung. Dies gilt sowohl für das Dorfhandwerk, das nach dem Dreißigjährigen Krieg eine »Territorialisierung« erlebte (E. Schremmer), als auch für das Hausgewerbe (»Protoindustrialisierung«).[5] E. Schremmer stellt für die südostdeutsche Hofmark sogar fest, daß die Hofmarksherren die gleichen merkantilistischen Bestrebungen wie die Landesherren verfolgten.[6] Damit wird auch verständlich, warum die Forschung die Fixierung der bäuerlich-grundherrlichen Beziehungen in der »versteinerten (Renten)Grundherrschaft« als Indiz für den generellen wirtschaftlichen Konservativismus der Bauern nimmt.

In der Beschäftigung mit den ostdeutschen Territorien stehen Absolutismus, Militarismus und Bürokratismus sowie die Gutsherrschaft im Vordergrund. Als die historische Erscheinung von zentraler Bedeutung wird die bäuerliche Unfreiheit (Erbuntertänigkeit/Leibeigenschaft) angesehen, während die Rolle der bäuerlichen Gemeinde gering bewertet wird. Die Darstellung der bäuerlichen Gemeinden in den zahlreichen Landes-, Bauern-, Dorf- und Polizeiordnungen (am perfektesten in der 1804, also nachrevolutionär, erlassenen »Dorf-Policey-Ordnung und Instruction für die Dorf-Scholzen für das Herzogtum Schlesien und die Grafschaft Glatz vom 1. May 1804«[7]), die Bauern und Gemeinden bloß als Objekte obrigkeitlicher Fürsorge kennen, scheint diese Beurteilung zu rechtfertigen. In wirtschaftlicher Hinsicht und im Vergleich zur exportorientierten Gutswirtschaft wird der bäuerlichen Wirtschaft schon in zeitgenössischen Äußerungen jede ›Modernität‹ abgesprochen: Gutsherren wie landesherrliche Domänenbeamte klagten über den Hang der Bauern und Gemeinden, sich nur ans Alterprobte zu halten statt sich auf Neues einzulassen, ohne zu bedenken, welche Risiken Experimente mit Neuem für die bäuerlichen Betriebe und die sorgfältig aufeinander abgestimmten Nutzungsbereiche Feld, Weide und Wald bedeutet hätten. Das ist die Perspektive des »modernen Staates«, die von einer Forschung, die sich bevorzugt mit dessen Entstehung in den deutschen Territorien beschäftigt, übernommen worden ist.

Die vorherrschende Auffassung von Rolle und Entwicklung bäuerlicher Gemeinden bis zu den Agrarreformen Ende des 18. und am Beginn des 19. Jahrhunderts ist nicht falsch. Aber sie ist einseitig. Sie bedarf der Ergänzung nicht einfach durch die Sicht »von unten«, hier also der gemeindlichen Perspektive, sondern vor allem durch die Beachtung der seit dem 15. Jahrhundert gänzlich veränderten Rahmenbedingungen, die auf den entstehenden »modernen Staat« wie auf die lokale Entwicklung eingewirkt haben.[8]

»Moderner Staat« und »kapitalistisches Weltsystem«

Die Verlagerung der wirtschaftlichen Zentren von West-, Süd- und Mitteleuropa nach Nordwesteuropa, die als Folge der »Krise des 14. Jahrhunderts« im 15. Jahrhundert begann, setzte sich durch die Expansion Europas nach Übersee im 16. Jahrhundert verstärkt fort. Die Dynamik der gesellschaftlichen Entwicklung hatte ihren Ursprung nicht mehr in den unmittelbaren Beziehungen zwischen Herren und Bauern und den Verteilungskämpfen um politische Macht, sondern in der Konzentration politischer und wirtschaftlicher Macht und in den daraus resultierenden abstrakten Herrschafts- und Kommunikationsformen. Das war zwar ein Prozeß, der bereits im hohen Mittelalter eingesetzt hatte, er erreichte im 15. Jahrhundert aber eine neue Qualität. Dies hat insbesondere Wirtschaftshistoriker dazu bewogen, statt der herkömmlichen Periodisierung – *Mittelalter* und *Neuzeit* – einen Einschnitt im 15. Jahrhundert anzusetzen und die Epoche bis zur Industrialisierung zu gliedern in eine Wachstumsphase seit dem ausgehenden 15. Jahrhundert, die »Krise des 17. Jahrhunderts«[9] und eine neuerliche Wachstumsphase, in der sich die Voraussetzungen für die Industrialisierung herausbildeten. In den Wachstumsphasen kam dem *Land* entscheidende Bedeutung zu. Vom Land kam nicht mehr nur die agrarische, sondern auch ein beträchtlicher Teil der gewerblichen Produktion (Textil- und Metallverarbeitung).[10] Der entscheidende Produktionsfaktor war jedoch nicht mehr Landbesitz, sondern die Verfügbarkeit von billiger menschlicher Arbeitskraft, die von den wirtschaftlichen Strategen, den Unternehmern, entsprechend der Nachfrage auf dem weit entfernten Weltmarkt profitabel eingesetzt wurde. Die Möglichkeit, ohne primär agrarisches Einkommen auf dem Land leben zu können, brachte eine demographische Bewegung in Gang, die schließlich doch zur Verarmung eines großen Teils der ländlichen Bewohner führte (Pauperismus).

Diese Vorgänge betrafen in gleicher Weise den *einzelnen* Bauern und die allgemeinen Lebensbedingungen auf dem Lande wie die *bäuerliche Gemeinde* als Organisationsform des »platten Landes«. Sie stellten einen Lokalverband, der in erster Linie bäuerlich-agrarische Interessen vertrat, zwar nicht schlagartig – darum waren Anpassungen möglich –, aber langfristig vor radikal veränderte lokale Probleme. Die bereits erwähnte *Vetternwirtschaft* in bäuerlichen Gemeinden gewinnt von hier aus ihren Sinn: Mit Hilfe der im späten Mittelalter durchgesetzten Institutionen versuchten die eigentlichen Bauern, in den nicht mehr bäuerlichen, vielmehr zunehmend nur noch ländlichen Gemeinden ihre Stellung zu halten.

Die Monopolisierung legitimer Gewaltausübung im Zuge der *Entstehung des »modernen Staates«* wirkte sich keineswegs nur auf die bäuerlichen Gemeinden aus. Ebenso betroffen waren die Städte, die ihre Selbständigkeit meist nicht zu wahren vermochten, sowie der landsässige Adel und die Kirche.[11] Sie alle wurden *untergeordnet.* Die Führungspositionen in Verwaltung, Militär und Bildung übernahmen neue funktionale Eliten.[12] Der Verlust von eigenständiger adeliger und kirchlicher Macht war freilich ein Vorgang, der sich lange hinzog. Gesamtgesellschaftlich gesehen behielt der Adel einerseits Macht in seinen grundherrlichen Bezirken, andererseits nahm er in der fürstlichen Regierung/Verwaltung und der militärischen Führung privilegierte Stellungen ein. Allerdings spielte für sein gesellschaftliches Fortkommen der Erwerb beruflicher Qualifikation, insbesondere durch ein Studium, eine zunehmend größere Rolle. Die Kirchen sicherten, in protestantischen ebenso wie in katholischen Territorien, die ›flächendeckende‹ administrative Erfassung des gesamten Herrschaftsgebietes und stellten mit Pfarrern und Pastoren – trotz deren ständig beklagter persönlicher Unzulänglichkeiten – dafür auch qualifiziertes Personal. Reformation und »katholische Erneuerung« (Gegenreformation) erhöhten die fachlichen Anforderungen für den geistlichen Beruf. Die Qualifikationen, die für eine politische Laufbahn erforderlich waren, erzwangen eine Professionalisierung, die bürgerlichen Akademikern, hauptsächlich Juristen, den Zugang zu hohen Staatsämtern eröffnete. Im 16. und 17. Jahrhundert wurden sie von den Fürsten geradezu bevorzugt. Denn sie waren eher als der Adel bereit, ihr Amt als Dienst aufzufassen und nicht als Mittel zu persönlicher Herrschaft.

»Enteignung« des Rechts und »Verrechtlichung«

Die Unterordnung von Bauern, Städtern, Adel und Klerus unter den entstehenden »modernen Staat« vollzog sich nicht nur unterschiedlich schnell, auch die Ergebnisse waren verschieden. Außer Zweifel steht, daß für Bauern und ihre Gemeinden die Folgen am bedrückendsten waren. Sie dürfen jedoch nicht mit Uniformität der gemeindlichen Verhältnisse und mit bäuerlicher Passivität gleichgesetzt werden.[13] Ersteres war eine staatliche Wunschvorstellung, letzteres eine Klage von nicht erfolgreichen Beamten. Vor allem ist Unterordnung unter die Bedingungen eines sich zentralisierenden Agrarstaates nicht mit Unterdrückung im heute geläufigen Sinne identisch.

An die Stelle der *feudalen* horizontal aufgeteilten Herrschaftsausübung trat das Bestreben der Landesherren, möglichst alle Herrschaftsrechte in ihrer Hand zu vereinigen und durch allein von ihnen abhängige Beamte ausüben zu lassen. Das heißt, daß die bäuerlichen Gemeinden bestehen blieben, jedoch als unterste Stufe in die staatliche Verwaltung einbezogen wurden. Ihre Vertreter mußten mehr und mehr staatliche Auftragsarbeit übernehmen; die administrativen und militärischen Aufgaben wurden auf den lokalen Bereich eingeschränkt. Ihre lokale Kompetenz für das Recht verlor im Zeichen des gelehrten Rechts an Bedeutung, zumal es für die entstehende bürgerliche Gesellschaft mit ihren abstrakten, vermittelten Beziehungen keinen normativen Wert mehr besaß.[14] Bäuerliche Gemeinden, die zu ihrem Recht kommen wollten, waren zwar nicht hilfslos, aber auf die Vermittlung studierter Juristen angewiesen.[15] Die Kehrseite der allgemeinen »Verrechtlichung« (W. Schulze) der gesellschaftlichen Beziehungen, insbesondere der Konfliktaustragung, war, daß Recht »enteignet« wurde. Denn das »alte Recht«, auf das man sich jahrhundertelang im Konfliktfall triftig hatte berufen können, verlor gegenüber dem neuen Recht seine Durchsetzungskraft.

Von der »Enteignung« des Rechts waren die städtischen Gemeinden ebenso betroffen wie die bäuerlichen. Für die bäuerlichen Gemeinden wirkte sie sich aber dann besonders gravierend aus, wenn Recht und Gerichtsbarkeit der bäuerlichen Gemeinde nicht durch die Möglichkeit der Berufung bei landesherrlichen oder Reichsgerichten abgesichert waren und die adeligen Inhaber der Gerichtsrechte sie sich als Teil des Patrimoniums, also des Erbes, wie persönlichen Besitz aneigneten. Das geschah in den ostdeutschen Territorien. Die Untertanen besaßen dort kein Appellationsrecht an die Reichsgerichte, und die Gutsherrschaften bildeten Immunitäten, in denen die Grundherrschaft mit der niederen und höheren Gerichtsbarkeit verbunden war.[16] (Dies ist ein wichtiger Unterschied zu den bayerischen Hofmarken, die zwar über die niedere Gerichtsbarkeit verfügten, ansonsten aber dem landesherrlichen Landgericht unterstellt waren.[17])

Zentralisierung und Marginalisierung

Wenn man die Auswirkungen des Unterordnungsprozesses auf die bäuerlichen Gemeinden richtig beurteilen will, muß man die *Rechtswege* im Auge behalten, die den Untertanen offen standen und die bei den Herrschaftsstrukturen der Zeit zugleich *Amtswege* waren. Allgemein gilt, daß sich die landesherrlichen Bauern und Gemeinden besser standen als die »privaten« der adeligen und geistlichen Grundherren. Grundherren waren die Landesherren zwar auch – in der Regel die größten ihres Territoriums –, ihre Verwaltung konnte aber nicht nur nach grundherrlichen Prinzipien verfahren, sondern mußte immer auch das »allgemeine/öffentliche Interesse« beachten. Überdies erleichterte die Zusammenfassung der landesherrlichen Dörfer in Ämter, an deren Spitze Verwalter *(Amtleute)* standen, die dem Landesherren zur Rechenschaft verpflichtet waren, die Kontrolle »von oben«.[18] Auch »Gegenkontrolle« durch Beschwerden der Amtsinsassen war eher möglich als in den grund- und gutsherrlichen Bezirken. Für die Amtswege spielte eine große Rolle, wie nah oder wie fern das Herrschaftszentrum war und ob es möglich war, den Herrscher direkt zu erreichen. Extrem war die Entwicklung in Preußen. Hier machte der Große Kurfürst die ursprünglich selbständigen Fürstentümer, die das Haus Brandenburg nur als Personalunion verband, in der zweiten Hälfte des 17. Jahrhunderts zu Provinzen eines Gesamtstaates mit Berlin als ferner Haupt- und Residenzstadt. Zwischen Gemeinde und Landesherr standen sowohl verschiedene Instanzen und Institutionen als auch große Entfernungen. Die Herrscher überwanden sie nur auf Huldigungsreisen bei Regierungsantritt, auf Inspektionsreisen und wenn Kriege oder Seuchen sie aus der Hauptstadt vertrieben.[19]

Eine neue Beziehung zwischen bäuerlichen Untertanen und Landesherr entstand, als im 18. Jahrhundert der Staat verläßliche Soldaten für das stehende Heer brauchte. König Friedrich Wilhelm I. war der Ansicht, daß die einheimischen Bauern für die Verteidigung des Vaterlandes am billigsten und am besten geeignet seien. Zur Heeresergänzung wurde das gesamte Staatsgebiet in Aushebungsbezirke, »Kantone«, eingeteilt, und die tauglichen Untertanenkinder wurden in Listen eingetragen, »enrolliert«. Die Soldaten lebten von ihrer Heimat mehr oder weniger weit entfernt, in Garnisonsstädten oder sogar in Berlin. Das trug dazu bei, bürokratisch-politischen Abstand zu verringern und den bäuerlichen Untertanen eine persönliche Erfahrung des Landesherrn zu vermitteln. Die bäuerliche Gemeinde war an dieser Beziehung freilich nicht mehr beteiligt, sie war allein eine des einzelnen Bauern als Staatsuntertan.[20]

Der politische wie räumliche Abstand zwischen Bauern und ihren Gemeinden einerseits, den Zentren der Herrschaft andererseits spiegelt einen Grundzug der gesellschaftlichen Entwicklung wider. Die Bauern behielten zwar ihre Bedeutung als agrarische Produzenten, die Landwirtschaft insgesamt verlor jedoch an Steuerungskraft für das wirtschaftliche Geschehen. Die bäuerliche Familienwirtschaft hörte auf, die wirtschaftliche Dynamik zu bestimmen. Bäuerliche Kolonisation, die es auch im 16.–18. Jahrhundert gab, war nur mehr innerer Landesausbau.[21] Anders als in Ost- und Südosteuropa waren Siedlung und politische Expansion in »Alteuropa« nicht mehr verbunden.[22] Das veränderte die gesellschaftliche Stellung der Bauern: sie wurden gesellschaftlich marginalisiert. Die Weiterentwicklung des staatlichen und wirtschaftlichen Lebens wurde zur Sache der neuen bürokratischen, militärischen und wirtschaftlichen Eliten, deren Qualifikation auf berufsmäßiger Spezialisierung beruhte. Für sie bot bürgerliche oder adelige Herkunft bessere Ausgangsbedingungen als bäuerliche Herkunft. Die neue *Professionalisierung* verband sich mit der älteren *Privilegierung* und bewirkte eine Dequalifizierung der Bauern und ihrer Institutionen. Die Bauern wurden zu »Laien«, deren Erfahrung, Lokalkenntnis und gesunder Menschenverstand für die Teilhabe an »moderner« Herrschaft nicht mehr ausreichten.

Bäuerlicher Widerstand: Abwehr und gesellschaftliche Kommunikation

Die allgemeine Entwicklung verlief für die Bauern ungünstig. Rückblickend ist ihre Unterlegenheit unschwer zu erkennen. Es wäre aber verfehlt, daraus zu schließen, daß sie der Bürokratie kampflos die Macht überlassen hätten. Ebensowenig ist ein Schluß auf die tatsächlichen Kräfteverhältnisse zwischen Bauern/Gemeinden und den neuen Eliten möglich. Die wirtschaftlichen Aufgaben der lokalen und regionalen Beamten erforderten tagtäglichen Umgang mit Bauern und ihren Gemeinden, deren Abgaben immer noch die Haupteinnahmen des frühmodernen Agrarstaates waren. Dabei kam es zur Konfrontation von »traditionellen« Bauern/bäuerlichen Gemeinden und modernisierenden »rationalen« Eliten. Daß allein von der Herrschaft abhängige Beamte die traditionellen bäuerlich-gemeindlichen Vertreter ersetzten, führte nicht unbedingt zu einer Effektivierung des Wirtschaftens. Zunächst gelang es nur, den mehr buchhalterischen Aspekt der Verwaltung zu institutionalisieren, zu systematisieren und besser kontrollierbar zu machen. Der planerische Aspekt kam hauptsächlich beim Ausbau landwirtschaftlicher Eigenbetriebe *(Vorwerke)* zum Zuge, während es noch nicht gelang, die Produktivität zu steigern. Die Wirkungsmöglichkeiten der Beamten waren bescheiden, sicher auch weil es für sie, vielfach ortsfremd und mit der Landwirtschaft wenig vertraut, schwierig war, von den mißtrauischen Bauern die nötigen Auskünfte zu erhalten. Denn den Bauern war sehr wohl bekannt, daß alle Informationen über ihre wirtschaftliche Lage nur dazu dienen sollten, ihnen mehr Abgaben aufzuerlegen. Also versuchten sie und ihre lokalen Repräsentanten, das »Herrschaftswissen« der Beamten so gering wie möglich zu halten und deren Auflagen zu unterlaufen.[23] Ein anschauliches Beispiel für diese Einstellung ist das Verhalten der Bauern und Kossäten des ehemaligen Klosters Ribnitz (Mecklenburg), als der Klosterbesitz im Jahr 1620 inventarisiert wurde: »So unterschlugen die Dierhäger Kossäten fast ein Viertel ihres Ackerlandes! – Der Bauer Heinrich Dose (Völkshagen 1) gab an, er hätte 20 fl [Gulden] Schulden; in Wirklichkeit hatte er (wohl an einen Ribnitzer Bürger) sogar 100 fl auf Zinsen verliehen.«[24]

Bauern und bäuerliche Gemeinden waren auf die *Abwehr* von Herrschaft und deren Intensivierung eingestellt und verfügten dafür über die verschiedensten Möglichkeiten. Sie konnten passiv Widerstand leisten, z. B. indem sie sich »dumm stellten« oder sich weigerten, Anforderungen nachzukommen; Formen des aktiven Widerstandes waren Prozesse und Unruhen.[25] Wie immer sie sich verhielten, ob defensiv oder offensiv, stets versuchten sie, an ihrem »alten Recht« festzuhalten, das für ihre Gegner überholt war. Dadurch koppelte sich die bäuerliche Gesellschaft rechtlich aber von der neuen gesellschaftlichen Entwicklung ab. Das geschah auch in anderen Lebensbereichen. Die Rituale des bäuerlich-gemeindlichen Lebens, die Sitten und Bräuche des Arbeitslebens, Volksmedizin und Volksglaube wurden einer sich aufklärenden »bürgerlichen Gesellschaft« unverständlich. Das Unverständnis für die bäuerliche Eigenwelt ging so weit, daß selbst ortsansässige Honoratioren, in erster Linie die Pfarrer, die Bauern ganz aus akademischer Sicht beurteilten. So blieb auch die gutgemeinte »Bauernaufklärung« im 18. Jahrhundert meistens ohne Widerhall.[26] Der oft erhobene Vorwurf bäuerlicher »Kirchtumpolitik« steht in demselben Zusammenhang. Die Rationalität der kleinräumigen Gemeindepolitik war eine andere als die der »großen Politik«, aber diese Rationalität wurde nicht mehr verstanden.

Trotz alledem war die ländliche Bevölkerung wie eh und je mobil; wie früher nahm das Land an der gesellschaftlichen Kommunikation teil. Zwischen dem Land und der Stadt waren die Beziehungen weiterhin eng.[27] Die soziale Mobilität bestand freilich mehr in Abstieg als in Aufstieg.[28] Die Kommunikation zwischen verschiedenen Landesteilen förderten neben dem Handel die saisonalen Wanderungen von Arbeitskräften aber auch Wallfahrten; im 18. Jahrhundert trug dazu auch die wachsende Zahl heimatlos umherziehender Menschen bei.[29] Mit dem Ausbau des Postwesens nahm die Bedeutung der Gasthäuser an den großen Landstraßen als Umschlagplätze für Nachrichten und

Informationen sogar zu. Selbst den ostelbischen Bauern, denen ihre Gutsherren die selbständige Marktkommunikation abschnitten, eröffneten die Fuhrdienste zur nächsten Stadt, insbesondere aber nach Berlin und in die Küstenstädte Zugang zumindest zu einer regionalen Öffentlichkeit.[30] Außerdem nutzten sie den Sonntag, um in die nächste größere Stadt zu fahren oder zu gehen. Dies läßt sich aus den Kirchenbußen für einige Gemeindemitglieder des Kirchspiels Heiligenwalde (südl. Elbing) in den Jahren 1684–1692 ersehen: sie hatten den Gottesdienst geschwänzt und waren stattdessen nach Elbing gefahren.[31]

Dennoch war ein fundamentaler Wandel eingetreten: die Nachrichten, die interessierten, kamen aus den Herrschaftszentren und von den Kriegsschauplätzen der europäischen Staaten. Das Land war zwar immer betroffen, aber in der herrschaftlichen Kommunikation, auf den Amts- und Rechtswegen, spielte die bäuerliche Bevölkerung nur als Objekt eine Rolle. Von Berichten über lokale Unruhen und Aufstände abgesehen kamen wissenswerte Nachrichten nicht mehr vom Land.

Professionalisierung

Um die Formel *Herrschaft über Bauern* zu präzisieren, sei zusammenfassend dargelegt, was die Fortdauer von *Herrschaft mit Bauern* verhinderte.

Für den Umgang mit dem »alten Recht« hatten lokale Einprägung und Einübung qualifiziert, Zugang zum neuen Recht dagegen eröffnete allein ein Studium. Bauernsöhne, die die Rechte studierten, gab es zwar, sie stammten jedoch eher aus der dörflichen Oberschicht und schieden mit dem neuen Beruf aus der dörflichen Gesellschaft aus. Ihre verwandtschaftlichen Beziehungen bestanden freilich weiter, dadurch blieben sie dem Dorf häufig wenigstens als Rechtsberater erhalten. Das bewährte sich nicht zuletzt in langwierigen Prozessen vor den Reichsgerichten. Angesichts der Professionalisierung des Gerichts- und Verwaltungspersonals änderten solche individuellen Konstellationen aber nichts an der Dequalifikation der ländlichen Bevölkerung insgesamt. In den ostdeutschen Territorien verhinderte das Verbot für die Söhne erbuntertäniger Bauern, den väterlichen Hof ohne herrschaftliche Zustimmung zu verlassen, z. B. um ein städtisches Handwerk zu erlernen, überdies systematisch einen Qualifikationsprozeß, der selbstverständlich auch im wirtschaftlichen Bereich statt fand.

Weniger schwerwiegend wirkte sich die Professionalisierung zunächst in der Amtsverwaltung aus.[32] Sie erforderte zwar Kenntnis der Verwaltungstechnik, ebenso aber Sachverstand in den zu verwaltenden Angelegenheiten. Zur Qualifikation gehörte freilich auch, als eine Garantie für Herrschaftsfähigkeit, »natürliche Autorität«. Im Herzogtum Preußen kamen die Amtshauptleute darum aus dem Adel. Mit den eigentlichen Verwaltungsaufgaben wurden jedoch Amtsschreiber betraut. Die Rechtsprechung nahmen seit dem 17. Jahrhundert Juristen wahr. Über der Tendenz zur Professionalisierung sollte man nicht übersehen, daß die Rechnungsführung auf den Vorwerken und in den Gemeinden, z. B. die Abrechnungen über den Viehbestand, durch Hofmeister und Hirten auf Kerbhölzern erfolgte.

Für die lokale »Buchführung« waren bereits seit dem späten Mittelalter vielfach die Repräsentanten der bäuerlichen Gemeinden zuständig. Die damit verbundenen Aufgaben, die in der Frühen Neuzeit zunahmen, setzten (ebenso wie die beurkundende Tätigkeit von Gemeindebeamten) voraus, daß es am Ort Personen gab, die lesen und schreiben konnten.[33] Nicht zuletzt waren es die Schulmeister, die auch Schreibertätigkeiten ausübten. In den Zittauer Ratsdörfern beispielsweise war ihre Hauptaufgabe nicht der Schulunterricht, sondern die Führung der Schöppen- und Gerichtsbücher.[34] Je größer und komplexer die Gemeinden waren, desto mehr war die Fähigkeit, zu lesen und zu schreiben, gefragt und desto mehr wurde sie geschätzt. Im Hochstift Eichstädt war sie sogar ein Kriterium für die Aufnahme in den Gemeindeverband.[35] Lese- und Schreibkundige sicherten den Gemeinden die Kompetenz für ihre Verwaltungsaufgaben. Es verstärkte diese Kompetenz, wenn die Gemeinden – wie in Württemberg[36] oder im Bistum Ermland[37] – regelmäßig zu Amtsversammlungen/Schulzentagungen einberufen wurden und damit an der Verwaltung nicht nur ihrer lokalen Verbände, sondern auch auf der mittleren Ebene mitwirkten.

Im Militärwesen gewannen die Bauern mit dem Aufkommen der Söldnerheere, also von Fußsoldaten, eine neue Bedeutung, zum einen als Rekrutierungspotential, zum anderen für die lokale Verteidigung. Seit dem 15. Jahrhundert versuchten die Landesherren, ihre Bauern in Landwehren militärisch zu organisieren.[38] Den gut ausgebildeten und sich ständig im Kriegsdienst befindenden Söldnertruppen, d. h. den

Landsknechten, waren diese bäuerlichen Militärverbände allerdings nur in besonderen Situationen gewachsen, nämlich dann, wenn auch die Bauern ständig militärisch bereit sein mußten, wie z. B. an der österreichisch-türkischen Grenze.[39] Trotzdem darf die bäuerliche Wehrhaftigkeit, unter der Führung von Repräsentanten der Gemeinde (z. B. den Schulzen) gemeindlich organisiert und vielfach in lokalen Schützengilden institutionalisiert, nicht unterschätzt werden. In Krisensituationen, etwa im Dreißigjährigen Krieg[40] oder angesichts der napoleonischen Bedrohung, hatte sie militärisch Gewicht und wurde sie von den Bauern ausgespielt.

Während in der Verwaltung und im Militärwesen gemeindliche Kompetenz in begrenztem Maße erhalten blieb, gelang es bäuerlichen Gemeinden nur unter ganz besonderen Bedingungen, Teilhabe und Mitwirkung an institutionalisierter politischer Herrschaft, also die Landstandschaft, zu erreichen.[41] Möglich war das, von Tirol abgesehen, insbesondere in kleinen und kleinsten geistlichen Herrschaftsgebieten, in denen es keinen Adel gab und die bäuerlichen Gemeinden den einzigen Stand neben den Städten bildeten. Hier bestand Unmittelbarkeit zum Landesherrn, Hauptkriterium für Landstandschaft, und Steuerbewilligung sowie Mitwirkung an Entscheidungen, die das ganze Land betrafen, lagen bei den Vertretern der Gemeinden. Welche Bedeutung diese gemeindliche Landstandschaft für das Bewußtsein der Bauern und ihre gesellschaftliche Entwicklung gehabt hat, ist umstritten.[42] Vielfach war die Politik dieser Kleinstaaten auch nicht mehr als »Kirchtumpolitik« und kaum geeignet, den gemeindlichen Horizont zu erweitern. Für die Ausbildung bäuerlichen Selbstbewußtseins und bäuerlicher Handlungsfähigkeit waren erfolgreiches Wirtschaften und die Beziehungen zum lokalen und regionalen Markt vermutlich mindestens ebenso wichtig. Darauf deuten z. B. die bayerischen »Bauernkönige« hin, deren lokale »Herrenstellung« auf ihrem wirtschaftlichen Wohlstand beruhte, nicht auf einer überlokalen politischen Partizipation, die es in Altbayern nicht gab.[43]

Schließlich sei noch hervorgehoben, daß Fürsten »von Gottes Gnaden«, indem sie absolute Macht beanspruchten, das alte Prinzip der Gegenseitigkeit aufkündigten. Untertanen, die auf dem »alten Recht« beharrten, hielten daran zwar fest, für die Legitimität der Herrschaft war der Konsens der Untertanen jedoch nicht mehr grundlegend. Zur Not konnte Konsens militärisch erzwungen werden. In Preußen geschah das mit »Exekutionen« gegen widerspenstige bäuerliche Gemeinden, gegen Städte, gegen den Adel und gegen ganze Provinzen.[44] Wer im frühmodernen Fürstenstaat an Herrschaft teilhaben wollte, mußte sich unterordnen. Als erste gaben die korporativen Verbände den Anspruch auf *autogene* Herrschaft auf. In der Logik des Systems lag, die Solidaritäten der Korporationen, die immerhin ein Widerstandspotential darstellten, aufzulösen und die Beziehungen zwischen Fürst und Untertan zunächst zu individualisieren, schließlich zu entpersönlichen. Im preußischen Allgemeinen Landrecht fand diese Tendenz einen klaren Ausdruck.[45] Den Bedingungsrahmen allen gesellschaftlichen und politischen Handelns bildet hier der souveräne Staat, nur nach seinen Gesetzmäßigkeiten findet Teilhabe an Herrschaft statt – zentral gesteuert, vereinheitlicht und nicht mehr lokal verfügbar.

2. Institutionen, Bevölkerung, Wirtschaft

Die Herausbildung von *Herrschaft über Bauern,* die sich systematisierend in die Phasen Überlagerung, Unterordnung/Einbeziehung und Marginalisierung gliedern läßt, vollzog sich aufgrund der Verschiedenartigkeit sowohl der älteren Verhältnisse als auch der neuen wirtschaftlichen und politischen Konstellationen in den deutschen Regionen auf jeweils eigene Weise. Allem Anschein nach setzten sich bestimmte allgemeine Trends nicht überall gleichzeitig, sondern phasenhaft verschoben und mit unterschiedlicher Intensität durch. Darum ist eine überregionale Binnenperiodisierung für die Frühe Neuzeit schwierig. Als gesichert kann jedoch gelten, daß Reformation und Bauernkrieg in der Geschichte der bäuerlichen Gemeinde keinen Einschnitt darstellten (wie vor allem G. Franz meinte). Im Fürstentum Hohenlohe beispielsweise, einem der Kerngebiete des fränkischen Bauernkriegs, hat sich danach, wie die Dorfordnungen zeigen, die bäuerliche und gemeindliche Rechtslage nicht verschlechtert.[46] In der lutherischen Reformation war das Gemeindeprinzip nicht so stark ausgeprägt, daß es den Gemeindegedanken hätte zusätzlich befestigen können.[47] Und die zwinglianische Reformation, die in Deutschland vor allem in den oberdeutschen Städten wirkte, fußte bereits auf der reichen kommunalen Tradition der Schweiz und Oberdeutschlands im 15. Jahrhundert.[48] Die Forderung der freien Pfarrerwahl in den

»Zwölf Artikeln« der Bauern ist gleichfalls nicht neu, da freie Pfarrerwahl in Oberdeutschland vielfach bereits im 15. Jahrhundert durchgesetzt worden war.[49] Fundamental war der religiöse Gemeindegedanke nur für die Konstituierung der Siedlung religiöser Exulanten, z. B. für die Mennonitendörfer in der Weichselniederung.[50] Bedeutsamer als die Reformation war für die bäuerliche Gemeinde der bereits dargestellte Einschnitt im 15. Jahrhundert. Aufgrund der Herrschaftsintensivierung durch den gezielten Ausbau von Verwaltung und stehendem Heer wie der bereits erwähnten demographischen und wirtschaftlichen Entwicklungen auf dem Land selbst, ist eine weitere Zäsur in der Mitte des 17. Jahrhunderts anzusetzen.

Dorfgericht

Die bäuerliche Gemeinde mit ihren *Institutionen* bestand, wenn auch nicht überall in gleicher Weise und mit allen gemeindlichen Zuständigkeiten, so doch grundsätzlich auch in der neuen historischen Konstellation weiter. Das gemeindliche Niedergericht wurde selbst in den ostelbischen Territorien nur in einem sich lange hinziehenden Prozeß eingeschränkt. Die freiwillige Gerichtsbarkeit, teilweise sogar kleinere Fälle der Strafjustiz blieben, wie die brandenburgischen Schöppen- und Gerichtsprotokollbücher zeigen, im allgemeinen bei den Schulzengerichten.[51] Dies dürfte nicht zuletzt damit zusammenhängen, daß in Fragen des Erbrechts sowie der Verwandtschafts- und Besitzverhältnisse die lokalen Kenntnisse von Schulz und Schöppen (Älteste, Geschworene) nach wie vor unentbehrlich waren. Auch dort, wo – wie in mitteldeutschen Herrschaften[52] – das Niedergericht unter herrschaftlichem Vorsitz stattfand, kam es erst im 17. Jahrhundert zu Neuerungen, in der Herrschaft Neuschönfels (Sachsen)[53] beispielsweise zwischen 1610 und 1620. Sie bestanden darin, daß die Rittergutsherren die Ausübung der Gerichtsbarkeit städtischen Advokaten übertrugen, die in Römischem Recht ausgebildet waren. Dadurch wurde die Rechtssprechung in »Zivilklagen« und Strafsachen durch bäuerliche Richter und Schöffen zurückgedrängt, weil im Verfahren nach Römischem Recht zwischen Richtern und Urteilern nicht mehr unterschieden wurde. Die ausführenden und »polizeilichen« Funktionen von bäuerlichen Richtern und Schöffen wurden davon jedoch nicht berührt, ebensowenig die von »Gemeinmeistern« wahrgenommenen gemeindlichen Aufgaben. Wo die Gemeinde für Nachbarschafts- und Flurfrevel zuständig und das in Dorfordnungen fixiert war, blieb diese Zuständigkeit bestehen, ja wurde unter »polizeilichen« Gesichtspunkten sogar noch erweitert. Den Umfang der hauptsächlich überwachenden und kontrollierenden Aufgaben mancher Gemeinde zeigen detaillierte Dorfordnungen schon des 16. Jahrhunderts, die Bestimmungen der Landes- und Kirchenordnungen sowie der älteren Gemeindewillküren enthalten. So behandelt die Ordnung für die Dörfer des Amtes Waldau bei Königsberg (Ostpreußen) in 92 Artikeln: Fragen der Kirchenzucht, der Gemeindeverfassung, der Feuerordnung, des Gesindes, der Einlieger, von Kauf und Verkauf, der Viehhaltung, der Flur- und Waldordnung, des Scharwerks, der Verfolgung von Dieben und – das Gemeindebier.[54]

Gemeindeeinnahmen

Ein nicht unwichtiges, aber differenziert zu beurteilendes Indiz für die Stellung der Gemeinden sind die gemeindlichen Einnahmen. H. Harnisch[55] hat besonders hervorgehoben, daß sie, wie in der regelmäßigen Rechnungslegung zum Ausdruck kommt, zum Teil weiterhin von den Gemeinden verwaltet wurden. Er sieht darin nicht nur ein zentrales Unterscheidungskriterium zwischen den Gemeinden in den mittel- und den ostelbischen Territorien, sondern auch den Kern gemeindlicher Selbständigkeit im »Spätfeudalismus«. Zweifellos erleichterten Gemeindeeinnahmen im Konfliktfall die Entscheidung für ein aktives Vorgehen gegen die Gutsherrschaft. Andererseits ist die Tatsache, daß in brandenburgischen Gemeinden für Prozeßkosten gesammelt wurde, nicht negativ, als Zeichen für die Schwäche dieser Gemeinden, zu deuten. Es verweist im Gegenteil auf ein großes Engagement der Gemeindemitglieder unter ungünstigen Bedingungen. Vor allem aber geht aus Untersuchungen über die Herrschaft Boitzenburg (Uckermark)[56] klar hervor, daß für die bäuerliche und damit die gemeindliche Handlungsfähigkeit etwas anderes von prinzipieller Bedeutung war: die Art der Besitzsicherung. Während die Zeitpächter keinen Widerstand wagten, waren die bäuerlichen Besitzer mit Erbkontrakten weitaus risikobereiter. Das heißt, es kam durchaus auf die wirtschaftliche Lage der einzelnen Gemeindemitglieder, nicht nur auf die gemeindlichen Einnahmen an.

Gemeindeämter und Herrschaft[57]

Veränderungen der lokalen Machtverhältnisse bei formal gleichbleibendem institutionellem Rahmen ließen sich über die Einflußnahme auf die Besetzung der Gemeindeämter durchsetzen. Ostdeutsche Gutsherren versuchten, in ihren Dörfern die *Erb-* und *Lehnschulzen* auszukaufen und durch *Setzschulzen,* die in ihrer Amtsführung vollkommen von ihnen abhängig waren, zu ersetzen. Meist gaben die Erb- und Lehnschulzen ihre privilegierte Position nicht freiwillig, sondern erst nach Gewaltanwendung durch die Gutsherren auf, die dann ihre Eigenwirtschaft durch die bisherigen Schulzengüter erweiterten. Für die bäuerliche Gemeinde bedeutete ein solcher Eingriff eine schwerwiegende Verschiebung im Kräfteverhältnis zu ihren Ungunsten. Denn sie verlor dadurch ihren traditionellen und selbstbewußten Wortführer in den ständigen Konflikten mit der Herrschaft. Wie unterschiedlich allerdings selbst innerhalb der Kurmark Brandenburg das zahlenmäßige Verhältnis von Erb- bzw. Lehnschulzen zu Setzschulzen war, zeigt die landschaftliche Aufschlüsselung von 731 Lehnschulzen und 1347 Setzschulzen im Jahr 1804: Uckermark 1:5,3; in Oberbarnim 1:5,1; in Lebus 1:3,6; im Kreis Luckenwalde 1:0,8; in der Altmark 1:1,6 und in der Zauche 1:0,8.[58] Die Zahl der Lehnschulzen war dort am geringsten, wo die Gutsherrschaft sich am stärksten durchgesetzt hatte.

Trotz aller Einschränkungen war die lokale Machtstellung der bäuerlichen Gemeinden teilweise beträchtlich. Dafür spricht, daß adlige Gutsherren bäuerliche Repräsentanten wie z. B. Älteste auch bestachen, um sie bei gemeindlichen Entscheidungen für ein Votum zu ihren Gunsten zu gewinnen.[59] Das Bestreben, über führende Gemeindevertreter zu Einfluß auf die Gemeinden zu kommen, war nicht auf die ostdeutschen Gebiete beschränkt. Die Fürstbischöfe von Würzburg beispielsweise versuchten, auf die Wahl der Gemeindevorsteher einzuwirken und für eine reibungslose Zusammenarbeit ihnen genehme Personen durchzusetzen.[60] Allgemein verbreitet war die Tendenz, zumindest zu erreichen, daß die gemeindlich gewählten Amtspersonen der herrschaftlichen Bestätigung bedurften.

Veränderungen der gemeindlichen Institutionen ergaben sich auch aus dem starken Anwachsen der dörflichen Bevölkerung und deren wirtschaftlicher und sozialer Differenzierung.[61] Das Hauptproblem war, ob und wie die ganz oder teilweise nutzungsberechtigten Kleinstelleninhaber (z.B. Gärtner, Söldner, Kötter) »politisch« und wirtschaftlich an den Gemeindeämtern zu beteiligen seien. Im Nürnberger Landgebiet sollten – nach Aussage der Gemeindeordnungen – Bauern und Söldner die Gemeindeämter zu gleichen Teilen besetzen.[62] In den Gebieten mit Schulzen- oder Bauermeisterverfassung kam es zur Doppelung dieser Ämter, um den Interessen beider Gruppen Rechnung zu tragen: Neben dem *Nachbarschulzen* gab es einen *Gärtnerschulzen* und neben dem »großen« einen »kleinen« Bauermeister.[63] In Westpreußen wurden diese Schulzen »Klassenschulzen« genannt.[64] Konflikte zwischen den beiden »Klassen« konnten dort nicht in der Gemeindeversammlung nach dem sonst üblichen Mehrheitsprinzip entschieden werden, sondern gingen zur Entscheidung an die übergeordnete amtliche Instanz. In den Paderborner Dörfern gab es sogar einen Vertreter der Kleinstbauern, der formal den Vertretern der beiden anderen Gruppen völlig gleichgestellt war.[65] Die wohlhabenden großen Bauern beanspruchten das Amt des Gemeindevorstehers nicht unbedingt für sich. Da die Amtsgeschäfte mühsam und unerfreulich waren, überließen sie es mittleren oder kleinen Bauern und machten ihren Einfluß auf informellen Wegen geltend.

Ein zentrales Problem der bäuerlich-dörflichen Gesellschaft des 18. Jahrhunderts freilich hatte überhaupt keine Auswirkungen auf die gemeindlichen Institutionen: die sprunghafte Zunahme der landlosen Dorfbewohner (Dorfarmut). Von dieser neuen Gruppe angemeldete Ansprüche wurden überall abgewehrt. Besonders aufschlußreich sind die Verhältnisse in Westfalen, einer Landschaft, die im allgemeinen gerade für ihre selbstbewußten Bauern bekannt ist. Die zahlreichen »Heuerlinge«, die von gewerblicher und agrarischer Lohnarbeit lebten, wurden in keiner Weise direkt an der Gemeinde beteiligt. Sie waren völlig abhängig von den Bauern, die ihnen Unterkunft, Pachtland und Arbeit gaben. Schon Zeitgenossen haben die Heuerlinge als »Leibeigene« der Bauern bezeichnet, die Forschung spricht von »quasi-feudalen« Beziehungen.[66] Infolge ihrer »Privatheit«, d. h. weil sie im bäuerlichen »Haus« verborgen blieben, sind sie nie Gegenstand von

Reformgesetzen, nicht einmal von Reformbemühungen geworden. Ihre Situation änderte sich erst im 20. Jahrhundert, als die bäuerlichen Wirtschaften zu neuen Arbeitsformen übergingen und als Abwanderung möglich wurde, weil die Industrie Arbeitsplätze bot.

Die formale Beteiligung der Klein- oder sogar der Kleinstbauern an den gemeindlichen Institutionen hat die *Oligarchie* der großen Bauern nicht verhindert. Sie war aber dort, wo es eine solche Beteiligung nicht gab, wie z. B. in Altbayern,[67] stärker ausgeprägt. Dementsprechend war das Zusammenleben in der Gemeinde weitaus spannungs- und konfliktreicher. Die primär wirtschaftlich begründeten Abhängigkeiten zwischen einerseits Bauern untereinander, andererseits Bauern und Landarbeitern sind indessen bisher wenig untersucht worden. Um zu einem vertieften Verständnis der ländlichen Gesellschaft in der Frühen Neuzeit zu gelangen, müßte die Forschung diesen Abhängigkeiten mehr Aufmerksamkeit widmen und sie zugleich zu den rechtlich fixierten Abhängigkeiten der Bauern von ihren Grundherren in Beziehung setzen.

Die Spannungen zwischen den in irgendeiner Weise noch bäuerlichen Gruppen und den Landlosen wird erklärlich, wenn man sich vor Augen führt, daß das Bevölkerungswachstum keineswegs »natürlich« war, auch nicht dem generativen Verhaltensmuster der Bauern folgte. Vielmehr wurde es gefördert durch Maßnahmen von Grund- und Gutsherrschaften, die zur Vermehrung ihrer Einnahmen an neuen abgabefähigen Untertanen interessiert waren. Den Interessen der Gemeinden lief diese Politik zuwider, und die bäuerliche Realgemeinde beteiligte Landarme und Landlose an den Nutzungsrechten nur, wenn sie dazu gezwungen wurde. R. Endres, der diesen Vorgang an fränkischen und bayerischen Beispielen des 18. Jahrhunderts beschrieben hat, spricht von einem Bündnis der Landesherren mit der Dorfarmut gegen die »reaktionäre« bäuerliche Realgemeinde.[68] Die Ansiedlungspolitik der fränkischen Reichsritter dagegen schuf ein »Landproletariat«, da es für die in ihren Kleinstterritorien angesiedelten Menschen nicht ausreichend Existenzmöglichkeiten gab. In beiden Fällen wurde die »Peuplierung«, d. h. die Vermehrung der Untertanen zur Vermehrung der Einnahmen, auf Kosten der Gemeinden durchgeführt. Denn sie hatten die Folgelasten wie z. B. die Armenversorgung zu tragen. Begünstigt oder sogar ausgelöst wurde die staatlich betriebene Peuplierung von der zunehmenden Möglichkeit hausgewerblicher Produktion für auswärtige Märkte. Die hausgewerblichen Tätigkeiten haben – wie R. Braun und H. Medick[69] gezeigt haben – neue Muster generativen Verhaltens, neue Ehe- und Familienformen hervorgebracht. Das hat ebenso wie die staatlichen Maßnahmen in den bäuerlichen Gemeinden zu Spannungen geführt, die über das im engeren Sinn Materielle weit hinausgingen und die in unterschiedlichen Arbeits- und Orientierungsmustern von bäuerlicher und gewerblicher Bevölkerung gründeten. Diese Spannungen waren um so belastender, je deutlicher mit der wirtschaftlichen Differenzierung sozialer Abstieg verbunden war, der bei Verknappung des Bodens notwendigerweise eintrat. Dann wurden Familie und Verwandtschaft leicht zu einem Klientelsystem, in dem der Hoferbe die weichenden Geschwister, wenn sie in der Gemeinde blieben, von sich abhängig machen konnte.[70]

Gemeindeversammlung

Es liegt nahe, daß auch die Selbständigkeit der Gemeindeversammlungen stark eingeschränkt wurde. Je mehr der frühmoderne Staat die Sorge für »gute Ordnung und Polizey« übernahm, desto kleiner wurde der Aktionsraum für das gemeindliche Satzungsrecht, das in den Versammlungen von der gesamten Gemeinde mit ihren Amtsträgern ausgeübt wurde. Vielfach war die Gemeindeversammlung nur noch Forum für die jährliche Verlesung der Gemeindeordnung und der neuen obrigkeitlichen Erlasse. Im 18. Jahrhundert wurde verlangt, daß alle Einwohner des Dorfes, also nicht nur die Mitglieder der Gemeinde, an den Versammlungen teilnehmen, damit niemand sich bei einem Verstoß gegen die Bestimmungen auf Unkenntnis berufen könne:

»Sollen alle Jahre auf den Sonntag Judica in jeder Gemeinde dieses Amts von denen Schultheißen in der Schencke denen Unterthanen furgelesen und Ihnen vor der Kirche, Acht Tage zuvorn, zu wissen gemacht werden, damit sich Niemand mit der Unwissenheit zu behelffen habe, und die Verbrechere in einem oder dem andern Articul desto eher zur üblichen und hergebrachten Straffe gezogen werden mögen. Welcher Schultheiß auch die Verkündigung vor der Kirche und Ablesung in der Schencke verabsäumen und sich hierinnen nachlässig erzeigen würde (darauff denn jeder zeit gute Achtung wird gegeben werden), derselbe soll jedes mahl um 2 Gülden gestrafft werden. Die Unterthanen aber, so bei der Ablesung nicht erscheinen, soll jeder Anspänner um 8 Groschen; ein Hintersättler um 4 Groschen, ein

Hausgenoß, er sey Mann oder Weib, um 2 Groschen gestrafft werden, um damit man desto eher hinter die Ungehorsamen kommen und sie ihres Außenbleibens wegen zu genannter Straffe ziehen möchte; Alß soll der Schultheiß die Einwohner nach der Reihe verlesen, die außengebliebenen aufzeichnen und stracks folgenden Tages nach der Verlesung ins Amt eingeben; Welcher Schultheiß aber auch dieses nicht thun würde, soll gleichfalls um 2 Gülden unnachlässig gestrafft werden.«[71]

Solche häufig begegnenden Vorschriften lassen einerseits auf Ordnungsprobleme in den größer werdenden Gemeinden, andererseits darauf schließen, daß die Obrigkeiten den Hausvätern und ihrem Zusammenschluß, der Gemeinde, nicht mehr zutrauten, ihren Familien (einschließlich dem Gesinde – ein häufiger »Ruhestörer«) und dem lokalen Verband die Kenntnis der richtigen Ordnung zu vermitteln. Das dürfte u. a. daran gelegen haben, daß das gemeindliche Leben nur noch teilweise nach den traditionellen Regeln organisiert war und daß der frühmoderne Staat eine Fülle von häufig wechselnden Bestimmungen produzierte.

Die Intention der Verwaltung war, daß die Gemeindeversammlung nicht mehr der gemeindlichen Selbstorganisation dienen, sondern die Anordnungen der Obrigkeit an die Untertanen weiterleiten sollte. Die »Signale«, um die Gemeinde zusammenzurufen (Glockenläuten, Herumschicken eines Stabes), wurden von den lokalen herrschaftlichen Amtsträgern, z. B. den Schulzen, wie früher verwendet, die gemeindlichen Anlässe dafür aber nahmen ab. Ein Beispiel: In der Herrschaft Neuschönfels (Sachsen)[72] wurden die für die Gemeindefinanzen zuständigen Gemeinmeister ursprünglich jedes Jahr von der Gemeindeversammlung neu gewählt, vor der sie nach Ablauf ihrer Amtszeit Rechenschaft ablegen mußten. Die regelmäßige Kontrolle der Gemeindeausgaben – und damit ein wichtiger Anlaß für regelmäßige Gemeindeversammlungen – entfiel, als seit der Mitte des 17. Jahrhunderts die Gemeinmeister mehrere Jahre im Amt blieben. Allgemein trat eine Einschränkung der Kompetenzen der Gemeindeversammlung ein, als sich durchsetzte, daß die gemeindlich gewählten Amtsträger der herrschaftlichen Bestätigung bedurften.

Die Obrigkeiten hatten mehr als einen Grund, die Gemeindeversammlungen als »autonome« Veranstaltung zurückzudrängen. Ebenso wie der Besprechung und Regelung innergemeindlicher Angelegenheiten dienten sie häufig der Organisation von Widerstand gegen herrschaftliche Maßnahmen. Das bezeugen vor allem Beschwerdeschreiben, deren Absender »Schulz und ganze Gemeinde« waren. Nach Aufständen wurde den Bauern darum immer wieder verboten, sich ohne herrschaftliche Erlaubnis zu versammeln. Bezeichnend ist auch das Verbot nach dem Bauernkrieg von 1525, in »Wehr und Waffen« zu Gemeindeversammlungen zu kommen[73] (was vorher also anscheinend verbreitet war).

Ein Ärgernis war es für die Obrigkeiten, daß auf Gemeindeversammlungen häufig das Gemeindebier vertrunken wurde, das durch Bierbußen für Flurfrevel, Verletzung der Nachbarschaftsordnung und beim Einkauf in die Gemeinde zusammengekommen war. Es versteht sich, daß dabei »Exzesse« (Trunkenheit, Raufereien, »Unzucht«) nicht ganz selten waren. Die Obrigkeiten versuchten sowohl dieses in ihren Augen »unchristliche« Verhalten zu verhindern als auch die »Verschwendung« der gemeindlichen Einnahmen abzuschaffen. Die Bierbußen wurden in Geldbußen umgewandelt, die in die Gemeindekasse einzuzahlen waren und für Ausgaben der Gemeinde verwendet werden sollten. Trotz vieler Bemühungen ist jedoch weder die Abschaffung des Gemeindebiers gelungen noch ließ sich verhindern, daß es auf Gemeindefesten (z. B. der Kirchweih) zu »Exzessen« kam. Denn gemeinsames Essen und Trinken hatten für bäuerliche Gemeinden eine durch nichts anderes zu ersetzende symbolische Funktion: über innere Spannungen und Zerstrittenheit hinweg stellten sie immer wieder den für den Kampf gegen die Natur wie gegen die Herrschaft unbedingt erforderlichen Zusammenhalt her und dokumentierten ihn nach außen. Solange diese Zwänge, einander »lieb« zu sein, bestanden, waren alle Verbote vergeblich.

An der grundlegenden Tatsache, daß die Gemeindeversammlungen ihre politischen Kompetenzen weitgehend verloren, ändert das freilich nichts. Stattdessen wurden sie zu »Institutionen« eines gemeindlichen Eigenlebens, das sich von der allgemeinen gesellschaftlichen Entwicklung immer mehr abkoppelte und nicht zuletzt deshalb für die nichtbäuerliche Umgebung unverständlich wurde. Aus der Perspektive des 19. Jahrhunderts hat C. Stüve (leider ohne Nachfolger zu finden) diesen Sachverhalt für Niedersachsen und Westfalen bereits 1851 treffend beschrieben:

»Von jetzt an muß man unterscheiden, was vom Gemeindewesen und -Leben noch öffentlich anerkannt wurde und was nun im Stillen unbeachtet oder auch wohl als Mißbrauch verfolgt und gestraft fortlebte. In öffentlicher Anerkennung war die Gemeinde hier und da fast gänzlich verschwunden. Man wußte von Dörfern als Wohnplätzen; man kannte Bauern als Subjecte von gewissen Rechten und Pflichten, freie oder leibeigene. Dienst- und Steuerpflicht galt für eine allgemeine Eigenschaft derselben [...]. Auch schrieb man ihnen, damit bei ihrer Rohheit der Processe nicht gar zu viele wurden, das Recht zu, durch Pfändung sich unter Umständen selbst zu ihrem Rechte zu helfen. Daß bei allem diesem aber tiefere Rechtsideen zum Grunde lagen, das fiel niemand ein. Man fand wohl gar in solchen Einigungen und Zusammenkünften unerlaubte Verschwörungen, verbot sie, suchte die alten Genossenschaften zu zerreißen, oder belegte wenigstens jene alten Gemeindegelage als Ausflüsse bäuerischer Rohheit und Trunksucht mit Verboten und Strafen, oder wenn man sehr nachsichtig war, gestattete man den Bauern, 1/3 der Strafen zu vertrinken, wenn sie das übrige in einer Sparbüchse niederlegten.« – »In diese Classe rein lokaler Angelegenheiten gehört denn auch jenes ganz verborgene Gemeindeleben, auf welches die Gemeinde lange Zeit hindurch reduciert gewesen sind, jene halb oder ganz verbotenen Zusammenkünfte und Gelage, jene Strafen und Vereinbarungen u.s.w. Dieses Geheimleben hatte noch vor 20–25 Jahren in manchen Gegenden so sehr das Übergewicht, daß sehr landkundige Männer, z. B. im Lüneburgischen, die Ansicht aussprechen konnten, daß niemand die Verwaltung und das Leben der Gemeinden recht eigentlich kenne. Es ist ohne Zweifel mit diesem geheimen Wesen ergangen, wie es jederzeit geht, wenn Mißbräuche durch bloße Verbote abgeholfen werden soll, ohne deren Grund wirklich abzustellen [...] Geheime Verträge, Gelage, Gewaltthätigkeiten u. dgl. sind nicht beseitigt, solange sie im Geiste der Gemeinen begründet waren.«[74]

Neue bäuerliche Siedlungen

Die neuen bäuerlichen Siedlungen, die während des Landesausbaus in der Frühen Neuzeit überall in Deutschland entstanden, folgten, sofern ihre Größe das zuließ, den mittelalterlichen Mustern von Plansiedlung (mit Privilegierung durch Freijahre und Erbzinsrecht), so z. B. in Ostpreußen[75] und Hessen[76], und gemeindlicher Organisation. Ihre gemeindlichen Ämter wurden allerdings von vornherein stärker in die landesherrliche Verwaltung einbezogen. Ausnahmen bildeten lediglich die Siedlungen von Religionsflüchtigen. Ihnen wurde vielfach Immunität von den einheimischen Verhältnissen gewährt.[77] Über den

Gründungszeitraum hinaus behielten sie ihre Freiheiten jedoch nur aufgrund besonderer Leistungen, d. h. vor allem dank ihrer wirtschaftlichen Fähigkeiten sowohl in der Landwirtschaft als auch im gewerblichen Bereich. Bei aller Ähnlichkeit mit der »Immunität« der mittelalterlichen Neugründungen bestand aber ein fundamentaler Unterschied: Die Neugründungen waren rechtlich, religiös, wirtschaftlich und vielfach auch sprachlich von ihrer Umgebung so isoliert, daß sie auf diese keine Vorbildwirkung ausüben konnten. Wo allerdings, wie in der Mark Brandenburg, die französischen Réfugiés so zahlreich waren, daß sie aufgrund ihrer Privilegien einen »Staat im Staate« bildeten, wirkte ihre bevorzugte Stellung anziehend, und viele Märker versuchten, in die französischen Gemeinden aufgenommen zu werden. Dies hätte jedoch die gezielte merkantilistische Wirtschaftspolitik in Frage gestellt, so daß die einheimische Bevölkerung ihre wirtschaftliche, rechtliche und religiöse Lage nicht verändern konnte.[78]

Das gemeindliche Organisationsprinzip wurde auch für die Anlage von Dörfern übernommen, deren Bewohner keine bäuerlichen, sondern Kleinstellen erhielten. Das gilt z. B. für einen großen Teil der friderizianischen Siedlung[79] und für die schlesischen Weberdörfer.[80] Diese Gemeinden, deren Bewohner in ihren eigenen Häusern produzierten und deren Orientierung der Verleger und der Grundherr bestimmte, sind vor allem als Verwaltungseinheiten ohne den umfassenden Zusammenhalt bäuerlicher Gemeinden anzusehen. In ihrem Gemeindeverband war die Nachbarschaft das beherrschende Element, nicht mehr die Kooperation bäuerlicher Wirtschaften. Das war überall dort der Fall, wo man seinen Lebensunterhalt hauptsächlich durch hausgewerbliche Arbeit verdiente oder wo Kleinstbauern keine gemeinsamen Nutzungen erhielten, z. B. in vielen hessischen Ausbausiedlungen der Frühen Neuzeit.

Gemeinde, Familie und soziale Konflikte

Die staatliche Organisation von Herrschaft verzichtete nicht auf die Gemeinde, (auch die Grundherren taten das nicht, wenn es ihnen günstig erschien), sondern bezog sie gezielt in die Verwaltung ein; gleichzeitig mußte die bäuerliche Gemeinde Aufgaben übernehmen, die ihrem Selbstverständnis nicht entsprachen. In den protestantischen Territorien wurde sie für die Versorgung von Dorfbewohnern zuständig, die als Landarme und Landlose am eigentlichen Leben der Gemeinde nicht teilnahmen, mit ihr nicht »Freud und Leid«[81] teilten, weil sie dafür zu arm waren. Wenn sie krank und alt wurden, mußte die Gemeinde sich jedoch um sie kümmern. Denn zu einer Vorsorge wie die Vollbauern für ihre Altenteiler/Auszügler[82] waren ihre Familien nicht in der Lage. Auch um unversorgte Waisen mußte sich die Gemeinde kümmern, bis sie mit sieben (!) Jahren ihren Lebensunterhalt selbst verdienen mußten: als Kindermagd nur für Kost und Kleidung. In katholischen Territorien, wie z. B. Bayern, gab es keine gemeindliche Armenfürsorge, sondern nur Nächstenliebe von Christen und Klöstern.[83]

Die Konflikte bei der Verteilung der begrenzten Einkommensmöglichkeiten in den Gemeinden wiederholten sich in den bäuerlichen Familien. Sie spielten sich zwar in einem Rahmen ab, der von den Erbrechtsgewohnheiten[84] festgelegt war – jedes Kind konnte früh absehen, was es zu erwarten hatte bzw. was nicht –, doch gab es immer genug Spielraum für Bevorzugung und Benachteiligung, sowohl in den Beziehungen zwischen Eltern und erbendem Kind als auch zwischen Geschwistern; sie waren von entscheidender Bedeutung dafür, ob sich ihr Dasein im Dorf mehr oder weniger selbständig gestaltete. Darin bestanden zwischen Anerben- und Realteilungsgebieten keine großen Unterschiede. In den Anerbengebieten, in denen wirtschaftliche Differenzierung auf der Grundlage von Landbesitz nur sehr begrenzt möglich war, wirkte sich der Bevölkerungszuwachs jedoch sozial stark deklassierend aus. Wenn sich nicht die Gelegenheit bot, in einen anderen Hof einzuheiraten, blieb oft nichts anderes übrig als lebenslanger Gesindedienst bei Fremden oder Verwandten. Vielfach lebte man allein deshalb in einer »Großfamilie«, weil die nichterbenden Kinder keinen eigenen Hausstand gründen konnten. Es liegt auf der Hand, daß unter diesen Umständen die Familienverhältnisse oft alles andere als harmonisch, vielmehr von Ausbeutung, Unterdrückung, »Haß und Neid« gezeichnet waren. Das sollte sich klarmachen, wer in der vorindustriellen Großfamilie eine konkrete Utopie für die Zukunft sieht. Die folgende Schöppenbucheintragung aus einem brandenburgischen Dorf zeigt, woran sich schwere Konflikte entzünden konnten:

»Am 2. Martii 1702 ist auf Gutbefinden der Herrschaft mit Zustimmung Schultzen und Gerichten dieses Dorfes Hertzogswalde um guter Ordnung und Richtigkeit willen, damit auch ins Künftige der gesamten Untertanen Kinder besser versorget werden möchten, fest gesetzt worden: 1. Daß jährlich auf den Montag nach dem ersten Advent Erbetage gehalten werden soll, als dann die Gerichtslade eröffnet, die Termin- und Erbgelder richtig und bei Vermeidung der schärfsten und unausbleiblichen Execution bezahlet, und entweder, dem sie gehört, gefolget oder vor Unmündige und Abwesende in gedachter Lade verwahrlich gehalten werden sollen. 2. Daß niemanden von denen in der Gerichtslade befindlichen Barschaften etwas ausgelehnet oder gezahlet werden soll, es sei unter, was für Versicherung es wolle, als denen es eigentümlich zustehet, zu rechter Zeit«.[85]

In Realteilungsgebieten wurden Konflikte, die anderswo nicht über den erweiterten bäuerlichen Familienverband hinausdrangen, häufig unter Familien von Geschwistern öffentlich ausgetragen, notfalls auf dem Prozeßweg. Utz Jeggle hat solche Feindseligkeiten nach Akten des Dorfes Kiebingen, allerdings aus dem 19. Jahrhundert, anschaulich geschildert.[86] Die Vorstellung, daß die Gemeinde eine Versammlung von Hausvätern war, die die Probleme ihrer Familie und Verwandtschaft innerhalb ihrer Haushalte lösten, ist auf jeden Fall nicht zu halten. Tatsächlich mußte weithin die Gemeinde eigentlich familiale Leistungen übernehmen, nämlich für die vielen Familien ohne ausreichende Vorsorgemöglichkeiten. Das widersprach den Vorstellungen der – die Gemeinde tragenden – besitzenden Gemeindemitglieder, weil die überlieferte Vorstellung von der »Gegenseitigkeit« nicht mehr gewahrt war.

Einblick in die Probleme innerhalb der bäuerlichen Gemeinden und innerhalb der einzelnen Familien geben die Protokolle der Hexenprozesse.[87] Der Anstoß für die »Verklagung« einer Person war in vielen Fällen ein Schaden, den sie – auf den Feldern, beim Vieh oder an der Gesundheit – verursacht haben sollte. Die Person, die des Schadenzaubers bezichtigt wurde, konnte durchaus ein Nachbar oder eine Nachbarin im gemeindlichen Sinne sein. Im Laufe der Zeit wurden jedoch zunehmend alte Menschen aus dem eigenen Dorf oder Bettler(innen), deren Appelle an die christliche Nächstenliebe zu lästig waren oder die man abgewiesen hatte, der Zauberei verdächtigt. Dafür mag oft schon eine Verwünschung der Abgewiesenen genügt haben, ein Fluch, der sich scheinbar prompt erfüllt hatte.[88] Einzelne Hexenprozesse, in denen bis zu 200 Bettler angeklagt waren, erscheinen fast als ›Kreuzzüge‹ gegen den Bettel.[89] Die Beschuldigung der Zauberei wurde jedoch auch bei innerfamiliären Konflikten – zwischen Mann und Frau, zwischen Schwiegermutter und Schwiegertochter – und innerhalb von Haushalten bei Konflikten zwischen Hausherr/Hausmutter und Gesinde erhoben.[90] Dieser Konflikthintergrund dörflicher Zaubereibeschuldigungen[91] wird leicht vernachlässigt; stattdessen werden sie mit dörflichem »Aberglauben« erklärt und als bezeichnend für die Rückständigkeit des Landes aufgefaßt. Dabei hat man lange Zeit ignoriert, daß der Hexenglaube bis ins 18. Jahrhundert in Stadt und Land, bei Bauern wie bei Gelehrten verbreitet und daß die systematische Hexenjagd gerade Sache der studierten Juristen und gelehrten Gerichte war.[92] Die mörderische Verfolgung von Menschen, die der Zauberei beschuldigt wurden, ist kein Kennzeichen der Zeit, in der bäuerliche und städtische Gemeinden weitgehend selbständig handeln konnten,[93] sondern der Jahrhunderte, in denen der frühmoderne Staat Institutionen entwickelt hatte, die legal genutzt werden konnten, um familiäre und gemeindliche Konflikte so auszutragen.

Kirchengemeinde

Der Über- und Unterordnung in den Gemeinden, in Bayern z. B. durch obrigkeitliche Kleiderordnungen auch für das äußere Erscheinungsbild festgelegt, entsprechen Veränderungen im Verhältnis von Geistlichkeit und Gemeinde vor allem in den protestantischen Territorien. Daß sich als Folge besserer theologischer Bildung und religiöserer Lebensführung (verglichen mit dem späten Mittelalter) die Distanz zur »Dorfreligion« (H. Hörger) vergrößerte, gilt für protestantische und katholische Pfarrer in gleicher Weise;[94] ebenso mußten die Geistlichen beider Konfessionen neben ihren kirchlichen und seelsorgerischen Pflichten staatliche Auftragsarbeiten übernehmen (z. B. Führung der Tauf-, Heirats- und Sterberegister). In protestantischen Gegenden kam aber noch etwas anderes hinzu: die Aufhebung des Zölibats beseitigte zwar das für die Gemeinde oft anstößige Konkubinat, schuf jedoch zugleich einen neuen sozialen Abstand. Denn während die katholischen Pfarrer weiterhin zu einem großen Teil aus Bauernfamilien stammten, begannen die protestantischen Pastorenfamilien schon bald, untereinander eigene Heiratskreise zu bilden.[95] Pfarrerstellen wurden möglichst sozusagen aus den eigenen Reihen besetzt. Das wurde auch nicht dadurch ausgeglichen, daß protestantische Pfarrer oft ein Interesse an Landwirtschaft entwickelten, weil die Nutzung von Kirchenland einen Teil ihres Einkommens bildete.[96] Sie hatten deswegen nicht unbedingt Verständnis für bäuerliche Denk- und Verhaltensweisen. Allerdings scheint es auch hier zwischen den ostdeutschen und den altdeutschen Gebieten Unterschiede gegeben zu haben. So konnte in Württemberg eine Pfarrerstochter durchaus in einen Bauernhof einheiraten und einen ihrer Söhne Theologie studieren lassen.[97] Eine Möglichkeit, die soziale Kluft zwischen Pfarrer und Gemeinde zu überbrücken, war die Patenschaft, die bäuerliche Familien dem Pfarrer und seiner Frau antrugen.[98]

3. Regionale Entwicklungen

Trotz der Vielfalt gemeindlicher Formen in der Frühen Neuzeit werden die Vorstellungen von Gemeinde vom Konzept des »agrarischen Dualismus«[99] geprägt, also der Teilung Deutschlands aufgrund unterschiedlicher Agrarverfassungen in Ostelbien und Altdeutschland – dort Gutsherrschaft mit bäuerlicher Leibeigenschaft, hier »versteinerte Grundherrschaft« mit relativer bäuerlicher Freiheit. Die Ansicht, daß bäuerliche Gemeinden den freien Bauern zur Bedingung haben – eine Ansicht, die für die mittelalterliche Gemeindebildung korrigiert werden mußte[100] – wird mit mehr Berechtigung auch für die Frühe Neuzeit vertreten. Um die Geschichte der bäuerlichen Gemeinde differenzierter zu erfassen, ist es jedoch nötig, von der Fixierung auf die rechtlichen Beziehungen zwischen Bauern und Herren – so wichtig sie waren – loszukommen. Dafür müssen die regional unterschiedlichen Entwicklungen berücksichtigt werden. Vor allem kommt es darauf an, die wirtschaftlichen und sozialen Prozesse, die sich in der ländlichen Gesellschaft insgesamt und speziell im Spannungsfeld der bäuerlichen Gesellschaft vollzogen, auf die Entwicklung der Gemeinden zu beziehen.

Vereinödung und Verkoppelung

Es gab Landschaften, in denen die Bauern auf wirtschaftliche Konjunkturen so reagierten, daß sich dadurch Institutionen und Funktionen ihrer Gemeinden veränderten und sich langfristig neue Formen der Gemeindebildung entwickelten. Dies läßt sich z. B. in Schleswig-Holstein als »Verkoppelung«[101] und im Allgäu als »Vereinödung«[102] beobachten. In beiden Regionen lösten einzelne Bauern einen Teil oder alle ihre Äcker und Wiesen aus der Feldgemeinschaft und legten sie zusammen, um sie individuell nutzen zu können. Sie schieden damit zwar nicht ganz aus dem Flurverband aus, denn sie behielten gemeinsame Grenzen mit den Dorfnachbarn, aber das Konfliktpotential verringerte sich. In Huttoy im Allgäu erreichte 1585 ein Bauer die Vereinödung, »nachdem sich brachenshalber und in anderen Wegen etliche nachbarliche Spän und Irrungen zugetragen«[103] hatten. Es leuchtet ein, daß die starke Parzellierung der Äcker konfliktträchtig und zudem unwirtschaftlich war und sich deshalb eine Zusammenlegung empfahl. Aber warum waren es zunächst nur einzelne Bauern, die das erkannten und ändern wollten? Die betriebswirtschaftliche Erklärung reicht nicht aus.

Im Gegensatz zur großen Vereinödungswelle im 18. Jahrhundert, die eindeutig mit der Umstellung auf Viehwirtschaft zusammenhing, sind die wirtschaftlichen Ursachen der frühen Vereinödungen bisher ungeklärt. Es lassen sich jedoch einige begründete Vermutungen anstellen. Falsch wäre es, die Verhältnisse des 18. Jahrhunderts zurückzuprojizieren. Angesichts einer in diesem Raum damals steigenden Nachfrage nach Getreide ist eine Extensivierung der Landwirtschaft wenig wahrscheinlich. Für den Memminger Markt beispielsweise lassen sich in der zweiten Hälfte des 16. Jahrhunderts Getreidekäufe des Kemptener Abtes feststellen. Das spricht für den Bedarf in seinem Herrschaftsgebiet.[104] Die Vereinödungen im Allgäu könnten also zur Intensivierung des Getreideanbaus genutzt worden sein. Diese These wird durch die Erweiterung des Getreideanbaus in der benachbarten Schweiz gestützt.[105]

Die wirtschaftlichen Hintergründe der frühen Verkoppelungen (seit dem ausgehenden 15. Jahrhundert) in Schleswig-Holstein dagegen sind eindeutig festgestellt.[106] Verkoppelung, d. h. die Herauslösung eines Flurstücks und seine »Einhegung«, findet sich vor allem im Umkreis von Lübeck sowie in unmittelbarer Nähe der bischöflichen Stadt Eutin. In der Herrschaft Reinfeld unmittelbar vor den Toren Lübecks lohnte sich die Verkoppelung von wüstliegenden, aber auch von bebauten Feldern und Wiesen, weil die Koppeln an Lübecker Bürger und Nachbarn für die Ochsenmast »verheuert« (= verpachtet) werden konnten. Die Erträge waren höher als aus dem Getreideanbau, der dementsprechend zurückging. Im 18. Jahrhundert jedoch wurde die Verkoppelung – wie im Allgäu – überall zum Ausbau der Viehwirtschaft (Milchwirtschaft) durchgeführt.

Während bei der frühen Verkoppelung und Vereinödung die separierten Bauern meist im Dorf wohnen blieben, war – jedenfalls im Allgäu – mit den Verkoppelungen des 18. und 19. Jahrhunderts zugleich der »Ausbau«, die Verlegung des Hofes aus dem Dorf in die eigenen Ländereien, verbunden. Ging es zunächst nur um den Rückzug aus dem Flurverband und der mit ihm gegebenen Kooperationen, so bedeutete die Auflösung des gemeinsamen Wirtschaftens insgesamt eine entscheidende Reduzierung von dörflichen Gemeinsamkeiten. Sie konnte nicht ohne Folgen für den gemeindlichen Zusammenhalt bleiben. Die weiterbestehenden Kirchspielgemeinden gewannen auf diese Weise neue Funktionen.[107]

Gutswirtschaft, Gutsherrschaft und bäuerliche Gemeinde

Eine Voraussetzung dafür, daß sich in Schleswig-Holstein und im Allgäu einzelne Bauern, um optimal zu wirtschaften, mit ihren Nachbarn und Gemeinden individuell auseinandersetzen konnten, war ihre vergleichsweise gute besitzrechtliche Stellung.[108] Dies zeigt der Vergleich mit den gutswirtschaftlich/gutsherrlichen Gebieten Ostelbiens. Dort war es meist nur den landesherrlichen Bauern möglich, auf wirtschaftliche Nachfrage positiv zu reagieren. So konnten im 18. Jahrhundert Bauern in der Nähe der ostpreußischen Provinzhauptstadt Königsberg zwar ihre Produktion differenzieren und auf diesen großen Markt einstellen,[109] ein Wechsel von der Getreide- zur profitableren Viehwirtschaft aber war ihnen nicht möglich, weil sie durch die Abgabenverfassung an die Getreideproduktion gebunden waren, die sich an den Interessen der Gutsherren und deren Getreideexport orientierte. Bezeichnend ist, daß die Gutsherren vom »Agrar-Kapitalismus« profitierten, während die Bauern eher dessen Opfer waren. Auch wenn das »Bauernlegen«, also die willkürliche Vertreibung oder das »Auskaufen« zur Vergrößerung der gutsherrlichen Eigenwirtschaft, nicht die ihm früher von der Forschung zugesprochene Bedeutung hatte,[110] bleibt die Tatsache bestehen, daß die Zahl der selbständigen bäuerlichen Wirtschaften zurückging. Die Zahl der Tagelöhner und Gärtner, die auf den Gutsbetrieben abhängige Arbeit verrichteten, nahm dagegen ständig zu. Wohnten sie bei den Vorwerken in »Gutsweilern«, so bildeten sie keine Gemeinde mehr: »Handwerker, Gärtner, Instleute und Tagelöhner, die neben einem Gute oder Vorwerk wohnen, machen keine Dorf aus«, schrieb 1787 Johann Friedrich Goldbeck.[111] Sie waren dann Teil des gutsherrlichen Haushalts und unterstanden allein der paternalistischen Fürsorge oder Willkür des Gutsherrn.[112] Waren schon im späten Mittelalter bäuerliche Gemeinden nicht »flächendekkend« über das gesamte Land verteilt, so entstanden mit den Gutsweilern neue Lokalverbände, die rein herrschaftlich verfaßt waren.

Darüber darf man nicht übersehen, daß viele Dörfer mit ihrer gemeindlichen Organisation weiterbestanden. Selbst in Mecklenburg, wo sich die gutsherrliche Vorwerkswirtschaft allgemein durchsetzte, blieben bäuerliche Gemeinden erhalten, vor allem in den ehemals geistlichen Besitzungen und in städtischen Gebieten.[113] Ebenso hielten sich bäuerliche Gemeinden in Niederschlesien, konnten dort im 18. Jahrhundert durch die Ablösung von Herrschaftsrechten ihre wirtschaftliche Situation sogar verbessern. In der napoleonischen Zeit bewiesen sie ihr Selbstbewußtsein, indem sie unter der Führung ihrer Schulzen dem Aufruf des preußischen Königs zur Verteidigung des »Vaterlandes« Widerstand entgegensetzten, weil sie eher in ihren Herren, dem Adel, einen Gegner sahen als in dem fremden Eroberer.[114]

Bäuerliche Gemeinden blieben in Ostelbien auch deshalb erhalten, weil selbständig wirtschaftende Bauern zum System der Gutswirtschaft gehörten, solange diese als »Teilbetrieb« organisiert war,[115] d. h. solange die Vorwerke nicht nur von den gutsherrlichen Bauern, sondern auch mit deren Zugvieh und Geräten bearbeitet wurden und zudem die Schulzen die Aufsicht über die Scharwerksarbeit zu führen hatten. Im 18. Jahrhundert, als die preußischen Bauern der Kantonspflicht unterworfen wurden, lag es überdies im Interesse des Königs, daß sich sein militärisches Potential – die Bauernsöhne – nicht verminderte. Das ist der Hintergrund des vielgerühmten friderizianischen »Bauernschutzes«.

Schließlich sei noch eine weitere Form der bäuerlichen Gemeinde unter extremen gutsherrschaftlichen Bedingungen dargestellt, um wesentliche Bedingungen für gemeindlichen Zusammenhalt zu erkennen. In der Herrschaft Boitzenburg (Uckermark)[116] gab es am Ende des 18. Jahrhunderts Dörfer, deren soziale und wirtschaftliche Struktur auf den ersten Blick ganz das gewohnte Bild bot: eine größere Zahl von Bauernhöfen, einige Kleinstellen (Kossäten) und landlose Landarbeiter. Diese Struktur war jedoch keineswegs allein Ergebnis des allgemeinen Prozesses von Bevölkerungswachstum und sozialer Differenzierung, sondern wurde von den Gutsherren – entsprechend den jeweiligen Bedürfnissen der Gutswirtschaft – bewußt gesteuert. Die besitzrechtliche Stellung der Besitzergruppen war gleich: keine hatte erbliche oder langfristige Rechte. Ein großer Teil der Bauern, Kossäten und Landlosen war »frei«. Die landlosen Dorfbewohner standen sich wirtschaftlich fast besser als die eigentlichen Bauern, weil sie nicht in gleichem Maß wie diese mit Abgaben, Scharwerk und verschiedensten Dienstleistungen belastet waren. Die Künstlichkeit der wirtschaftlichen Differenzierung kommt im Heiratsverhalten zum Ausdruck: Konnubium zwischen allen Gruppen war üblich.

Hier scheinen die dörfliche Nachbarschaft, das gemeinsame Erleben der bedrückenden Gutsherrschaft und die verwandtschaftlichen Beziehungen die Basis gemeindlicher Solidarität ausgemacht zu haben, deren Wirksamkeit nach außen allerdings stark beschränkt war. Obwohl die Boitzenburger Bauern äußerst schlecht gestellt waren, gibt es keine Anhaltspunkte für Widerstand gegen die Gutsherren. Der Grund war vermutlich, daß diese »Bauern«, die teilweise nicht einmal die Hofwehr besaßen, so abhängig waren, daß für sie eine Auseinandersetzung mit der Gutsherrschaft zu riskant gewesen wäre. Denn bei »Ungehorsam«, als den die Gutsherrn gewöhnlich den Widerstand ihrer Untertanen ansahen, drohte ihnen die Aufkündigung ihres Hofes. Für die Vermutung spricht, daß sich dreißig Boitzenburger Bauern mit Erbpachtrecht sowie Bauern mit erblichen Besitzrechten in benachbarten Herrschaftsgebieten ganz anders, nämlich durchaus streitbar verhielten und lange Prozesse gegen ihre Herren führten. Eine charakteristische Änderung des Verhaltens im 19. Jahrhundert, nach Bauernbefreiung und Separation, bestätigt die Bedeutung des schlechten Besitzrechtes für bäuerliche Handlungsspielräume. Nachdem einige Bauern aufgrund der Agrarreformen Eigentum an Land erworben hatten, folgte ihr Heiratsverhalten dem bekannten Muster »Sach zu Sach«. An die Stelle der früheren Solidarität, durch die gleiche Abhängigkeit vom Gutsherrn hergestellt, traten schichtenspezifische Interessen, die im bäuerlichen wie im bürgerlichen Leben am besten durch geschlossene Heiratskreise zu wahren sind.

Wie konnte es zu »Kümmerformen« bäuerlicher Gemeinden kommen, in denen unter den Bauern zwar starke Solidaritäten bestanden, sie diese aber insbesondere in ihren Beziehungen zur Grundherrschaft nicht zu einer Besserung ihrer Lage einsetzen konnten? Vor allem: Wie ist zu erklären, daß die bäuerlichen Besitzrechte, die die Bauern wirtschaftlich absicherten und die darum für bäuerliches Selbstbewußtsein fundamental waren, sich so verschlechterten, wie es das Beispiel der Herrschaft Boitzenburg zeigt? Entscheidend waren wohl die Verwüstungen des Dreißigjährigen Krieges.[117] Gerade in den Gebieten südlich der Ostsee wurden zahlreiche Bauern vertrieben, verarmten völlig und waren beim Wiederaufbau auf die Hilfe der Grundherren angewiesen. Zum Teil besaßen sie nicht einmal mehr die »Hofwehr«, die Grundausstattung mit Vieh und Arbeitsgeräten. Die Basis ihrer Gemeinden war gemeinsame Leidensgenossenschaft, nicht ein gemeinsames Interesse, Besitzrechte und gemeindliche Nutzungen zu wahren. Sogar ihr Status als rechtliche Korporation stand dadurch zur Disposition.

Die Verheerungen des Dreißigjährigen Krieges haben sich jedoch keineswegs überall so ausgewirkt. Im Herzogtum Württemberg[118] beispielsweise, im Gegensatz zu Preußen ein Staat ohne Adel, brauchten die Landesherren ihre Bauern, um die Kriegsfolgen zu überwinden. Das stärkte ihre Stellung. Selbst kleine Gemeinden erhielten ein Dorfgericht, und alle Gemeinden erlangten das Recht, den Schultheißen – ursprünglich ein herrschaftlicher Beamter – zu wählen. Die sich anschließende wirtschaftliche Differenzierung, die viele Bauern- und Weingärtnerdörfer in gewerblich-agrarische Siedlungen verwandelte, näherte diese Dörfer den kleinen Amtsstädten an, die ursprünglich die Interessen der zugehörigen Landgemeinden »im Amt« mitvertraten. Im Zuge dieser Entwicklung forderten die Dörfer eine stärkere Beteiligung an der Amtsverwaltung und setzten schließlich ihre »Amtsstandschaft« (W. Grube) durch, d. h. die institutionalisierte Teilnahme von Gemeindevertretern an den Amtsversammlungen. Da die Amtskörperschaften zugleich als Landtagswahlkörperschaft Teil der landständischen Verfassung waren, erlangten die bäuerlichen Gemeinden über ihr aktives Wahlrecht Einfluß auf die Gestaltung der Landespolitik und eine stärkere Berücksichtigung ihrer Belange.

4. *Schlußbemerkungen*

Es ist selbstverständlich, daß weder die hier dargelegten allgemeinen Grundzüge der Entwicklung noch die regionalen Beispiele die gemeindlichen Verhältnisse in ihrer ganzen Vielfalt erfassen. Jedem, der mit lokalen Verhältnissen vertraut ist, werden Beispiele einfallen, wo »alles ganz anders« war. Unbestreitbar sind jedoch die Tendenzen zur Vereinheitlichung der lokalen Organisation, zur Verallgemeinerung von »Mittelorganisationen« (Ämter, Kreise) und zum Ausbau zentraler Behörden und Instanzen. Damit war unvermeidlich verbunden, daß Kompetenzen aus den bäuerlichen Gemeinden abgezogen und das heißt: deren lokale Kompetenzen eingeschränkt wurden. In diesem Sinne hat sich *Herrschaft über Bauern* in der Frühen Neuzeit allgemein durchgesetzt. Obwohl der Prozeß der Überlagerung, Unterordnung und Marginalisierung der bäuerlichen Gemeinden in seinen Erscheinungsformen äußerst vielfältig war, sind seine Ergebnisse aus der Perspektive des 19. Jahrhunderts auf einen *wesenhaften* Unterschied zwischen Altdeutschland und Ostelbien reduziert worden. Nicht zuletzt war das eine Folge der intensiven Debatten über die Aufhebung der Leibeigenschaft seit dem Ende des 18. Jahrhunderts. Das hat mich bewogen, hier besonders ausführlich auf die ostdeutschen Verhältnisse einzugehen und ihre Vielgestaltigkeit herauszuarbeiten, sowohl im Hinblick auf die einzelnen Territorien als auch auf die Grundherrschaftsformen von Landesherren, Adel, Kirche und Städten. Unter diesen Gesichtspunkten erweist die Elbgrenze sich als ungeeignet dafür, Formen gemeindlicher Organisation und ihrer Wirksamkeit gegeneinander abzugrenzen. Will man der Stärke oder Schwäche bäuerlicher Gemeinden auf die Spur kommen, liegt vielmehr nahe, systematisch vergleichend bei allen deutschen Regionen nach dem Marktbezug, dem Staatsbezug und der Patrimonialisierung von Bauern zu fragen. Freilich, was machte die Stärke oder die Schwäche einer bäuerlichen Gemeinde aus? War es die Weigerung, sich neuen Ansprüchen zu unterwerfen? Oder war es die Fähigkeit, möglichst schnell an den wirtschaftlichen Entwicklungen (Intensivierung der Landwirtschaft und Protoindustrialisierung) teilzunehmen? Schon im Interesse ihrer Kinder waren die Bauern geneigt, alle Möglichkeiten zu ergreifen, die ihnen eine Lebenschance im Dorf boten. Deshalb reagierten sie, soweit ihnen die Neuerungen einleuchteten, flexibel. Insgesamt – gleichgültig, ob als Folge eigener Entscheidung der Bauern oder ob durch grund- bzw. landesherrlichen Eingreifen erzwungen – führte die wirtschaftlich-soziale Entwicklung auf dem Land aber zu einer Überlastung der bäuerlichen Gemeinden.

Ebenso wichtig wie die Frage, was aus den bestehenden Gemeinden wurde, ist die Frage, ob sich das Gemeinde*prinzip* als Organisationsform des »platten Landes« halten konnte. Es wurde durch mehreres zurückgedrängt. In den ostdeutschen Gebieten entstanden bei den Gutshöfen ländliche Siedlungen (Gutsweiler), deren Bewohner – Landarbeiter – nicht mehr als Gemeinde organisiert waren, sondern in *individuellen* wirtschaftlichen Beziehungen zum Gutsherrn standen. Das war bereits die klassische Konstellation des 19. Jahrhunderts: Landarbeiter – Gutsbesitzer.[119] Daneben verloren bäuerliche Gemeinden aber auch ihre gemeindebildende Grundlage: wenn sich die Mehrzahl ihrer Bewohner den Lebensunterhalt mit *gewerblicher* Arbeit verdiente. Auch unter den eigentlichen Bauern entwickelte sich – je nach Marktbezug der lokalen Produktion – individuelles Profitstreben, das den Zusammenhalt und die materielle Basis der Gemeinde bedrohte.

Die wirtschaftlichen Ziele der liberalen Reformer zu Beginn des 19. Jahrhunderts waren also in den Verhältnissen des 18. Jahrhunderts vorbereitet. Ebenso war die Gemeinde bereits im 18. Jahrhundert eine staatlich-administrative Einheit. Wirtschaftlich und sozial bildete die Realgemeinde der Grundbesitzer und Nutzungsberechtigten einen Sonderverband innerhalb der administrativen Einheit Einwohnergemeinde. Im Prinzip war die Gemeinde im 18. Jahrhundert schon aufgespalten, wenn auch noch nicht aufgelöst.

VI. Bäuerliche Gemeinden im 19. Jahrhundert:[*] Ein Epilog?

Bereits im 18. Jahrhundert war das Dorf in allen deutschen Regionen, wenn auch nicht in jedem Einzelfall, Lebensraum nicht nur von selbständig wirtschaftenden Bauern, sondern mehr noch von kleinen Landbesitzern und landlosen Arbeitern, die in einigen Regionen sogar in der Überzahl waren. Im 19. Jahrhundert wurde der seinem Ursprung nach spezifisch bäuerlich geprägte Personenverband »Gemeinde« dann endgültig zur ländlichen Einwohnergemeinde. Im Gegensatz zur durchaus differenzierten bäuerlichen Gesellschaft des späten Mittelalters war Gemeinde als Lebensform und als umfassender Lebenszusammenhang nicht mehr realisierbar, weil die wirtschaftlich-sozialen Gegensätze ausgeprägter geworden waren und angesichts der vorherrschenden Abwärtsmobilität kaum noch verschiedene Grade wirtschaftlich-sozialer Selbständigkeit im Lebensverlauf (Kindheit, Jugend, Erwachsensein, Alter) darstellten.

Obwohl uns das 19. Jahrhundert zeitlich am nächsten steht, wissen wir – trotz oder gerade wegen der Fülle archivalischer Dokumente, der zeitgenössischen politischen wie wissenschaftlichen Diskussionen, der literarischen Verarbeitungen und der materiellen Monumente – über den äußerst vielschichtigen lokal- und regionenspezifischen Wandel der bäuerlichen Gemeinde zur Landgemeinde noch ziemlich wenig.[1] Das hat forschungsgeschichtliche Gründe. Es liegt wesentlich an den Forschungsrichtungen (und ihren Fragestellungen), die sich mit bäuerlicher Gemeinde/Landgemeinde im 19. Jahrhundert beschäftigt haben. Es waren die Rechts- und Verfassungsgeschichte, die überwiegend als Agrarrechtsgeschichte betriebene Agrargeschichte[2] und die Sozialgeschichte im engsten Sinn, nämlich die Pauperismusforschung.[3] Dagegen fehlt es an einer Aufnahme der lokal- und landesgeschichtlichen Gemeindestudien durch diese Teildisziplinen, deren Perspektiven die Sicht auf das 19. Jahrhundert weithin bis zur Gegenwart bestimmen. Im Vordergrund des wissenschaftlichen Interesses stand und steht die Agrarreform, die »Bauernbefreiung«, und damit die persönliche Freiheit. Den von Georg Friedrich Knapp 1887 geprägten Begriff »Bauernbefreiung«[4] behalten wir, da er sich als Bezeichnung für die Agrarreform insgesamt durchgesetzt hat, hier trotz seiner Einseitigkeit und Mißverständlichkeit bei.[5]

1. »Bauernbefreiung«: Institutionelle Reform und sozialer Wandel

Die institutionelle Umwandlung der bäuerlichen Gemeinden in Landgemeinden (Einwohnergemeinden) geschah durch die liberalen Reformen, die in allen größeren deutschen Staaten in den ersten Jahrzehnten des 19. Jahrhunderts – nicht ohne mehr oder weniger direkte Einwirkung der Französischen Revolution und des napoleonischen Imperialismus – Staat und Gesellschaft auf eine moderne Grundlage stellen sollten.[6] Zunächst wurden durch Gesetze die »feudalen« persönlichen Abhängigkeiten der Bauern von den Grundherren (Leibeigenschaft, Erbuntertänigkeit und die daran gebundenen Verpflichtungen und Einschränkungen, nämlich Gesindezwangsdienste und Heiratskonsens) entschädigungslos aufgehoben. Auf die schlagartige Herstellung der persönlichen Freiheit als allgemeine staatsbürgerliche Qualität für Bauern folgte der sehr viel mühsamere Prozeß der Regulierung der wirtschaftlichen Beziehungen zwischen Bauern und Grundherren. Die *Regulierungen* oder *Grundablösungen* bestanden aus mehreren Maßnahmen, nämlich der Ablösung der Frondienste und der herrschaftlichen Berechtigungen an dem von Bauern genutzten Land durch Geldzahlungen oder Landabtretung sowie in der Trennung *(Separation)* von Herren- und Bauernland, wo dieses im Gemenge lag oder wo (wie z. B. in Preußen) die Ablösung durch Landabtretungen erfolgte. Durch die Ablösung der herrschaftlichen Rechte erwarben die Bauern erstmals Eigentum im bürgerlichen Sinne an dem von ihnen bewirtschafteten Land. Sie wurden eigenverantwortliche Produzenten und waren damit auch den Gesetzen des Marktes unterworfen.

Bei aller Ähnlichkeit der allgemeinen Entwicklung unterscheiden sich die deutschen Staaten darin, daß sie die Ablösung der herrschaftlichen Rechte durch die Bauern zu verschiedenen Zeitpunkten und auf verschiedene Weise durchführten. Der Vorreiter in der *rechtlichen*

Bauernbefreiung war Preußen, das den Bauern jedoch in keiner Weise half, die Ablösungsbeträge für die Regulierungen aufzubringen, so daß sie Land abtreten mußten, um sich die wirtschaftliche Freiheit zu erkaufen.[7] In anderen deutschen Staaten[8] fand die Grundentlastung später statt, jedoch mit Unterstützung durch die Regierungen. Sie errichteten besondere Banken zu dem Zwecke, den Bauern die Ablösungsgelder zu günstigen Konditionen zu kreditieren. Dadurch kam es in diesen Staaten – langfristig gesehen – nicht zu einer grundsätzlichen Verschlechterung der bäuerlichen Lage.

Der Umfang der Landabgaben in Preußen richtete sich nach der Qualität der vorherigen bäuerlichen Besitzrechte. Bauern mit erblichen Besitzrechten mußten ein Drittel, Bauern mit Zeitpachtverträgen hingegen die Hälfte ihres Landes abgeben. Dadurch verkleinerte sich zum einen die Dorfflur, zum anderen verringerte sich die Zahl der wirtschaftlich produzierenden Betriebe, während die Zahl der kleinbäuerlichen Stellen zunahm. Der bäuerliche Landverlust wurde allerdings z. T. durch die Kultivierung von bis dahin nicht intensiv genutzten Flächen ausgeglichen.[9]

Häufig scheiterte die Verselbständigung von der Grundherrschaft bereits daran, daß die Bauern den Gutsherren die *Hofwehr* (Gebäude, Vieh, Inventar) abkaufen mußten, auch wenn diese in den napoleonischen und den Befreiungskriegen vernichtet worden war. Da sie dazu vielfach nicht imstande waren, mußten sie ihre wirtschaftliche Selbständigkeit damit beginnen, daß sie sich verschuldeten. Hinzu kam seit 1817 die Agrarkrise. Die niedrigen Getreidepreise und die Verringerung des Einkommens infolge der Landabtretungen erschwerten den Bauern das wirtschaftliche Überleben, weil sie zudem die neuen Grundsteuern aufbringen mußten.[10] So verwundert es nicht, daß es Berichte über Bauern gibt, die mit ihrer Befreiung gar nicht einverstanden waren und es vorgezogen hätten, in den alten Verhältnissen zu verbleiben.[11] Das gilt sowohl für Privatbauern des Adels als auch für königliche Bauern. Viele Bauern mußten infolge der Belastungen ihre Höfe verkaufen, als Insten (Tagelöhner) im Dorf oder auf dem Gut arbeiten oder fielen gleich der gemeindlichen Armenversorgung zur Last.[12]

Die Neuordnung der Gemeinden als unterster staatlicher Verwaltungseinheit war Teil der allgemeinen Staatsreform mit dem Prinzip der Selbstverwaltung der Kommunen. Die Reform änderte jedoch nichts an der Patrimonialgerichtsbarkeit der Grund- und Gutsherren –

sie wurde im allgemeinen nicht aufgehoben – und an deren polizeilichen Befugnissen.

Im Hinblick auf den Wandel der älteren bäuerlichen Gemeinde zur modernen Landgemeinde sind die Reformgesetze als Bruch gewertet worden. Dies nicht zuletzt deshalb, weil für die historische Interpretation der Reformära bevorzugt die preußischen Reformen herangezogen werden. Diese Beurteilung ist aber selbst für Preußen nur insofern zutreffend, als der Eingriff des Staates in die Rechte der adeligen Gutsherren – denn vor allem ihre bäuerlichen Untertanen waren mit den Bestimmungen des Oktoberedikts von 1807 gemeint – tatsächlich einen unerhörten Vorgang darstellte.[13] Ihm waren jedoch bereits die rechtliche Befreiung der landesherrlichen Bauern und teilweise auch die Auflösung der gutsherrlich-bäuerlichen Beziehungen auf adeligen Gütern vorangegangen.[14] Wirtschaftlich und sozial waren die Agrarreformen weitgehend durch das Bevölkerungswachstum seit etwa 1750 vorbereitet, angesichts dessen die Beschränkung der bäuerlichen Freiheit nicht mehr gerechtfertigt war. Die unterbäuerliche Bevölkerung war zu einem großen Teil schon frei.[15] Die Qualität dieser Freiheit darf allerdings nicht überschätzt werden: Für das Gesinde blieben die absolutistischen Gesindeordnungen weiter gültig,[16] und die landlosen Landarbeiter in den ostelbischen Gebieten mußten sich wegen des Wegfalls des bäuerlichen Scharwerks in neue persönliche Abhängigkeit von den Rittergutsbesitzern geben, um ihre Existenz zu sichern.[17]

Unter dem Aspekt der verfassungsmäßigen und rechtlichen Entwicklung der ländlichen Gemeinden setzten die Reformen zu Beginn des Jahrhunderts durchaus Signale. Eine konsequente Neuordnung fand jedoch in der Mehrheit der deutschen Staaten erst nach 1850 statt. Dies gilt insbesondere für Preußen, wo es im Gegensatz zu den meisten deutschen Staaten lange nicht gelang, für die mittleren und östlichen Provinzen eine allgemeine Landgemeindeordnung zu erlassen. Infolgedessen bestanden nebeneinander Landgemeinden und Gutsbezirke; die letzten Reste der Gutsbezirke verschwanden erst 1929. Der Hauptgrund für die Verzögerung der Gemeindegesetzgebung war, daß der grundbesitzende Adel gegen entsprechende Entschädigungen zwar zu einer ökonomischen Trennung von seinen erbuntertänigen Bauern bereit war, nicht jedoch zur Aufgabe seiner ländlichen Herrenstellung. Nach den Landgewinnen aus den Regulierungen sicherten Kirchenpatronat, ortspolizeiliche Befugnisse und Patrimonialgerichtsbarkeit weiterhin seine lokale Herrenstellung über die befreiten Bauern. Im Gefolge der Revolution von 1848 wurde dann zwar – wie in ganz Deutschland so auch in Preußen – die Patrimonialgerichtsbarkeit aufgehoben, doch die gutsherrliche Ortspolizei blieb bis zur neuen Kreisordnung von 1872 bestehen. In dem Mißverhältnis zwischen persönlicher Freiheit der Staatsbürger und dem langen Hinauszögern ihrer politischen kommunalen Verwirklichung auf dem Lande wird mit Recht ein fundamentales Problem der preußischen Geschichte des 19. Jahrhunderts gesehen.

Ein weiterer zentraler Zusammenhang zwischen Reformen und Landgemeinde erschließt sich über den *Pauperismus,* die »soziale Frage« in der ersten Hälfte des 19. Jahrhunderts. Der Pauperismus, »die Massenarmut in ganzen Ländern und Landstrichen«, wurde von den Zeitgenossen im beginnenden »statistischen Zeitalter« als eine Folge der Reformen angesehen, die den obrigkeitlichen Heiratskonsens abgeschafft und es insbesondere den Mägden und Knechten ermöglicht hatten, früh zu heiraten und eine eigene Familie zu gründen. Dadurch sei die ländliche Bevölkerungsgruppe, die nicht mehr in der Lage war, sich durch eigene Arbeit zu ernähren, ständig angewachsen. Diese Meinung beruft sich z. B. für Preußen auf Statistiken, die eindeutig die Abnahme des ledigen Gesindes und die Zunahme der Landarbeiterfamilien (»verheiratetes Gesinde«) belegen. Dieser Tatbestand erlaubt jedoch nicht, Bevölkerungswachstum und Heiratsfreiheit kausal miteinander zu verknüpfen. Denn ein starkes Bevölkerungswachstum ist in Preußen wie in anderen deutschen Regionen bereits seit der Mitte des 18. Jahrhunderts zu beobachten. Wilhelm Abel hat zudem nachgewiesen, daß der Pauperisierungsprozeß für die ganze Frühe Neuzeit bezeichnend war, allerdings in der ersten Hälfte des 19. Jahrhunderts einen Höhepunkt erreichte.[18] Die Ursachen des Pauperismus waren trotz Gleichläufigkeit der Entwicklung in Deutschland regional sehr verschieden. In Preußen verstärkte zweierlei die Notlage der ländlichen Bevölkerung: zum einen die Tatsache, daß Bauern durch die Regulierungen landarm oder landlos geworden waren, zum anderen der dramatische Rückgang von Einkommensmöglichkeiten aus hausgewerblicher Arbeit. Die schlesischen Weber sind dafür nur das bekannteste Beispiel; in Westfalen[19] und im Ermland[20] verhielt es sich ähnlich.

Industrielle Arbeitsplätze, die die ländlichen Regionen hätten entlasten können, gab es bis zur Jahrhundertmitte nicht in nennenswerter

Zahl. Die Probleme mußten darum in den Dörfern, also von den ländlichen Gemeinden bewältigt werden. In Preußen wurden sie 1842 für die Unterstützung der hilfsbedürftigen Einwohner für zuständig erklärt, und zwar für alle in ihr Geborenen und für alle, die nach dreijährigem Aufenthalt innerhalb ihrer Grenzen »Heimatrecht« erworben hatten, so daß in der Sprache der Verwaltung »Heimat« schließlich »Unterstützungswohnort« bedeutete.[21]

Noch größer waren die Anforderungen an die Landgemeinden infolge der Reformen in Regionen, in denen Gutswirtschaft vorherrschte, außer in Preußen also vor allem in Ostholstein. Denn ebenso gravierend wie die Entwicklung der bäuerlichen Verhältnisse im engeren Sinn waren die Auswirkungen, die sich aus den Veränderungen der Gutwirtschaften ergaben. Da für ihre Bearbeitung das bäuerliche Scharwerk fortfiel, mußte freie Arbeit als Ersatz gesucht werden. Neben ledigem Gesinde, das nicht ausreichte, wurden Landarbeiterfamilien beschäftigt. Diese erhielten außer Geldlohn etwas Land für den Anbau von Grundnahrungsmitteln, die Weideberechtigung für einige Tiere und freie Wohnung. Die Gutsherren besaßen bei ihren Vorwerken Landarbeiterhäuser, kauften aber auch Bauernhöfe in den Dörfern und machten sie zu Landarbeiterwohnungen. Das brachte ihnen den großen Vorteil, daß in Notfällen nicht sie als Arbeitgeber, sondern die Gemeinden für diese Landarbeiterfamilien aufkommen mußten. R. Stein berichtet von ostpreußischen Gutsbesitzern, die ihre älteren und arbeitsunfähigen Arbeiter »rechtzeitig« in den Dörfern unterbrachten, um die Altersversorgung für sie zu sparen.[22] Den in der Regel ohnehin schon wenig leistungsfähigen Landgemeinden wurden also, ohne daß sie sich dagegen wehren konnten, auch noch die Lasten aufgehalst, die die Gutsbesitzer hätten tragen müssen.

Ein drittes regionales Beispiel für Pauperismus in der ersten Hälfte des 19. Jahrhunderts sei angeführt, um nicht den Eindruck zu erwekken, daß Pauperismus auf die Gebiete mit Gutsherrschaft/Gutswirtschaft beschränkt gewesen sei. Für Ostfriesland, das Land der vielzitierten bäuerlichen »friesischen Freiheit«, hat F. Arends 1822 festgestellt: »Die Landwirtschaft ist ganz in den Händen der Bauern.«[23] Diese Äußerung ist jedoch mißverständlich. Seit dem 16. Jahrhundert hatten die wohlhabenderen Bauern nach und nach ihre Höfe vergrößern können. Dabei verschwanden die mittleren und kleineren Betriebe, weil sie die Belastungen von Konjunkturen und Krisen einerseits, Flutkatastrophen andererseits nicht tragen konnten. Die großen

Höfe waren mehr und mehr auf Lohnarbeit angewiesen, und mit der *großbäuerlichen* Wirtschaftsführung verstärkte sich im Verhältnis Bauer, Gesinde und Tagelöhne der *herrschaftliche* Charakter. Je mehr durch die Agrarkonjunkturen nach 1830 der Wert des Marschbodens stieg, desto weniger waren die »kleinen Leute« in der Lage, dort neben Arbeit auch Wohnraum zu finden. Sie ließen sich darum in den Geestdörfern nieder und mußten in Notlagen von der bäuerlichen Gemeinde unterstützt werden oder auswandern. Die Parallelen zwischen der großbäuerlichen Wirtschaftsweise und der der Rittergüter sind frappierend. In beiden Fällen kam es für viele landarme und landlose Tagelöhner zur Trennung von Arbeiten und Wohnen und damit zur Überlastung der Landgemeinden.

Generell verringerte sich das Pauperismusproblem auf dem Lande in dem Maße, in dem sich Abwanderungsmöglichkeiten eröffneten. Die Wanderungsbewegungen im ersten Drittel des 19. Jahrhunderts, z. B. von Ostpreußen nach Polen und Rußland sowie von Westfalen nach Ostelbien, besserten die Lage allerdings noch nicht.[24] Erst die Auswanderung nach Übersee infolge der Mißernten in den 1840er Jahren leiteten eine Entlastung des Landes ein.[25] Ihr folgte nach 1850 die Abwanderung in die in den Städten entstehenden Industrien, und in den 1860er Jahren begann die Abwanderung in die neuen Bergbaugebiete an Rhein und Ruhr.

Mit dieser »Landflucht« war das Pauperismusproblem auf dem Lande freilich noch nicht gelöst. Es verlagerte sich zum Teil in die neuen Ballungszentren und verstärkte das Pauperismusproblem in den Städten, das sich jetzt in doppelter Form stellte, als Landarbeiterfrage und als Arbeiterfrage. Die Aufgaben der Versorgung und menschenwürdigen Unterbringung der Zuwanderer überforderte in den ersten Jahrzehnten die städtischen Kommunen ebenso wie vorher die ländlichen Gemeinden.[26] Während die Arbeiter in den Städten ihre Lage durch neue Solidarisierungen in den Gewerkschaften zu verbessern und dadurch ihre fehlende politische Partizipation in den »Bürgergemeinden« auszugleichen suchten, war eine vergleichbare Entwicklung bei den Landarbeitern zunächst so gut wie unmöglich.[27] Sie standen in starker Lohnabhängigkeit von den Gutsbesitzern und unter deren ortspolizeilicher Kontrolle. Die dadurch bewirkte »Vereinzelung« ohne die Chancen der bürgerlichen Individuation schloß die Organisierung in Gewerkschaften oder Parteien aus – eine Situation, die heute für Länder der Dritten Welt als »open triangle« beschrieben wird.[28] Da es für die Landarbeiter weder einen Zusammenschluß, eine neue »Einung«, noch Gemeinsamkeiten mit den Bauern gab, wurde die wirtschaftliche Dürftigkeit für sie zur Perspektivenlosigkeit mit dem entsprechenden Verlust an Interesse für die Verbesserung ihrer Lage und ihrer Umwelt. Eine politische Mobilisierung der Landarbeiter gelang erst gegen Ende des 19. Jahrhunderts, und zwar in den Regionen, die sich bereits zu industriellen Produktionszentren entwickelt hatten.

Die Bauernbefreiung in ihrer spezifisch preußischen Erscheinungsform und das Zusammentreffen mit der Agrarkrise und dem Niedergang des Hausgewerbes infolge der englischen Maschinenkonkurrenz führten zu einer tiefreichenden Polarisierung innerhalb der Landgemeinden: Einer Minderheit von größeren und mittleren Bauern stand eine Mehrheit von Kleinstelleninhabern und Landlosen gegenüber, zwischen denen es keine Gemeinsamkeiten im Sinne von lokalen Solidaritäten mehr gab. Nachdem die Gutsherrschaft, gegen die die lokale Gemeinde zusammenstand, weggefallen war und eine Minderheit in den Dörfern Landeigentum erworben hatte, verlagerten sich die Spannungsfelder ins Dorf selbst. Die existentiellen Interessen und Lebensperspektiven der Bauern einerseits, der überwiegend oder ganz auf abhängige Lohnarbeit angewiesenen Landarmen oder Landlosen andererseits unterschieden sich grundlegend. Die Abgrenzung der Bauern von den übrigen Dorfbewohnern kommt am deutlichstem im Heiratsverhalten – kein Konnubium – zum Ausdruck. Gravierender war für die dörflichen Unterschichten jedoch die Macht, die die besitzenden Bauern innerhalb der Landgemeinde ausübten, insbesondere im Hinblick auf das *Heimatrecht.* Die Institution Kirche und ihre lokalen Repräsentanten in den Gemeinden haben angesichts der Herausforderung durch diese Verhältnisse versagt. Sie wurde die festeste Stütze der gutswirtschaftlichen Arbeitsverfassung und der Bauern bei der Stabilisierung von Ordnung in den ländlichen Gemeinden. Die religiösen Bedürfnisse der Landarbeiter wurden eher von den zahlreichen religiösen Erweckungsbewegungen befriedigt.[29] Für die Magdeburger Börde hat H. Plaul diese Konstellation ausführlich dargestellt.[30]

Die landgemeindliche Problematik, die hier am Beispiel der mittleren und östlichen preußischen Provinzen entwickelt wurde, ist für die holsteinischen Gutsbezirke in vergleichbaren Formen nachgewiesen und dort ebenfalls ausdrücklich in den Zusammenhang mit den Agrarreformen gesetzt worden.[31] In Bayern führten die Säkularisationen der umfangreichen geistlichen Besitzungen, die die unmittelbaren Arbeitskräfte entließ, ebenfalls zur Pauperisierung und zur Belastung der Gemeinden.[32] Hier wie dort bildete sich eine ländliche Klassengesellschaft heraus.[33] Welches Ausmaß die Gegensätze bereits um die Jahrhundertmitte angenommen hatten, dokumentiert eine Adresse, die 1848 von 34 Landgemeinden an den Herzog von Braunschweig gerichtet wurde: »... eine schleunige Bewaffnung der Grundbesitzer in den Dörfern ist dringendes Bedürfnis ... Das Proletariat, die Masse der Besitzlosen, ... fängt an Besorgnis, dringende Besorgnis zu erwekken.«[34]

Damit ist ein Strang gemeindlicher Entwicklung im 19. Jahrhundert erfaßt, der bereits in den komplexen ländlichen Gemeinden des 18. Jahrhunderts angelegt und in allen deutschen Regionen mehr oder minder stark ausgeprägt war. Er führte zur Emanzipation der ländlichen Unterschichten von ihren bäuerlichen und gutsherrlichen »Hausvätern«, auch wenn sie nicht zu vollberechtigten Staatsbürgern wurden. Denn solange Besitz und Vermögen die Kriterien für die Teilhabe an der politischen Macht blieben, konnten diese Menschen keine staatsbürgerliche Gleichheit erlangen. Deutlichster Ausdruck waren die verschiedenen Formen des Klassenwahlrechts. Die Agrarreformen bedeuteten für diese Bevölkerungsgruppe recht wenig, weil sie als Landlose meist schon vor der Bauernbefreiung »frei« waren. Ihre Freiheit war aber so lange nichts wert, wie sie ihre Lebensumstände nicht selbst ändern konnten. Freizügigkeit, Gewerbefreiheit und Heiratsfreiheit wurden zudem vielfach wieder eingeschränkt, weil die wirtschaftliche Situation ihrer noch nicht bedurfte. So läßt sich auch die immer noch weit verbreitete Meinung von der Bauernbefreiung als Freisetzung von Arbeitskräften für die beginnende Industrialisierung weder unter demographischen noch unter chronologischen Gesichtspunkten halten. Dafür fand sie zwei Generationen zu früh statt.

Der Kern der Bauernbefreiung wird klarer, wenn man sich vor Augen führt, daß das Oktoberedikt von 1807 eigentlich »Edict, den erleichterten Besitz und den freien Gebrauch des Grundeigentums sowie die persönlichen Verhältnisse der Landbewohner betreffend« heißt. Die Reihenfolge der genannten Gesichtspunkte läßt deren Gewicht erkennen: Vorrangiges Ziel war die Mobilisierung des Grundbesitzes, und zwar ohne Rücksicht auf Rechte der Bauern. Von der Entlassung der Bauern aus der Erbuntertänigkeit profitierten an erster Stelle die Gutsbesitzer. Durch die Separation und Landabgaben vergrößerten sie ihren Landbesitz und arrondierten sie ihre Gutswirtschaften. Vor allem wurden sie ihre »patriarchalischen« Pflichten gegenüber den Bauern, die gerade nach dem abgelaufenen Krieg ihrer Hilfe bedurft hätten, los. Außerdem gelang es ihnen, wie dargestellt, einen Teil ihrer kommunalen Lasten auf die ohnehin schon geschwächten Gemeinden abzuwälzen. Zwar konnten die Gutsherren die Landgewinne nicht sofort für eine Steigerung der Produktion und schon gar nicht für die Steigerung der Produktivität nutzen, weil es auch ihnen an Kapital mangelte und sie – wie die Bauern – von der Agrarkrise betroffen waren. Doch brachte ihnen bereits die extensive Nutzung durch Schafzucht – angesichts der hohen Wollpreise – gute Erträge, und seit dem Aufschwung des Getreideexports in den 1840er Jahren zahlten sich die Landgewinne aus.

2. *Verbürgerlichung*

Die Spannungen innerhalb der lokalen Gemeinden angesichts der staatlich verordneten Landgemeinde lassen sich nicht allein aus der tendenziellen Proletarisierung der ländlichen Unterschichten herleiten. Sie beruhten ebenso auf der tendenziellen Verbürgerlichung der Bauern, und zwar in (a) politischer, (b) wirtschaftlicher und (c) kultureller Hinsicht.

Politische Verbürgerlichung

Die Reformen hatten die geburtsständische Gliederung der Gesellschaft aufgehoben. Als politische Begriffe gab es *Bauer* und *bäuerliche Gemeinde* nicht mehr; sie wurden durch *Staatsbürger* und *Landgemeinde* ersetzt. Im Prinzip entfiel damit auch die vorher gültige Trennung von Stadt und Land. Das erklärt, warum Karl von Rotteck 1838 in dem Artikel »Gemeinde oder Gemeinheit; Gemeinwesen; Gemeindebürger; gemeindebürgerliche Rechte; Gemeindegesetz; Gemeindeordnung; Gemeindehaushalt«[35] auf die Unterschiede zwischen ländlichen und städtischen Gemeinden nicht eingeht. Er setzt sich weniger mit der Gemeinde als »Realie« auseinander, wie dies Zedler hundert Jahre vor ihm und Krünitz[36] noch 1787 in aller Ausführlichkeit getan hatten, als vielmehr mit dem Eigenrecht der Gemeinde gegenüber dem Staat, das er mit dem höheren Alter der Gemeinde begründet, die er wie die Familie als »natürliche« Form der Verbindung von Menschen ansieht. Zum anderen erörtert er das Spannungsverhältnis zwischen Staatsbürger und Gemeindebürger. Sein Bürgerbegriff gründet auf dem Besitz und der daraus entspringenden Verantwortlichkeit. Er knüpft damit an die älteren stadtbürgerlichen und bäuerlichen Gemeindeauffassungen an, die durch Besitz und Vermögensorientierung geprägt waren: Gemeinde als natürlicher Zusammenschluß von Hausvätern. Gemeinde ist für ihn nicht inklusive, von Staats wegen geschaffene Einwohnergemeinde, sondern die exklusive Bürgergemeinde. Rotteck vertritt das liberale Gemeindeverständnis der nachrevolutionären Ära, das er gegenüber der französischen »Gleichmacherei« wie gegenüber der Despotie des Ancien Régime abgrenzt. Die Gemeinde ist ihm zwar Teil des Staates, aber nicht im Sinne einer mechanischen Unterteilung, sondern als »selbständige Gesammtpersönlichkeit« und gerade deswegen die »Schule des die Staaten gewaltig und glücklich machenden *Patriotismus*« und »die Quellen der *staatsbürgerlichen* nicht minder als der gemeindebürgerlichen *Tugend*«.

Rotteck hat »vom Standpuncte des Rechts und der Politik« von der Gemeinde als Realie, der Landgemeinde, abgesehen und statt dessen die gemeindebürgerlichen Tugenden in der Vaterlandsliebe ideologisch überhöht. Zugleich band er den individualistischen Bürger wieder in eine lokale Gemeinde ein, deren Charakterisierung als »Gesammtpersönlichkeit« allerdings wieder vom Persönlichkeitsprinzip bestimmt wurde.

Einen neuen, »romantischen« Aspekt gewann die Verbürgerlichung des Gemeindebegriffs durch den Einfluß der organologischen Staatsauffassung,[37] wie die Einleitung zu K. L. Th. Braters Artikel »Gemeinde« im »Deutschen Staatswörterbuch«[38] zeigt: »Auf die Gemeinschaft in dem engen Raume, den der Mensch mit seiner leiblichen Gegenwart zu beherrschen vermag, ruht das Dasein und Leben der Gemeinde (Stahl, Staatslehre § 4). Sie ist der Organismus dieser örtlichen Gemeinschaft, wie der Staat die organisierte Volksgemeinschaft ist. Aus dem örtlichen Beisammensein der Menschen und der von ihnen beherrschten Güter entspringt eine Mannigfaltigkeit wichtiger Beziehungen, die von einer Generation auf die andere übergehen und jedes neu eintretende Individuum ergreifen. Nach dem Reichtum seines Inhalts, nach seiner vergänglichen Dauer, seiner Verbreitung über das ganze Land und Volk in tausenden von gleichartigen Bildungen, ist die sociale und politische Bedeutung des Gemeindeverbandes zu ermessen: Staat und Kirche, Familie und Gemeinde sind die vier Fundamentalinstitutionen der menschlichen Gesellschaft.« »Gemeinschaft«, nicht mehr »Persönlichkeit« ist hier zum Leitbegriff für Gemeinde und Staat geworden. Gemeinde wird wie Staat, Kirche und Familie zugleich als Institution und als Organismus definiert. Diese Begriffsentwicklung verweist auf eine neue Qualität von Gemeinde. Sie wurde wie Staat (»Nation«) und Familie[39] etwa in der gleichen Zeit stark emotional aufgeladen. Die bäuerliche Familie und Gemeinde erhielten unter dem Aspekt »Gemeinschaft« eine gesellschaftliche Vorbildfunktion. Allgemein galten Familie und Gemeinde angesichts der durch den sozialen Wandel bedrohten bürgerlichen Gesellschaft als Garanten der Ordnung.

Der generellen politischen Verbürgerlichung, die sich in den staatsrechtlichen Überlegungen des 19. Jahrhunderts durchsetzte, folgten die Verfassungs- und Rechtswirklichkeit in Deutschland nur langsam. Trotz allgemeinen Staatsbürgertums blieb für politische Partizipation allein der Gemeindebürger qualifiziert, der die staatlichen und gemeindlichen Lasten finanzierte. Zwar wurden auch die Gemeindebürger nicht entsprechend ihren Leistungen verfassungsmäßig an der Ausübung politischer Macht beteiligt, vor Ort besaßen sie aber doch die Kontrolle über die von ihrer Unterstützung abhängigen Menschen.[40] Diese Konstellation lag gleichermaßen in ihrem wie im staatlichen Interesse, in dem sie durch kommunalpolitische wie informelle Maßnahmen dem Staat aufwendige Ordnungsmaßnahmen angesichts der sozialen Probleme und Spannungen abnahmen. Den gemeindebürgerlichen Maßstäben folgten auch die Wahlkriterien für die politischen Vertretungsorgane, die »Bürgerlichen« in der konstitutionellen Ära zugänglich waren. Sie blieben selbst dann für den Wahlmodus bestimmend, als nicht mehr allein Korporationen, örtliche und regionale Verbände vertreten wurden, sondern politische *Parteien* begannen, die »freie bürgerliche Gesellschaft« mit dem Staat zu verbinden, und zwar in den verschiedenen Formen des Klassenwahlrechts.

Der Aufstieg der Parteien zur dominierenden Vermittlungsinstanz zwischen »bürgerlicher Gesellschaft« und Staat, – von Parteien, die sich einerseits mit Programmen an die einzelnen Staatsbürger wandten und andererseits gesamtstaatlich, »national« orientiert waren – stellte die Bauern, ihre lokalen Formen politischer Partizipation und ihre Tradition politischer Führung vor grundsätzliche Schwierigkeiten. Für die Wachstumsphase der bäuerlichen Gemeinde im Mittelalter war die *Lokalisierung* von Entscheidungskompetenzen bezeichnend gewesen. Gleich, ob die Gemeindebeamten herrschaftlich oder gemeindlich bestellt wurden, ob das Amt des Ortsvorstehers erblich, zeitlich begrenzt oder ein Rei eamt war, der Gemeindevorsteher und seine gewählten Helfer waren Exponenten der Gemeinde und ihre Führer. Seit dem 16. Jahrhundert trat zu diesen »traditionellen Führern« eine neue Führungsgruppe, die landesherrlichen Beamten, deren Führungsanspruch jedoch nicht ohne weiteres anerkannt wurde. Die wirtschaftliche und soziale Differenzierung seit dem 17. Jahrhundert stellte die traditionelle Führungsgruppe in ihrer Legitimität in Frage, wenn sie als »Bauernaristokratie« oder Oligarchie der jeweils wohlhabendsten Bauern auftrat. Zu den durch Besitz, Privileg und Amt lokal einflußreichen und bestimmenden Personen/Familien gehörten neben Amtsinhabern wie Schulz, Schultheiß, Richter, Ammann häufig auch die reichen Müller und Gastwirte. Ihr Einfluß beruhte nicht zuletzt darauf, daß ihr Beruf sie mehr als die gewöhnlichen Bauern in Berührung mit der Stadt brachte und daß sie Erfahrungen im Umgang mit den mittleren Verwaltungsinstanzen besaßen. Aufgrund ihrer »Weltläufigkeit« waren sie die geborenen Vermittler und Vertrauenspersonen sowohl für die einzelnen Bauern als auch für die bäuerliche Gemeinde.

Nach den Agrarreformen wurde »Dorfpolitik« wenn möglich noch stärker von den wohlhabenden Bauern bestimmt.[41] Besitz blieb weiterhin die Prädisposition für eine führende Rolle innerhalb der Gemeinde und galt der staatlichen Verwaltung als eine Voraussetzung für Vertrauenswürdigkeit. Die traditionellen Qualifikationen für Dorfpolitik reichten aus, um die Interessen der Bauern im engeren Sinn gegenüber den Landlosen durchzusetzen und um bei den Gemeinheitsteilungen wiederum den wohlhabenden Bauern gegenüber den kleineren Bauern oder den nur nutzungsberechtigten Kleinstelleninhabern die besten Äcker zu sichern. Die tatsächliche Teilnahme am politischen Leben in der bürgerlichen Gesellschaft erforderte jedoch *Bildung,* im allgemeinen wie im spezifischen Sinne, um einerseits am Prozeß der politischen Meinungsbildung der bürgerlichen Öffentlichkeit, andererseits am landwirtschaftlichen Fortschritt teilnehmen zu können. Für die überwiegende Mehrheit der Bauern verbesserten sich die Bildungsmöglichkeiten erst in der zweiten Hälfte des 19. Jahrhunderts, obwohl die Durchsetzung des allgemeinen Schulwesens schon zum liberalen Reformprogramm gehört hatte, als kommunale Aufgabe wegen der allgemeinen Notlage der Landgemeinden aber kaum hatte realisiert werden können. Die fachliche Fortbildung wurde nach der wirtschaftlichen Verselbständigung wesentlich von den Bauern selbst, ihren lokalen und regionalen Vereinen, getragen.[42] Die Bestrebungen zur Organisation der Bauern und der landwirtschaftlichen Interessen gingen jedoch zunächst nicht von den Bauern, sondern von der Verwaltung aus.[43] Sie gründete landwirtschaftliche Vereine, in denen die Zahl der Beamten, örtlichen Honoratioren und Gutsbesitzer die der (Groß-)Bauern weit übertraf und in denen Beamte und Gutsbesitzer die führenden Positionen einnahmen.

Die Distanz zwischen lokaler Dorfpolitik und staatlicher Politik wurde im Verhalten der Bauern und bäuerlichen Gemeinden während der Revolution von 1848 deutlich, an der sich die Bauern mit ihren speziellen, nicht mit übergreifenden »nationalen« Forderungen beteiligten.[44] Sie läßt sich auch mit dem bäuerlichen Wahlverhalten belegen. So gab es 1815 im kurhessischen Landtag zwar bäuerliche Delegierte, aber keiner von ihnen war wirklich Bauer.[45] Ähnliches zeigen die bayerischen Landtagswahlen mit indirektem Wahlrecht.[46] Die wahlberechtigten Bauern wählten Wahlmänner aus den ihnen bekannten traditionellen Führungsschichten, die ihrerseits die traditionelle Rolle der »Vermittlung« übernahmen und »bürgerliche« Abgeordnete wählten. Die Schwierigkeiten, denen sich ein wirklich bäuerlicher Abgeordneter im Landtag gegenüber sah, hat Ludwig Thoma eindringlich beschrieben.[47]

Der politischen Verbürgerlichung der Bauern in Form direkter Teilnahme am Parteiwesen standen die dargestellten Strukturen entgegen. Zur politischen Organisation der Bauern kam es erst, als sie sich in lokalen und regionalen Vereinen mit primär wirtschaftlichen Zwecken zusammenschlossen und diese Vereine dann zur Grundlage für eigene Bauernparteien wurden.[48] Die Bedeutung dieser regionalen Bauernparteien war in den einzelnen deutschen Staaten – entsprechend deren wirtschaftlich-sozialer Struktur – sehr unterschiedlich. Allgemein läßt sich jedoch feststellen, daß sie sich an die großen nationalen Parteien anlehnen mußten, um ihre Ziele durchzusetzen.[49] Nichts bringt den fortschreitenden Prozeß der Marginalisierung der

Bauern in der bürgerlich-kapitalistischen Gesellschaft klarer zum Ausdruck als dieses Phänomen. Die Schwäche der Bauernparteien beruhte sowohl auf ihrer regionalen Beschränkung als auch darauf, daß in ihnen primär Klein- und Mittelbauern organisiert waren, deren Interessen eben andere als die der politisch einflußreichen »Großagrarier« waren. Wo Bauern sich den Großagrariern anschlossen, z. B. im »Bund der Landwirte«, muß dies gleichfalls als Schwächung der eigentlich bäuerlichen Position angesehen werden. Denn in dieser Organisation setzten sich die Interessen der kapitalistisch produzierenden Großgrundbesitzer gegenüber denen der bäuerlichen Familienbetriebe durch.[50] In dem sich als »Agrarstaat« verstehenden Deutschen Reich wurde der Agrarsektor nicht mehr von den Bauern beherrscht. Sie verloren nicht nur wirtschaftlich, sondern auch gesamtgesellschaftlich an Bedeutung. In den neuen industriellen Ballungsgebieten wie in den gutswirtschaftlichen Regionen gerieten die Bauern und ihre Dörfer gegenüber den Städten und den ländlichen Arbeiterwohngemeinden von Fabrik- und Landarbeitern seit dem ausgehenden 19. Jahrhundert immer mehr ins Hintertreffen.

Wirtschaftliche Verbürgerlichung

Die neue politische Qualität von Gemeinde, die – auf das Dorf bezogen – nicht mehr Bauer und Grundherr zur Voraussetzung hatte, sondern das Verhältnis von Staatsbürger und Staat, löste den Begriff Bauer von seinen ständischen Bindungen. Der befreite Bauer wurde nicht nur zum unmittelbaren Staatsbürger, sondern auch zum vollwertigen Bürger im wirtschaftlichen Sinne, zum Wirtschaftsbürger der »bürgerlichen Gesellschaft« des 19. Jahrhunderts. Unter diesem Gesichtspunkt wurde es üblich, vom »Landwirt« zu sprechen, ein Begriff der ständisch neutral war und daher auf bäuerliche wie adlige Landwirte angewandt werden konnte.[51] Eine eindeutige sprachliche Abgrenzung des älteren abhängigen vom »modernen« befreiten Bauern (wie in England mit der Unterscheidung von *peasant* und *farmer*) hat sich im deutschen Sprachraum jedoch nicht durchgesetzt. Die Bezeichnungen *Bauer* und *bäuerlich* sind bis heute nicht verschwunden. Sie beziehen sich aber seit den Reformen auf die Familienwirtschaft, die – von der Erntezeit abgesehen – von der bäuerlichen Familie ohne fremde Arbeitskräfte betrieben wird. In diesem Sinne soll bäuerlich im folgenden verstanden und verwandt werden.

Die direkte Nachfolge der älteren bäuerlichen Gemeinde als Verband der Nutzungsberechtigten traten die *Realgemeinden* an. Wie vielfältig die gemeinsamen Nutzungen waren, zeigen für Preußen die Gemeinheitsteilungsordnungen vom 7. Juli 1821 und das Ergänzungsgesetz vom 2. Mai 1850.[52]

1821 wurde bestimmt:

»Die von mehreren Einwohnern einer Stadt oder eines Dorfes, von Gemeinen und Grundbesitzern bisher gemeinschaftlich ausgeübte Benutzung ländlicher Grundstücke soll zum Besten der allgemeinen Landkultur so viel als möglich ist, aufgehoben, oder so lange sie besteht, möglichst unschädlich gemacht werden.

Die Aufhebung der Gemeinheit nach dieser Ordnung findet nur Statt bei Weideberechtigungen auf Aeckern, Wiesen, Angern, Forsten und sonstigen Weideplätzen, bei Forstberechtigungen zur Mast, zum Mitgenusse des Holzes und zum Streuholen, und bei Berechtigungen zum Plaggen-, Heide- und Bültenhieb,* es mögen übrigens diese Gerechtsame auf einem gemeinschaftlichen Eigenthume, einem Gesammteigenthume oder einem einseitigen oder wechselseitigen Dienstbarkeitsrechte beruhen.

Die blos vermengte Lage der Aecker, Wiesen und sonstiger Ländereien, ohne gemeinschaftliche Benutzung, begründet keine Auseinandersetzung nach dieser Ordnung.«

Das Ergänzungsgesetz vom 2. März 1850 erklärte weitere Berechtigungen als »selbständig ablösbar«:

»1. zur Gräserei und zur Nutzung von Schilf, Binsen oder Rohr auf Ländereien und Privatgewässern aller Art;
2. zum Pflücken des Grases und des Unkrauts in den bestellten Feldern (zum Krauten);
3. zum Nachrechen auf abgeernteten Feldern, sowie zum Stoppelharken;
4. zur Nutzung fremder Aecker wegen Hergebung des Düngers;
5. zum Fruchtgewinn von einzelnen Stücken fremder Aecker (zu Deputat-Beeten);
6. zum Harzscharren;

* »*Bültenhieb,* die Berechtigung, von gewissen Nachbarn Dienstverrichtungen, insbesondere Düngung oder Felder, verlangen zu dürfen, stand bald Einzelnen, bald ganzen Gemeinden zu, ist aber zum Besten der allgemeinen Landeskultur meist aufgehoben worden. (Meyers Konversations-Lexikon, 4. Aufl., Bd. 3, Leipzig 1888, S. 628.) – *Bulte (Bülte),* s.v.w. Haufen, Hügel. Das Reichsstrafgesetzbuch (§ 370, Absatz 2) bestraft denjenigen, welcher unbefugt aus fremden Grundstücken Plaggen oder Bulten haut, mit Geldstrafe bis zu 150 Mk. oder Haft bis zu 6 Wochen.« (Ebd.)

7. zur Fischerei in stehenden oder fließenden Privatgewässern;
8. zur Torfnutzung.«

Es gehörte zum Reformprogramm, daß die wirtschaftliche Selbständigkeit der Bauern nicht nur gegenüber herrschaftlichen Berechtigungen hergestellt werden sollte, sondern in gleicher Weise gegenüber den Einschränkungen, die Feldgemeinschaft, Allmenden und gemeinschaftliche Nutzungen von Wäldern für die individuelle Bewirtschaftung bedeuteten. Zur *Separation* des Bauern- vom Herrenland trat darum in den Getreideanbaugebieten mit vorherrschender Dreifelderwirtschaft und Flurzwang zunächst die Separation innerhalb des Bauernlandes und teilweise gleichzeitig, teilweise später die *Verkoppelung* der verstreut liegenden Äcker zu größeren Einheiten, die sich rationeller bearbeiten ließen. Die Gemeindeländereien waren teilweise bereits im 18. Jahrhundert aufgeteilt und zur Ansiedlung nachgeborener Bauernsöhne verwandt worden.[53] Teilweise wurde ihre Aufteilung nicht gleichzeitig mit der Separation des Ackerlandes vorgenommen, und zwar mit Begründungen, die von den wirtschaftlichen und sozialen Verhältnissen in den Gemeinden abhingen. Die Separationen und Verkoppelungen mochten für den Ackerbau nützlich sein, vor allem weil die Brache wegfiel oder wenigstens besömmert, d. h. im Sommer bebaut werden konnte, doch wurde durch den Wegfall der Brache die Viehhaltung empfindlich getroffen. Die Bauern konnten ihr Vieh jetzt oft nicht mehr durch den Sommer bringen. Da die Fruchtbarkeit der Felder immer noch wesentlich von tierischem Dünger abhing, entwickelten sich die Erträge nicht günstig, obwohl das Düngen der Äcker mit Mergel allgemein üblich geworden war. In der ersten Hälfte des 19. Jahrhunderts entsprach der Zusammenhang von Ackerwirtschaft und Viehzucht immer noch den Bedingungen der »vorwissenschaftlichen« Landwirtschaft ohne Kunstdünger. »Das wahre Geheimniß der Landwirtschaft ist eigentlich nur, daß man das richtige Verhältniß zwischen Ackerbau und Viehzucht finde; zwischen den Thieren, die dem Landbaue angehören, und den Pflanzen, die der Boden hervorbringt, ist eine geheimnißvolle Sympathie und Wechselwirkung, und selbst die Zahlenverhältnisse beider bedingen die gegenseitige Production.« So formulierte 1839 A. v. Haxthausen in seiner Untersuchung der landwirtschaftlichen Verhältnisse Ostpreußens das zeitgenössische Verständnis.[54]

Dies sind die Gründe, warum die Separationen nicht so schnell und nicht so erfolgreich, wie von der modernisierenden Bürokratie erhofft, betrieben wurden. Noch 1860 wirtschaftete z. B. in Ostpreußen mehr als die Hälfte der Bauern im Rahmen der Dreifelderwirtschaft.[55] Eine durchgreifende Änderung konnte erst eintreten, als es möglich wurde, den Futterbedarf durch die Verbesserung der Wiesenwirtschaft zu decken, z. B. durch die Berieselungstechnik, die im wirtschaftlich ganz und gar traditionellen Masuren den Übergang zur intensiven Viehhaltung und zum modernen Molkereiwesen brachte.[56] Um die technischen Errungenschaften wie Berieselung oder Entwässerung der Wiesen sowie das Molkereiwesen zu organisieren, gründeten die Bauern *Genossenschaften,* die nur der Förderung der individuellen Wirtschaften dienten und Zusammenarbeit weniger im tagtäglichen Arbeitsablauf als im gemeinsamen Planen und gegenseitigen Abstimmen erforderten.

Ein anschauliches Beispiel für die Beibehaltung der Dreifelderwirtschaft und der gemeindlichen Hutungen in der zweiten Hälfte des 19. Jahrhunderts bietet das Rugbuch der Gemeinde Gossmannsdorf bei Hofheim (Unterfranken) aus den Jahren 1850–64.[57] Es zeigt, daß diese Gemeinde sogar einen Rest ihrer gerichtlichen Kompetenz für die Flurfrevel und die Nachbarschaftsrügen behielt und durch eigene Beamte gegenüber allen Einwohnern wahrnahm. Zugleich macht die Ahndung des geringsten Flurfrevels noch einmal ganz klar, welche große Bedeutung den gemeindlichen Nutzungsrechten angesichts verbreiteter Armut zukam.

Allgemein wurden die bäuerlichen Realgemeinden zunehmend Sondergemeinden innerhalb der Landgemeinden. Ihre Rechte gingen nicht in den Besitz der Gesamtgemeinde über; wer an ihnen teilhaben wollte, mußte sich einkaufen. Sie entwickelten einen ausgesprochen exklusiven Charakter und konnten in keiner Weise mehr den umfassenden gemeindlichen Lebenszusammenhang organisieren.

Neben die Realgemeinden traten, wie erwähnt, die *Genossenschaften* als neue wirtschaftliche Organisationsformen der Bauern. Voraussetzung für den Erfolg der wirtschaftlichen Genossenschaften war eine Neuerung im ländlichen Kreditwesen, das ursprünglich gemeindlich (Kirche, Gemeindekasse) oder individuell (wohlhabende Bauern und städtischer Kredit) organisiert war. Die staatlichen Kreditinstitute, die die Bauern bei den Ablösungen unterstützten, konnten nicht für andere Zwecke benutzt werden. So gründeten die Bauern in der zweiten Hälfte des 19. Jahrhunderts selbst Darlehnsvereine – am bekanntesten wurden die Raiffeisenkassen –, um kleineren und mittleren Betrieben die Aufnahme langfristiger Kredite zu guten Konditionen zu ermöglichen.[58] Diese Darlehnsvereine waren zunächst keine Genossenschaftskassen mit Geschäftsanteilen, sondern die Mitglieder hafteten solidarisch. Die Umwandlung in Genossenschaften wurde erst durch staatliche Gesetzgebung erzwungen.

Kulturelle Verbürgerlichung

Solange die lokale Gemeinde – mochte sie im 18. Jahrhundert auch wesentlich über die Zahl der Voll- und Kleinbauern hinaus erweitert worden sein – als Nutzungsverband ganz oder teilweise weiterbestand und solange die bäuerlichen Kooperationen beibehalten wurden, also vielfach bis an die Wende zum 20. Jahrhundert, blieb die Gemeinde – unter dem Deckmantel der Landgemeinde – ein den Alltag umfassend organisierender Verband. Die rechtliche Bauernbefreiung und das politische Staatsbürgertum allein konnten keine grundsätzliche Änderung in den kulturellen Mustern herbeiführen. Erst die wirtschaftliche Verselbständigung durch die Regulierungen/Grundablösung und die Teilnahme am agrartechnischen Fortschritt veränderten die »Weltsicht« der Bauern, setzten neue Maßstäbe und Orientierungen. So berichtet 1840 der Landrat Klein aus Goldap in Ostpreußen über die »wohltätigen« Folgen der Separationen: »Der sittliche Zustand der Bewohner bessert sich übrigens im gleichen Maße: Denn statt daß sonst die Einsassen einer größeren Kommune bei jeder schicklichen Angelegenheit zusammentrafen – was leider nur gar zu oft und gern geschah – und wo alsdann ihre Sitzungen und Beratungen in der Regel in Trinkgelage ausarteten, wobei Zeit und Geld in Menge vergeudet wurde, sind gegenwärtig die Wirte um vieles tätiger und einheimischer geworden, benutzen die ihnen übriggebliebene Zeit zur Verbesserung und Verschönerung ihrer Grundstücke und für sonstige nützliche Arbeiten.«[59] Selbst wenn an dieser dienstlichen Äußerung des Landrats einige Abstriche zu machen sind, wird doch soviel klar, daß bäuerliches Verhalten nicht »überzeitlich« gleichbleibend ist, sondern sich im Zusammenhang mit ökonomischen Bewegungen verändert. Die Bauern entwickelten ein »bürgerliches« Verhalten, sie bedurften nicht mehr der rituellen Festigung ihrer Bindungen durch das Gemeindebier. Statt dessen werkelte jeder an seinem Eigentum.

Es würde den historischen Prozeß allzusehr verkürzen, beachtete man nur die großen wirtschaftlichen Umstellungen. Eine Vielzahl von landwirtschaftlichen Tätigkeiten wurde weiterhin in der überlieferten Weise betrieben, so daß alte Formen von Kooperation und von gemeinschaftlicher Arbeit wirksam und lebendig blieben.[60] Dies gilt beispielsweise für den Flachsanbau und die Weiterverarbeitung des Flachses, auch wenn die hausgewerbliche Nutzung zurückgegangen war. Eine Reihe von Arbeitsgängen der Flachsbearbeitung wurde vielfach reihum für jeden Hof gemeinsam verrichtet und endete schließlich in den Spinnstuben/Lichtstuben, die neben gemeinsamer Arbeit zu Unterhaltung und Geselligkeit genutzt wurden.[61]

Gemeinde als Lebensform mit alters- und geschlechtsspezifischen Ausdrucksformen hatte sich bereits im 18. Jahrhundert gravierend verändert. Sitten und Gebräuche waren mehr und mehr einzelnen dörflichen Schichten zugeordnet. Für die Realgemeinde wurde agrarisches Brauchtum zur Traditionspflege und erhielt damit einen ideologischen Charakter ohne unmittelbaren Bezug zu Arbeit und Leben. Neue Bräuche, die gleichzeitig entstanden, bezogen sich nicht mehr auf die Gemeinde, sondern auf die saisonale individuelle Lohnarbeit auf den großen Gütern. Das gilt vor allem für den Brauch des Bindens und Lösens, wenn der Gutsherr oder ein Fremder bei Beginn der Getreideernte das erste Mal aufs Feld kam. Er wurde scherzhaft mit einem Kornband gefesselt und mußte sich durch ein Trinkgeld, eine Runde Schnaps oder Bier für die Schnitter und Schnitterinnen »lösen«. Ebenso waren die aufwendigen Erntefeste nach Abschluß der Ernte eine Besonderheit der großen Güter, während die Bauern ihren Knechten oder Tagelöhnern nur eine gute Mahlzeit boten.[62]

In der ländlichen Klassengesellschaft bildete auch die Kirchengemeinde keine kultische Gemeinschaft mehr.[63] Dies ist – neben der Exklusivität der Realgemeinde – der wohl schlagendste Beweis für die Desymbolisierung und Dekorporierung der Gemeinde. Es läßt sich zeigen, daß es dort, wo – wie in Preußen – der äußere Zwang zu konformem kirchlichem Verhalten gemildert wurde, zu einer Spaltung der Gemeinde in die mehr kirchentreuen Bauern und die eher den Sekten zuneigenden kleinen Leute und Landarbeiter kam. Anders wirkte sich die Intensivierung der landwirtschaftlichen Arbeit auf das religiöse Verhalten in kleinbäuerlichen Realteilungsgebieten aus. Wie D. Sabean für Württemberg gezeigt hat, veränderte sich vor allem der Arbeitstag der Frauen durch neue Arbeiten in Haus und Garten so sehr, daß sie ständig »in Eile« waren. Die einzige Möglichkeit, ohne schlechtes Gewissen einmal die Hände in den Schoß zu legen, war die Teilnahme an den pietistischen Gebetsstunden. Demgegenüber blieben die Männer bei ihrer Öffentlichkeit, dem Wirtshaus.[64]

Am klarsten kommt die Verbürgerlichung der gemeindlichen Kultur in den neuen Formen des geselligen Lebens zum Ausdruck. Wie in den Städten entstanden *Vereine* für individuelle Interessen: Turnvereine, Gesangvereine, Sparvereine, Schützenvereine, Tierzüchtervereine.[65] Ort des Vereinslebens waren allerdings meistens – wie bisher – die Wirtshäuser. Das erklärt die weiterhin wichtige Funktion der Gastwirte als »traditionelle« Führungspersonen.[66]

Der Verbürgerlichung der gemeindlichen Kultur entsprach eine Verbürgerlichung der materiellen Kultur: der Kleidung, der Gebrauchsgegenstände, der Einrichtung, der Hausformen (während Nahrungsgewohnheiten und Mahlzeiten[67] erstaunlich stabil blieben). In Norddeutschland z. B. begann man ab etwa 1840, Fabrikmöbel zu kaufen, anstatt sich Möbel von den dörflichen und kleinstädtischen Handwerkern anfertigen zu lassen.[68] Man gab die Tracht auf und unterwarf sich der immer schneller wechselnden städtischen Mode. Wohlhabende Bäuerinnen und Bauerntöchter demonstrierten öffentlich »Muße«, indem sie nachmittags stickend »im Fenster« saßen.

Noch wichtiger als diese Anzeichen für »Bürgerlichkeit« ist die *tendenzielle* Privatisierung der bäuerlichen Familie.[69] Dafür gibt es eine Reihe von Indizien, vor allem die räumlichen Rückzugsmöglichkeiten innerhalb des Hauses und die soziale Distanzierung von anderen Haushaltsmitgliedern (Gesinde). Die räumliche Unterteilung des Bauernhauses läßt sich seit dem 14./15. Jahrhundert nachweisen, doch ging es zunächst nicht um die Privatheit der bäuerlichen Familie, sondern um eine Funktionstrennung der Räume, ausgehend von der Isolierung eines heizbaren Wohnraums.[70] Wie die Analyse von Hausinventaren gezeigt hat, wurden die meisten Räume aber noch bis in das 19. Jahrhundert multifunktional genutzt. Dennoch schritt die Funktionstrennung weiter fort, insbesondere mit der Durchsetzung des zweigädigen Hauses,[71] wo in der »oberen Stube« weitere Rückzugsmöglichkeiten – wenigstens zum Schlafen oder als Altenteil – geschaffen wurden.

Während sich das *Küchenstubenhaus* (»oberdeutsches Haus«) mit der von der Küche beheizbaren *Stube* seit dem ausgehenden Mittelalter von Süddeutschland aus verbreitete, blieb in Norddeutschland das Hallenhaus mit offener Feuerstelle bis ins 20. Jahrhundert vorherrschend.[72] Die Zweckdienlichkeit dieser Wohnweise hat Justus Möser (1720–1794) wie folgt beschrieben:

»Der Herd ist fast in der Mitte des Hauses und so angelegt, daß die Frau, welche bei demselben sitzt, zu gleicher Zeit alles übersehen kann. Ein so großer und bequemer Gesichtspunkt ist in keiner andern Art von Gebäuden. Ohne von ihrem Stuhle aufzustehen, übersieht die Wirtin zu gleicher Zeit drei Türen, dankt denen, die hereinkommen, heißt solche bei sich niedersitzen, behält ihre Kinder und Gesinde, ihre Pferde und Kühe im Auge, hütet Keller, Boden und Kammer, spinnet immerfort und kocht dabei. Ihre Schlafstelle ist hinter diesem Feuer, und sie behält aus derselben eben diese große Aussicht, sieht ihr Gesinde zur Arbeit aufstehen und sich niederlegen, das Feuer anbrennen und verlöschen und alle Türen auf- und zugehen, höret ihr Vieh fressen, die Weberin schlagen und beachtet wiederum Keller, Boden und Kammer. Wenn sie im Kindbette liegt, kann sie noch einen Teil dieser häuslichen Pflichten aus dieser ihrer Schlafstelle wahrnehmen. Jede zufällige Arbeit bleibt ebenfalls in der Kette der übrigen. Sowie das Vieh gefüttert und die Dresche gewandt ist, kann sie hinter ihrem Spinnrade ausruhen, anstatt daß an andern Orten, wo die Leute in Stuben sitzen, sooft die Haustür offengeht, jemand aus der Stube dem Fremden entgegengehen, ihn wieder aus dem Hause führen und seine Arbeit so lange versäumen muß. Der Platz bei dem Herde ist der schönste unter allen. Und wer den Herd der Feuersgefahr halber von der Aussicht auf die Deele absondert, beraubt sich unendlicher Vorteile. Er kann sodenn nicht sehen, was der Knecht schneidet und die Magd füttert. Er hört die Stimme seines Viehes nicht mehr. Die Einfurt wird ein Schleichloch des Gesindes; seine ganze Aussicht vom Stuhle hinterm Rade am Feuer geht verloren. Und wer vollends seine Pferde in einem besondern Stalle, seine Kühe in einem andern und seine Schweine im dritten hat und in einem eignen Gebäude drischt, der hat zehnmal soviel Wände und Dächer zu unterhalten und muß den ganzen Tag mit Besichtigen und Aufsichthaben zubringen.«[73]

Möser schildert das hausöffentliche Wirtschaften und Zusammenleben von Menschen und Tieren unter einem Dach nur unter dem Aspekt der Kontrolle, noch ganz geprägt von der Vorstellung der Hausmutter und des Hausvaters, die im Haus Aufsicht und Herrschaft üben.[74] Bürgerliche Privatheit, die er selbst genoß, schien ihm für Bauern offensichtlich nicht angemessen.

Das von Möser entworfene Bild kann nicht darüber hinwegtäuschen, daß auch die niederdeutschen Hallenhäuser im Verlauf der Frühen Neuzeit nicht unverändert blieben.[75] Im Zusammenhang mit

Agrarkonjunkturen, von denen Bauern profitierten, wurden Elemente städtischen Wohnens und Bauens als »Prestige-Innovationen« übernommen oder traditionelle Formen »luxuriert«.[76] Von diesen Novationsphasen unterscheidet sich jedoch die Verbürgerlichung des 19. Jahrhunderts grundlegend. Denn erstmals wurden nicht nur *Sachen* den eigenen Verhältnissen angepaßt, sondern tendenziell ihre Funktionen, hier der Zusammenhang zwischen räumlicher Privatheit und Familie. Dieser Vorgang vollzog sich langsam und mit großen regionalen und schichtenspezifischen Abwandlungen.[77]

Die räumliche Differenzierung des Hauses und bürgerliches Wohnverhalten setzte sich zuerst bei großbäuerlichen Familien durch. Gleiches gilt für die soziale Privatheit der bäuerlichen Familie: Während mittelbäuerliche Familien noch lange beim gemeinsamen Essen mit Gesinde und Tagelöhnern blieben, zog sich die großbäuerliche Familie bereits um 1800 vom gemeinsamen Essen zurück.[78] Dementsprechend finden sich zuerst bei Großbauern Bestrebungen, ihren Söhnen eine gute Ausbildung zu geben (z. B. Studium), die es ihnen ermöglichte, wirtschaftlich und politisch führende Positionen zu erlangen und auch außerhalb des Dorfes Karriere zu machen.

Räumliche Rückzugsmöglichkeiten und soziale Distanzierung bedeuteten noch nicht *Intimisierung* der bäuerlichen Familie im Hinblick auf das Verhalten des Ehepaares und die Beziehungen zwischen Eltern und Kindern. Der *Sachbezug,* d. h. das Interesse am Fortbestehen des Hofes, bestimmte bis weit ins 20. Jahrhundert die Partnerwahl, die zudem häufig zwischen den jeweiligen Eltern ausgemacht wurde. Dieses Eheanbahnungsverfahren schloß Zuneigung nicht aus, die aber wohl einen anderen Charakter hatte als die »romantische« bürgerliche Liebe, die »Entfremdung«, also die Trennung von Arbeiten und Leben, zur Voraussetzung hatte. Demgegenüber bezeichnet – trotz der geschlechtsspezifischen Arbeitsteilung von Bauer und Bäuerin in Haus, Hof und Feld – enge Zusammenarbeit das Verhältnis des bäuerlichen Paares, das nicht der Intimisierung zur Herstellung von Gemeinsamkeit bedurfte, um »Entfremdung« zu kompensieren. Auch das Verhältnis zwischen Eltern und Kindern war nicht »bürgerlich« gefühlsbetont. Erziehung und Ausbildung wurden nicht so früh formalisiert, wie dies in der bürgerlich-städtischen Gesellschaft für die berufliche Qualifikation erforderlich war. Töchter und Söhne wuchsen durch die Beobachtung und praktische Anleitung der Eltern in ihre Arbeitsrollen hinein. Der Sachbezug »Hof« – d. h. wer wird Erbe? –

bestimmte sowohl die Beziehung der Kinder zu den Eltern wie das der Geschwister untereinander.[79] Individuelle Interessen traten demgegenüber zurück.

Schließlich bleibt, nach dem Selbstbewußtsein der Bauern zu fragen, ihrer Selbstwahrnehmung und Selbstdarstellung im Prozeß der generellen Verbürgerlichung. Was haben die »objektiven« Veränderungen der wirtschaftlichen, sozialen, kulturellen und politischen Bedingungen an den Denkweisen und Handlungsorientierungen (»Mentalitäten«) der Bauern verändert? Diese Frage nach den bewußtseinsmäßigen Ausprägungen des umfassenden sozio-kulturellen Wandels im 19. Jahrhundert ist vorläufig freilich schwer zu beantworten. Sie wird erst neuerdings gestellt und ist darum noch wenig erforscht. Zwar gibt es seit dem 19. Jahrhundert eine Fülle volkskundlicher Arbeiten zum bäuerlichen Alltag und Festtag, zur materiellen Sachkultur und zum religiösen Leben, aber das fast statistische Sammeln der Informationen unter ausgewählten Fragestellungen verhinderte die Einsicht in bäuerliche Lebenszusammenhänge und deren immanente Rationalität. Authentische Einblicke in bäuerliche Denkweisen können auch die seit der Mitte des 19. Jahrhunderts als besondere Literaturgattung aufkommenden »Dorfgeschichten« nicht geben.[80] Sie sind primär ein Zeugnis für die Wahrnehmung des Dorfes durch die Stadt im Zeitalter von »Agrarromantik und Großstadtfeindschaft«,[81] wenngleich sich die Behandlung mancher Themen, z. B. der bäuerlichen Heiratsstrategien, eng an reale Verhältnisse anlehnte.

Auf die zeitgenössischen Darstellungen der Bauern in den landeskundlichen *Topographien,* auf die Berichte von Verwaltungsbeamten, auf Beschreibungen »bürgerlicher« Touristen und die ihnen folgende wissenschaftliche Fachliteratur kann sich die geläufige Ansicht von der »Traditionalität« der Bauern stützen. Was in den Augen der Volkskundler des 19. Jahrhunderts die Stärke der Bauern war, erscheint hier als Nachteil. Vom »Fortschritt« fasziniert, dem sich die Bauern und die Landbewohner überhaupt eigensinnig entgegenzustellen schienen, kannte man keine andere Rationalität als die eigene. Am ehesten entsprachen den Fortschrittsvorstellungen der Zeitgenossen die Großbauern, die schon im 18. Jahrhundert »Unternehmer« waren und diese wirtschaftliche Rolle im 19. Jahrhundert weiter spielen konnten. Großbäuerliche Regionen, z. B. Dithmarschen, gewannen daher auch am schnellsten Anschluß an die politische Verbürgerlichung.[82] Mittel- und Kleinbauern dagegen waren nach dem Abschluß der sich lange hinziehenden »Bauernbefreiungen« materiell zunächst auf die erprobten, überlieferten Wirtschaftsweisen angewiesen. Da ihre Existenz von jeder Ernte abhing, konnte der einzelne Bauer allein das mit Innovationen verbundene Risiko kaum eingehen. Von daher hat die an ihnen gerügte »Traditionalität« ihre Rationalität, die erst hinfällig wurde, als die mit dem Personalkredit gegebene Beschränkung für bäuerliches Wirtschaften in der solidarischen Eigenorganisation des Kredits (z. B. Raiffeisenkassen) überwunden wurde.

Es liegt auf der Hand, daß Groß-, Mittel- und Kleinbauern gegenüber Innovationen und »bürgerlichem« ökonomischem Verhalten völlig verschieden eingestellt waren. Gemeinsamkeiten bestanden jedoch in anderen wirtschaftlich-sozialen Hinsichten. Der stark ausgeprägte *Sachbezug* der bäuerlichen Familie auf den Hof und der Gemeinde auf ihre Nutzungsrechte (Realgemeinde) blieb erhalten und wurde wirtschaftlich noch bestimmender, weil die den Bauern zur Verfügung stehenden Nutzungsbereiche durch die Gemeinheitsteilungen eingeschränkt worden waren. Jetzt war Besitz von individuell bewirtschaftbarem Land und die Besitzerhaltung durch angemessene Erb- und Heiratsstrategien allein entscheidend. Diese Sachorientierung blieb den zeitgenössischen Beobachtern zum Teil verborgen. So beobachtete der schon einmal zitierte Goldaper Landrat zwar eine Veränderung im Verhalten der Bauern nach der Aufhebung der Dreifelderwirtschaft, aber er erkannte nicht, daß beiden Verhaltensweisen der bäuerliche Sachbezug zugrunde lag, der im älteren Wirtschaftssystem durch *Gemeinde* und im neuen System am besten durch *Vereinzelung* zu sichern war.

Freilich erhielt der traditionelle Sachbezug mit dem Aufkommen kapitalistischer Sachzwänge eine neue Funktion. Er diente nun der sozialen Abgrenzung zwischen landbesitzenden Bauern und landarmen oder landlosen dörflichen Unterschichten. Am bäuerlichen Heiratsverhalten läßt sich das unschwer erkennen. Diese Tendenz bestand in den Realteilungsgebieten ebenso wie in den Anerbengebieten.

Bäuerliche Selbstwahrnehmung und Selbstdarstellung läßt sich nicht nur an Abgrenzungsstrategien innerhalb der Landgemeinde beobachten, sondern stand zugleich – wie seit dem Mittelalter – im Spannungsverhältnis von Stadt und Land. Gegenüber den konkreten Erscheinungsformen der industriellen Großstadt grenzten Bauern sich als bodenständig, familien- und gemeinschaftsgebunden ab, ganz im Sinne der Gemeinschaftsauffassung Braters. Gegenüber den ländlichen Unterschichten, insbesondere gegenüber den Landarbeitern und dem Gesinde, verhielten sie sich jedoch genauso wie die Besitzbürger in den Städten gegenüber dem industriellen Proletariat und den städtischen Unterschichten. Während ihnen ihre Sachorientierung als »gesundes« Besitzstreben galt, war die der ländlichen Unterschichten in ihren Augen »Landhunger«, der, wenn er erfolgreich war, die unwillkomene Folge hatte, daß die Betreffenden nicht mehr allein auf landwirtschaftliche oder industrielle Lohnarbeit angewiesen waren. Die Ambivalenzen der wirtschaftlichen Verbürgerlichung waren wohl eine wesentliche Ursache für die ideologische Neubegründung des bäuerlichen Standesbewußtseins.

In eine neue Richtung, dem sozio-kulturellen Wandel im 19. Jahrhundert auf die Spur zu kommen, weisen Dorfstudien der soziologisch orientierten Volkskunde. Sie gehen davon aus, daß das Dorf nicht nur Anhängsel einer generell urban determinierten Gesellschaft und Kultur ist, sondern einen eigenständigen Lebenskreis darstellt. Vor allem Utz Jeggles »Kiebingen« hat gezeigt, welche neuen Möglichkeiten, den historischen Prozeß zu verstehen und zu erklären, die »Heimatgeschichte eines schwäbischen Dorfes« eröffnet, wenn man den »Prozeß der Zivilisation« nicht auf gesellschaftliche Eliten beschränkt.[83] Den Strukturwandel auf dem Lande nicht nur unter dem Gesichtspunkt des aus den Städten kommenden Neuen zu erfassen, sondern als dorfspezifische Auseinandersetzung mit diesem Neuen, ist um so wichtiger, als das Land und das Dorf zur Erklärung für die verhängnisvolle deutsche Politik im 20. Jahrhundert herangezogen worden sind. Jeggle selbst hat den fehlenden Widerstand gegen die Errichtung der lokalen nationalsozialistischen Herrschaft mit dem »pathogenen« Dorf erklärt, Adorno hat das »barbarische« Dorf für die Greuel von Auschwitz verantwortlich gemacht.[84] Beiden Thesen liegt die Auffassung zugrunde, daß die deutschen Verhältnisse die bürgerliche Individuation (»Vereinzelung«) auf dem Lande nicht erlaubt hätten. Diese Auffassung scheint im Widerspruch zu dem zu stehen, was hier über den Bauern als Landwirt in der bürgerlichen Wirtschaftsgesellschaft und als Staatsbürger im staatlich-nationalen Verband gesagt worden ist. Da die Argumentationsketten zur »Verbürgerlichung«, zur »Barbarisierung« und »Krankheit« des Dorfes noch recht abstrakt sind, ist dieser Widerspruch vielleicht ein Anstoß für die weitere Erforschung der ländlichen Gemeinden und Dörfer.

3. Schlußbemerkung

War die allgemeine Signatur der Entwicklung der bäuerlichen Gemeinde in der Frühen Neuzeit ihre Marginalisierung im Agrarstaat, so verschwanden im 19. Jahrhundert zunehmend die Bedingungen der älteren bäuerlichen Existenz überhaupt, und die Gesetze der bürgerlichen Gesellschaft begannen, das Land zu bestimmen. Die Formen des Wirtschaftens und Vergesellschaftens gründeten sich auf bürgerlichen Individualismus, die persönlichen Bindungen wurden von abstrakten Abhängigkeiten (Nationalstaat, Weltmarkt) abgelöst. Da die materiellen Grundlagen für die bäuerliche Gemeinde als umfassende Lebensform nicht mehr gegeben waren, traten Vereine und ländliche Genossenschaften an ihre Stelle; diese dienten partiellen wirtschaftlichen Zwecken, in jenen organisierten sich partielle gesellige Interessen. Relikte der älteren gemeindlichen Kultur sind als »Traditionen« erhalten, »Dorfgemeinschaft« existiert jedoch nur mehr als Ideologie. Als beständiger hat sich die bäuerliche Sachorientierung erwiesen.

Der dargestellten generellen Entwicklungstendenz widerspricht nicht, daß es bis zu den Gemeindereformen nach dem Zweiten Weltkrieg Dörfer gab, die auch äußerlich einen rein »landwirtschaftlichen« Eindruck machten und in denen die Einwohnergemeinde mehr oder weniger aus bäuerlichen Familien bestand. Diese Dörfer waren vielfach nicht etwa »Relikte« in Rückzugsgebieten, sondern Ergebnis der *Reagrarisierung* ehemals bäuerlich-gewerblicher Mischlandschaften,[85] der allgemeinen Entlastung des Landes durch die »*Landflucht*« in die industriellen Ballungsräume seit der zweiten Hälfte des 19. Jahrhunderts und der *Strukturwandlungen* der Landwirtschaft nach dem Kriegsende 1945.

Dem Leser wird der Begriffswechsel von *bäuerlicher Gemeinde* zu *Dorf* nicht entgangen sein. Er soll meine These zum Ausdruck bringen, daß die Kontinuitäten in der Überschaubarkeit der Siedlung und in der Nachbarschaft zu sehen sind, nicht in bäuerlichen Arbeits- und Lebenszusammenhängen. Das wachsame, kontrollierende »Dorfauge« und die »großen Ohren« des Dorfes (U. Jeggle) sind kein besonderes Kennzeichen der bäuerlichen Gemeinde, sondern ein generelles kleiner lokaler Gruppen.

Anhang: Wissenschaft und Interesse

Grundzüge der wissenschaftlichen Diskussion über die bäuerliche Gemeinde im 19. und 20. Jahrhundert

Die wissenschaftliche Erforschung der Geschichte der bäuerlichen Gemeinde setzte ein, als die bäuerlichen Gemeinden zu Landgemeinden wurden (vgl. Kap. II, 1 und 2; Kap. VI). Will man den Zusammenhang verstehen, in dem sich diese »Verwissenschaftlichung« der Beschäftigung mit bäuerlichen Gemeinden vollzog, muß man sich die historische Situation in Preußen/Deutschland zu Beginn des 19. Jahrhunderts vergegenwärtigen. Die Geschichte der bäuerlichen Gemeinde interessierte als ein Teil der deutschen Geschichte sowohl unter nationalem Aspekt als auch im Hinblick auf die liberalen Agrarreformen.

Die Neufundierung des preußischen Staates war zugleich ein patriotisches Anliegen; es war nicht zuletzt in Auseinandersetzung mit der Französischen Revolution und dem napoleonischen »Imperialismus« entstanden und verlangte nach historischer Absicherung. So ist es kein Zufall, daß der Freiherr vom Stein die große Quellensammlung zur Geschichte des Mittelalters, die »Monumenta Germaniae Historica«,[1] anregte und daß in den neu entstehenden wissenschaftlichen Disziplinen (Sprache, Kultur, Recht, Geschichte) die »Germanisten« begannen, die *germanische* Welt als *deutsche* Geschichte zu erforschen.[2] Sie fanden im frühen Mittelalter, was ihnen die Gegenwart vorenthielt: eine geeinte »Nation« – das »Volk«; eine mächtige politische Organisation – das »Reich«; eine konfliktlose Wirtschaftsform – den Agrarkommunismus, der Freiheit, patriarchalische Hausherrschaft und ökonomische Sicherheit widerspruchslos zu vereinen schien. Nach der politischen und wirtschaftlichen Vereinzelung zum Staatsbürger entdeckte man in der Vergangenheit eine neue Form der Verbindung von Individuum und Gesellschaft, Zusammengehörigkeiten und »Gemeinschaft«, die auf lokalen Gegebenheiten (Landsmannschaft, Stamm) und kulturellen Werten gründeten. Das Volk galt als schöpferisch, es hatte nicht nur die Volkslieder geschaffen, sondern auch das Recht (Jacob Grimm).[3]

Die historische Situation macht die Berufung auf eine eigene freiheitliche Tradition verständlich. Die Frage nach der Herkunft der »alten deutschen Freiheit« führte dazu, deren Geschichte (mit den Begriffen der eigenen Zeit) systematisch zu erforschen und sich wissenschaftlich mit Gemeinde zu beschäftigen. Die zugleich liberalen und romantischen Impulse hatten drei Ergebnisse.

1. Es entstanden umfangreiche Sammlungen schriftlicher Zeugnisse zur Geschichte der bäuerlichen Gemeinden. Jacob Grimm veröffentlichte mehrere Bände »Weisthümer« (1840–1878),[4] in seiner Nachfolge sammelten Lokal- und Landeshistoriker »ländliche Rechtsquellen«. Diese Aufgabe ist bis heute nicht abgeschlossen.[5]

2. In den Jahren 1854 bis 1866 legte Georg Ludwig von Maurer seine berühmten Abhandlungen über die Mark-, Hof- und Dorfverfassung vor. Für zahlreiche Fragen sind sie bis heute unersetzliche Führer.[6] Seine zentrale These von der Kontinuität der germanischen Markgenossenschaft der Gemeinfreien in den mittelalterlichen Dorfgemeinden wird jedoch in der historischen Forschung – außer von Marxisten – nicht mehr vertreten, findet aber immer noch Befürworter in der Rechtsgeschichte.[7] Überwiegend wird der Standpunkt vertreten, daß er die in spätmittelalterlichen und frühneuzeitlichen Dokumenten belegten Markgenossenschaften ins frühe Mittelalter und in die römische Zeit, für die er sich auf Tacitus berief, zurückprojiziert hat. Dreißig Jahre später hat August Meitzen[8] versucht, Maurers Theorie mit Hilfe der Analyse von Siedlungs- und Flurformen zu stützen. Für ihn repräsentierten die großen Dörfer in der zweiten Hälfte des 19. Jahrhunderts *(Haufendörfer)* den germanischen Siedlungstyp der »Markgenossenschaft«. Sein methodischer Ansatz, die aktuellen Siedlungs- und Flurtypen ethnisch zu interpretieren, hat sich jedoch nicht halten lassen.

3. Maurers Theorie hat auf Historiker und Juristen großen Einfluß ausgeübt und bis etwa zum Ersten Weltkrieg führende Handbuchdarstellungen der Agrargeschichte, z. B. im »Handwörterbuch der Staatswissenschaften« bestimmt.[9] Sie ist die historische Grundlage der Genossenschaftstheorie Otto von Gierkes,[10] allerdings mit kennzeichnenden Abwandlungen, auf die K. S. Bader hingewiesen hat.[11] Für Gierke sind die Rechte des *Individuums* unabdingbare Voraussetzung für Genossenschaft als »gewillkürter Verband«, insofern hat sein

Genossenschaftsbegriff mit der »totalen« Gemeinschaft der Markgenossenschaft wenig gemeinsam. Ihre nachhaltigste Wirkung verdankt Maurers Theorie der Übernahme durch Marx und Engels. In der marxistischen Periodisierung der Weltgeschichte spielt sie bis heute eine zentrale Rolle bei den Aussagen über die Eigentumsverhältnisse in der Urgesellschaft.[12]

Die Begrenztheit des romantisch-patriotischen Zugangs der »Germanisten« in allen Disziplinen wurde ersichtlich, als die Geschichtswissenschaft sich in der ersten Hälfte des 19. Jahrhunderts verselbständigte[13] und sich in der zweiten Hälfte des Jahrhunderts stärker der Wirtschaftsgeschichte zuwandte.[14] Während die Markgenossenschaft der Gemeinfreien anfangs als wesentlicher Teil der germanischen Stammesverfassung gegolten hatte, wurde sie später lediglich als wirtschaftliche Grundlage der Gesellschaft aufgefaßt und schließlich als Gegenstand der Agrargeschichte von der allgemeinen politischen Geschichte isoliert. Innerhalb der Agrargeschichte waren die Arbeiten von Alfons Dopsch, seiner Schülerin Erna Patzelt und seines Schülers Hermann Wiesner epochemachend.[15] Dopsch bestritt zwar nicht die Tatsache der germanischen Markgenossenschaft, wohl aber die Behauptung, daß die hoch- und spätmittelalterlichen Gemeindeverbände mit ihr in direktem Zusammenhang stehen. Diese Gemeinden seien vielmehr das Ergebnis planvollen grundherrlichen Handelns. Dementsprechend waren die Weistümer für ihn nicht länger Schöpfungen der Volksseele, wie Jacob Grimm gemeint hatte, sondern ein Resultat grundherrlicher Verwaltungsorganisation. Für die Konstruktion der wirtschaftlich-sozialen Beziehungen zwischen Bauern und Herren stand damit der Theorie der Markgenossenschaften und ihrer Kontinuität im Mittelalter ein neues herrschaftliches, an im engeren Sinne mittelalterlichen Quellen entwickeltes Modell entgegen.

Der Aufstieg der *Landesgeschichte,*[16] zu Beginn unseres Jahrhunderts von Karl Lamprecht eingeleitet, eröffnete der Untersuchung bäuerlicher Gemeinden neue Perspektiven. »Herrschaft« und »Genossenschaft« wurden nicht mehr nur als polarer Gegensatz einander gegenübergestellt, sondern als komplementäre Prinzipien lokaler Organisation seit dem hohen Mittelalter einander zugeordnet. Das ist der allen Landeshistorikern gemeinsame Ausgangspunkt. Die Arbeiten so hervorragender Vertreter wie Rudolf Kötzschke, Franz Steinbach, Theodor Mayer, Otto Brunner, Friedrich Lütge und Walter Schlesinger zeigen jedoch, welch unterschiedliche Zugänge zum Thema

»bäuerliche Gemeinde« innerhalb der Landesgeschichte möglich sind. Jeder dieser Historiker ordnete bäuerliche Gemeinden in einen anderen Kontext ein. Er hing freilich nicht zuletzt von der Bezugswissenschaft – Sprachgeschichte, Geographie, Rechtswissenschaft, Volkskunde, Wirtschaftswissenschaften – ab, über deren Instrumentarium der einzelne Forscher verfügte.

Von der Aufwertung der Landesgeschichte begünstigt entstanden neue Teildisziplinen, vor allem die Siedlungsgeschichte und die Siedlungsgeographie. Hier war die bäuerliche Gemeinde ein zentraler Forschungsgegenstand. Die scheinbar »rein wissenschaftlich« begründete Differenzierung hatte durchaus aktuell politische Implikationen, die bei der Behandlung der deutsch-slavischen Beziehungen als »Kolonisation« der ostelbischen Gebiete exemplarisch deutlich werden.[17] Das Argument der deutschen Forschung von der kulturellen Überlegenheit der Deutschen ist ohne die Kenntnis der preußisch-polnischen Beziehungen im 19. Jahrhundert – insbesondere des Kulturkampfes und der preußischen Siedlungspolitik – und der Abstimmungsproblematik nach dem Ersten Weltkrieg nicht zu verstehen. Dort liegen ideologische Ursachen für die Gegenüberstellung von deutscher Freiheit und slavischer Unfreiheit.

Nach dem Ersten Weltkrieg erhielten »Volk« und »Volksgemeinschaft« eine neue emotionale Qualität.[18] Davon ging ein intensiver Anstoß aus zum Studium bäuerlicher Gemeinden und der Agrargeschichte überhaupt. In der Volkskunde bewirkte das Interesse an »Gemeinschaft«, daß die bäuerlich-dörfliche Gemeinschaft zu einem zentralen Arbeitsbereich wurde. Man begann, das eigentlich auf das 19. und 20. Jahrhundert beschränkte Interesse historisch zu vertiefen. Volkskundler gaben Dorfordnungen und Dorfwillküren der Frühen Neuzeit als »Gemeinschaftsordnungen«[19] heraus, und die rechtliche Volkskunde[20] sammelte ebenso wie die Rechtsarchäologie[21] materielle und archivalische Zeugnisse der Institution bäuerliche Gemeinde und ihrer symbolischen Repräsentation.

Es liegt nahe anzunehmen, daß in der Weimarer Republik die Erforschung der Geschichte der Selbstverwaltung besonders gefördert worden ist. Das war aber nicht der Fall. Mehr als die historischen Wissenschaften im engeren Sinn haben sich die Kommunal- und Sozialwissenschaften damit befaßt, indem sie die historischen Aspekte ihres Gegenstandsbereichs als »Vorgeschichte« aufnahmen. Franz Steinbachs und Erich Beckers Buch »Geschichtliche Grundlagen der kommunalen Selbstverwaltung in Deutschland«[22] ist eine Ausnahme. In der Regel haben Historiker sich eher der Geschichte der Kommunalverbände höherer Ordnung zugewandt, so beispielhaft Otto Hintze in seinen wegweisenden Arbeiten über die preußische Kreisverfassung.[23]

Die Erforschung der bäuerlichen Gemeinde zog aber aus allgemeinen Neuansätzen innerhalb der Geschichtswissenschaft Gewinn. So bedeutete Landesgeschichte als Konzept, daß die bis dahin favorisierte Reichsgeschichte zurücktrat und das Spätmittelalter aufgewertet wurde. Die Verfassungsgeschichte begann, sich nun mit den Rechts- und Verfassungsproblemen der entstehenden Territorialstaaten auseinanderzusetzen. Ein Ergebnis war die besonders von Otto Brunner vertretene Kritik daran, daß man mittelalterliche politische Strukturen mit moderner Begrifflichkeit zu erfassen suchte.[24] Mit einem Begriff wie »Staat« konnte man arbeiten, solange es vor allem um das mittelalterliche Königtum ging, obwohl die damit verbundene Unterscheidung von »öffentlich« und »privat« erhebliche Schwierigkeiten bereitete. Sobald aber die mittelalterlichen Rechts- und Verfassungsstrukturen in ihrer ganzen Komplexität in den Blick traten, zeigte sich die Unangemessenheit moderner Begriffe. Brunner schlug vor, stattdessen »Quellenbegriffe« zu benutzen, z. B. »Herrschaft« statt »Staat«. Der Begriff »Herrschaft«, der in den Quellen vielfältig definiert wird und nicht (wie »Staat«) juristisch ein für allemal festgelegt ist, wird der mittelalterlichen personalen und horizontalen »Gewaltenteilung« eher gerecht. Er erschließt auch einen neuen Aspekt der bäuerlichen Gemeinde, soweit diese ebenfalls Herrschaft ausübte.

Die Forschung blieb jedoch weitgehend auf rechtliche, wirtschaftliche und politische Institutionen (Gerichtsverfassung, Grundherrschaft, politisches Ständetum) fixiert, und die verschiedenen Typen kommunaler bäuerlicher Organisation wurden im Hinblick auf den rechtlichen Status und die Abhängigkeit von der *Grundherrschaft/Gutsherrschaft* definiert. Daneben standen historische Konstellationen, die individuelle und gemeindliche bäuerliche *Freiheit* begünstigten oder einschränkten, im Vordergrund des Interesses.[25] Diesen Forschungen verdanken wir die Erkenntnis, daß die korporative Organisation in den bäuerlichen Gemeinden ebenso stark ausgeprägt war wie in den städtischen und ritterschaftlichen Korporationen. Der Dualismus von räumlicher und personaler Organisation (Territorialverband – Personenverband), zunächst für das Reich erarbeitet, erwies sich als ebenso brauchbar für die Erklärung bäuerlicher Organisation: als konkurrierende Prinzipien für die wirtschaftlichen, sozialen, rechtlichen und politischen Aspekte bäuerlicher Lagen und als eine fest verankerte Form für spontane bäuerliche Aktionen (Einung, Gemeinde). Für die Begriffsbildung der Agrarverfassung blieb aber der herrschaftliche Aspekt, die Grundherrschaft,[26] bestimmend. Die grundherrlich-bäuerlichen Beziehungen wurden als Regionaltypen der Grundherrschaft im Mittelalter (F. Lütge) und als Gegensatzpaar von altdeutscher »versteinerter Grundherrschaft« und ostelbischer Gutsherrschaft in der Frühen Neuzeit differenziert.[27]

Nach 1945 gewann die Tradition der Selbstverwaltung neue politische Bedeutung. Anders als in der Weimarer Republik hatte das Auswirkungen auch auf die Geschichtswissenschaft; es regte zu Untersuchungen über die Ursprünge der Selbstverwaltung an.[28] Kurz nacheinander entstanden zwei bemerkenswerte Versuche, die verschiedenen Forschungslinien zu bündeln. 1957 veröffentlichte der Rechtshistoriker Karl Siegfried Bader »Das mittelalterliche Dorf als Friedens- und Rechtsbereich«, den ersten Band seiner »Studien zur Rechtsgeschichte des mittelalterlichen Dorfes«.[29] Baders Werk fand sofort besondere Aufmerksamkeit. Er stellte das Dorf und die Dorfgemeinde als lokale Immunität mit spezifischen Formen von Abhängigkeit und Selbstbestimmung dar, beschränkte sich allerdings auf die Dorfgemeinde, in der sich Siedlungs- und Gemeindeverband decken, und ließ andere Formen bäuerlicher Gemeinde beiseite.

Die stark systematisierende Darstellung des Rechtshistorikers war eine Herausforderung für die Historiker und mit ein Grund, daß 1957–1959 eine Gruppe von Mediävisten unter der Leitung Theodor Mayers zu mehreren Tagungen über »Die Anfänge der Landgemeinde und ihr Wesen«[30] zusammenkam. Im Gegensatz zu Bader ging dieser »Konstanzer Arbeitskreis« von dem modernen politischen Begriff der Landgemeinde aus (eine Begrifflichkeit, die allerdings nicht durchzuhalten war). Während Bader sich auf das südwestdeutsche Dorf konzentrierte und die Verhältnisse in anderen deutschen Regionen nur in umfangreichen Anmerkungen behandelte, waren die Tagungen des Arbeitskreises vergleichend angelegt, und zwar unter Einbeziehung von Mittel-, Nord-, Ost- und Südeuropa. Als Ergebnis der verschiedenen Beiträge konnte Theodor Mayer jedoch nur eine beschreibende Definition von Gemeinde vorlegen, wie der Rechtshistoriker Pio Caroni in seiner Rezension der Tagungsbände kritisch feststellte.[31] Tatsächlich liegt die Bedeutung der 31 Beiträge hauptsächlich darin, daß sie in das Problem Gemeinde in einzelnen Regionen und Ländern und in die spezifischen Fragestellungen und Erkenntnismöglichkeiten der verschiedenen Disziplinen Einblick geben. Wie die Protokolle der Tagungen[32] zeigen, bleiben die veröffentlichten Tagungsbände hinter den Diskussionen der Tagungsteilnehmer über die Definitionsprobleme zurück.

Man verglich die präzisen rechtlichen Begriffe »Dorfgemeinde« und »Landgemeinde« mit ihrer diffusen Verwendung durch die Historiker und erzielte in mehreren Punkten Übereinstimmung:

- Die mittelalterliche bäuerliche Gemeinde steht nicht in der Kontinuität der germanischen Markgenossenschaft. Diese ist eine gelehrte Erfindung des 19. Jahrhunderts.
- Bäuerliche Gemeinden sind vielmehr erst im 12. und 13. Jahrhundert entstanden, wenngleich ihre Wurzeln weiter zurückreichen.
- »Genossenschaft« als »private Korporation« und »Gemeinde« als »öffentliche Korporation« müssen unterschieden werden. Allerdings ist Genossenschaft neben »Nachbarschaft« eine Voraussetzung für die Entstehung von Gemeinden.
- Bäuerliche Gemeinden konnten erst entstehen, als die Nachbarschaft den Status einer Korporation erlangte, die Gerichtsbarkeit und lokale Herrschaft – teils delegiert, teils »autonom« – über die Bauern und alle auf dem Dorfgebiet Wohnenden ausübte.
- Diese Entwicklung muß als Interaktion zwischen Herren und Bauern verstanden und erklärt werden.
- Bäuerliche Gemeinden, die auf Rodungsland entstanden, müssen von solchen im Altsiedlungsland unterschieden werden; erstere konstituierten sich von Anfang an als Immunitäten, während letztere ihre Unabhängigkeit durch Einungen gegen ihre Herren durchsetzten.

Dieser auffallenden Einigkeit, trotz vielfacher gegenseitiger Kritik und disziplinär verschiedener Zugänge, liegt eine von allen akzeptierte Charakteristik der bäuerlichen Gemeinde zugrunde: ausschlaggebend ist weder die »private« wirtschaftliche Beziehung zwischen den Bauern noch das soziale Band zwischen Nachbarn, sondern die Teilhabe der bäuerlichen Gemeinde an der Ausübung öffentlicher Gewalt. Diese Auffassung kommt in einer Definition Walter Schlesingers zum Ausdruck, die für die gegenwärtige deutsche Rechts- und Verfassungsgeschichte repräsentativ ist:

»Die Dorfgemeinde ist ein dauerhafter Verband, der auf das Gesamtgefüge der bäuerlichen Lebensordnung zielt, man könnte ihr, wenn das Wort nicht einen zu schlechten Klang bekommen hätte, totalen Charakter zuschreiben. Sie unterscheidet sich damit vom bloßen Zweckverband, einer Deichgenossenschaft etwa oder einer Fahrgenossenschaft seßhafter Kaufleute, die sonst alle Merkmale einer Gemeinde haben können. [...] Es wird deutlich geworden sein, daß eine voll ausgebildete Dorfgemeinde bereits im 12. Jahrhundert in diesem Gebiet vorhanden war [...] Sie ist ein auf umfassende Ordnung des täglichen bäuerlichen Lebens gerichteter dauerhafter, genossenschaftlicher, rechtsfähiger, ortsgebundener Verband, der nicht nur über seine Mitglieder, sondern über alle in seinem Bereich Wohnhaften obrigkeitliche, insbesondere gerichtliche Rechte auszuüben vermag.«[33]

Schlesingers Definition hat sich für die Analyse von bäuerlichen Gemeinden des »kolonialen« Typs, aus der sie hervorgegangen ist, bewährt, wird aber anderen Formen bäuerlicher Organisation nicht gerecht; bäuerlichen Organisationsformen, die ihrem Maßstab nicht entsprechen, wird politische und soziale Bedeutung sowie ein starker Gemeinschaftsgeist abgesprochen. Ebensowenig eignen sich Schlesingers Kriterien zur Beurteilung bäuerlicher Gemeinden in Streusiedlungsgebieten und in Gebieten mit geteilten Herrschaftsrechten. Sie ist nutzlos für Gebiete wie z. B. Friesland und Dithmarschen, wo während des Mittelalters Landesherrschaft und Grundherrschaft wenig entwickelt waren.

Eine Reihe von Schwierigkeiten, die mit dieser engen Definition und ihrer historischen Herleitung zusammenhängen, wurden bereits während der Tagungen des Konstanzer Arbeitskreises erörtert:

(1) Die Entstehung bäuerlicher Freiheit und gemeindlicher Rechte ist nicht selbstverständlich, sondern bedarf der Erklärung. W. Schlesinger selbst hat die Frage aufgeworfen, ob es eigenständige, von der »Herrschaft« unabhängige Ursprünge der bäuerlichen Gemeinde gegeben habe, und die Aufgaben der Friedenssicherung, der Garantie persönlicher Sicherheit, der Organisation von Verteidigung und der Teilhabe an der Rechtssprechung als mögliche Gesichtspunkte vorgeschlagen. Hierin wurde er von Wilhelm Ebel unterstützt, der darauf hinwies, daß die grundherrliche Gerichtsbarkeit nur durch die Mitglieder der *familia* (grundherrlicher Verband) ausgeübt werden konnte, die die Urteile fanden.

(2) Während W. Schlesinger die Herausbildung der bäuerlichen Gemeinden als einen Prozeß der Interaktion zwischen Herren und Bauern verstand, beharrte Franz Steinbach darauf, daß lokale bäuerliche Gemeinden aus der Unterteilung älterer größerer Bezirke hervorgegangen seien, ohne allerdings erklären zu können, warum die Herren Teile ihrer Befugnisse an Bauern delegierten. Steinbachs Standpunkt wurde durch den Kirchenhistoriker H. E. Feine mit seiner Darstellung der Pfarrgemeinde, die ebenfalls als ein organisierendes Zentrum für bäuerliche Gemeinden gilt, teilweise unterstützt. Feine unterstrich jedoch die Notwendigkeit, zwischen »Pfarrei« und »Kirchengemeinde« zu unterscheiden, weil der administrative Pfarrbezirk gemeindliche Qualitäten erst im Zusammenhang mit der allgemeinen europäischen Gemeindebewegung seit dem hohen Mittelalter erlangt habe. Die älteren weiträumigeren Organisationsformen, so darf aus den Darlegungen Feines und Steinbachs gefolgert werden, boten organisatorische Hülsen, die von den entstehenden lokalen bäuerlichen Gemeinden genutzt werden konnten oder auch nicht.

(3) Otto Brunner warnte vor einer Überschätzung der rechtlichen Immunität der bäuerlichen Gemeinden, weil die Wirkung gemeindlicher Institutionen und Zuständigkeiten nur im Zusammenhang der Gesamtgesellschaft bewertet werden könne. Er trug ein Konzept zur Beschreibung der mittelalterlichen Gesellschaft vor, das eine fundamentale Kritik an den politischen Kriterien zur Definition der bäuerlichen Gemeinde enthielt.

(4) Schließlich hat Siegfried Reicke ein analytisches Vorgehen vorgeschlagen, das eine umfangreiche Liste von Kriterien auf ihre Fähigkeiten untersucht, ständige bäuerliche Zusammenarbeit und Solidarität zu bewirken. Er unterschied zwischen innerer und äußerer Integration und wies darauf hin, daß unterschiedliche historische Situationen verschiedene Möglichkeiten der Integration fördern und daher verschiedene Formen bäuerlicher Organisation hervorbringen.

Rückblickend erscheinen Reickes Vorschläge als Vorläufer des systematischen Fragekatalogs, den Hans Thieme 1974 für den Warschauer Kongreß über die vergleichende Geschichte der ländlichen Gemeinden (1976) ausgearbeitet hat. Thieme hat den Untersuchungsraum nicht auf Europa beschränkt, sondern ihn global ausgeweitet; sein Untersuchungszeitraum reicht von der Vor- und Frühgeschichte bis zur Gegenwart.[34] Die sorgfältige Beachtung dieses »Fragebogens« kann verhindern, daß es zu einengenden Definitionen von

»bäuerlicher Gemeinde« kommt, die der kritischen Überprüfung mit den Mitteln des vergleichenden Verfahrens nicht standhalten.

Die Veröffentlichung der beiden Tagungsbände »Die Anfänge der Landgemeinde und ihr Wesen« (1964) hat nicht, wie der Herausgeber Theodor Mayer gehofft hatte, eine neue Welle von Gemeindestudien ausgelöst. Es sind nur wenige, wenngleich wichtige monographische Arbeiten zu nennen: »Entstehung und Entwicklung der Landgemeinde im Trierer Raum« von M. Nikolay-Panter (1976),[35] die sich besonders mit den Thesen Franz Steinbachs auseinandersetzt, sowie die Arbeiten von H. Bitsch über die »Täler« in Hessen[36] und von H. Reyer über die hessische Landgemeinde.[37] Inzwischen interessiert die Forschung sich für andere Fragestellungen und untersucht interdisziplinär Einzelaspekte wie »Bauer«,[38] »Siedlung«,[39] »Flur«[40] und historische Zusammenhänge wie die deutsche Ostsiedlung im europäischen Vergleich.[41] Die Ergebnisse dieser Untersuchungen werden die weitere Beschäftigung mit bäuerlichen Gemeinden vielfältig fördern. Der wichtigste neue Forschungsschritt der letzten Jahre ist wiederum dem Konstanzer Arbeitskreis zu verdanken, der sich 1978/1979 auf zwei Tagungen mit der Grundherrschaft im späten Mittelalter befaßte.[42] Einschränkend muß jedoch hervorgehoben werden, daß die ostdeutschen Territorien und die Gutsherrschaft nur sehr begrenzt bearbeitet worden sind. Bemerkenswert ist, daß diese Forschungstendenzen, wenngleich mit einiger Verzögerung, auch in der Geschichtswissenschaft der DDR zu beobachten sind:[43] »Im Vergleich zur Erforschung der Geschichte der Städte und des Bürgertums geriet die *Agrargeschichte des Feudalismus* für die Zeit vor 1500 in einen gewissen Rückstand«, heißt es 1977 lakonisch im ersten Band des »Jahrbuchs für Geschichte des Feudalismus«.[44]

Ein Überblick über die »Interessengeschichte« der Erforschung der bäuerlichen Gemeinde wäre unvollständig, wenn nicht die Impulse erwähnt würden, die von der Erforschung des *Deutschen Bauernkrieges* und des *Absolutismus* ausgegangen sind. Die engagierte Erforschung des Deutschen Bauernkrieges (1524–1526), der in beiden deutschen Staaten für die jeweils eigene demokratische Tradition in Anspruch genommen wird,[45] hat gezeigt, daß wirksame bäuerliche Aktionen gegen die Herrschaft primär im gemeindlich-dörflichen Rahmen organisiert wurden und daß ihre »traditionellen« Führer die Vorsteher der bäuerlichen Gemeinden waren.[46] Günther Franz und viele Historiker nach ihm haben – unabhängig von ihrer politischen

Orientierung – im Bauernkrieg den Höhepunkt bäuerlicher politischer Macht gesehen. Die Niederlage der Bauern und die schon hundert Jahre vorher beginnende Eingliederung der bäuerlichen Gemeinden in den frühmodernen Staat konnte darum nur als »Niedergang« beurteilt werden: als Ausscheiden der Bauern aus der deutschen Geschichte.[47] Diese Sicht, von H. Rößler bereits 1964 durch den Vergleich mit England und Frankreich in Frage gestellt,[48] ist inzwischen überholt. V. Press und P. Blickle haben nachgewiesen, daß die Bauern zumindest in West- und Südwestdeutschland, wo das *Alte Reich* politisch wirksam blieb, obwohl sie selbst auf den Reichstagen nicht vertreten waren, in der politischen Argumentation der Stände eine wichtige Rolle spielten. In vielen Klein- und Kleinstterritorien erlangten die Bauern im 16. Jahrhundert die Landstandschaft (»Landschaft«).[49] Die Wiederentdeckung des Alten Reiches als politischer Kraft der Frühen Neuzeit hat zugleich ans Licht gebracht, mit welcher streitbaren Lebendigkeit bäuerliche Gemeinden unzählige Gerichtsprozesse gegen ihre Herren anstrengten und z. T. jahrzehntelang durchhielten.[50] Vor allem auf dieser Materialgrundlage hat P. Blickle seine These vom »Kommunalismus« als Periodisierungsbegriff einer »Geschichte von unten« und als Gegenbegriff zu »Feudalismus« entwickelt.[51]

Von der internationalen Revolutionsforschung (einschließlich der Erforschung von sozialem Protest und bäuerlichem Widerstand in den Ländern der Dritten Welt) angeregt und als Folge einer stärker sozialgeschichtlichen bzw. sozialwissenschaftlichen Orientierung hat die Bauernkriegsforschung ihr Untersuchungsgebiet inzwischen zeitlich erweitert und methodisch systematisiert.[52] Zum einen werden die im Verhältnis von Herren und Bauern strukturell angelegten Spannungen, zum anderen die manifesten bäuerlichen Aktionen untersucht. Dabei hat sich herausgestellt, daß die gemeindliche Organisation auch in der Frühen Neuzeit für die Durchsetzungschancen der Bauern unerläßlich war.[53] Das Bild vom Bauern und von der bäuerlichen Gemeinde in der Frühen Neuzeit, das bisher wesentlich von der Absolutismusforschung bestimmt worden ist, wird neu zu entwerfen sein.

Insbesondere die Ergebnisse der preußischen *Absolutismusforschung* waren weitgehend eine Herrschaftsgeschichte des aufsteigenden Fürstenstaates und der damit verbundenen Festigung adeliger Herrschaft auf dem Lande *(Gutsherrschaft)*. Die Forscher übernahmen vielfach unkritisch die Wertungen ihrer Quellen (vor allem Verwaltungsakten), die von Beamten stammen und deren Sicht wiedergeben. Danach waren die Bauern faul, heimtückisch, widerspenstig, rückständig und unwissend; ihre lokalen Gemeinden boten ihnen starken Rückhalt bei ihrer »Renitenz« und mußten deshalb zur Beförderung der »gemeines Wohl« genannten Staatszwecke möglichst schnell unter »staatliche« Kontrolle gebracht werden.[54] Hierzu ist zu sagen, daß die neue strukturelle Gewalt des monarchischen Absolutismus, seines bürokratischen und militärischen Apparates sowie der Einsatz brutaler Gewalt in militärischen Aktionen gegen widerständige bäuerliche Gemeinden zweifellos nicht ohne Auswirkungen auf die Bauern blieb.[55] Sie führten zu verweigernden Verhaltensweisen, die, von den Bauern als Widerstand gegen den Einbruch in ihre Welt verstanden, den Wertvorstellungen der Beamten fundamental entgegengesetzt waren. In der marxistischen Klassifikation der Formen des Klassenkampfes[56] wird dieses Verhalten den »niederen Formen« zugerechnet und damit entschieden unterbewertet. Eine andere Interpretation hat neuerdings der Soziologe Gerd Spittler vorgelegt; sie ist zugleich präziser und historischer, weil er von »Bürokratie« und nicht vage von »Widerstand gegen feudale Ausbeutung« ausgeht. Spittler, dessen eigentliches Arbeitsgebiet »Herrschaft über Bauern«[57] in Westafrika ist, hat selbst die Parallelen zum Verhältnis zwischen Beamten und Bauern in Preußen gezogen.[58] Dem Historiker ist manches noch zu allgemein und zu abstrakt, doch zeichnet sich ab, daß die vergleichende Gegenüberstellung von afrikanischen und preußischen Bauern zu Einsichten führt, die aus den Quellen der Frühen Neuzeit nicht ohne weiteres zu ermitteln sind. Freilich dürfen bei einer solchen Gegenüberstellung die fundamentalen Unterschiede nicht außer acht gelassen werden, vor allem nicht die Tatsache, daß es bäuerliche Gemeinden im europäischen Sinne in Westafrika nicht gibt.

Die alten Positionen der Bauernkriegs- und Absolutismusforschung wirken jedoch weiter. Im Hinblick auf die Bauern ergänzen und bestätigen sie sich gegenseitig nur allzu gut: Der These vom Ausscheiden der Bauern aus der deutschen Geschichte nach 1525 entspricht das Bild vom dumpfen erbuntertänigen Bauern im absolutistischen Staat. In der Geschichtswissenschaft spielt die Vorstellung vom »geschichtslosen« Bauern immer noch eine Rolle, und wenn für Theodor W. Adorno das »barbarische Dorf«[59] eine Grundlage für die Greuel der Judenvernichtung war, dann heißt dies, daß er die Bauern vom »Prozeß der Zivilisation« ausnimmt.

Anmerkungen

Kapitel I

1 H. Kreutzer, Artikel *Kommunalwesen,* in: Staat und Politik. Hg. v. K. D. Bracher u. a., Frankfurt 1964 (Das Fischer Lexikon 2, Neuausgabe), S. 159–165.

2 Artikel *Gemeinde*, in: G. Hartfiel, Wörterbuch der Soziologie, Stuttgart [2]1976, S. 220.

3 F. Schnabel, Deutsche Geschichte im neunzehnten Jahrhundert. Bd. 2: Der Aufstieg der Nationen, Freiburg 1964.

4 M. Riedel, Artikel *Gesellschaft, Gemeinschaft,* in: Geschichtliche Grundbegriffe. Historisches Lexikon zur politisch-sozialen Sprache in Deutschland. Hg. v. O. Brunner u. a., Bd. 2, Stuttgart 1975, S. 801–862; I. Weber-Kellermann, Deutsche Volkskunde zwischen Germanistik und Sozialwissenschaften, Stuttgart 1969; W. Emmerich, Zur Kritik der Volkstumsideologie, Frankfurt 1971.

5 F. Bülow, Artikel *Gemeinschaft,* in: Wörterbuch der Soziologie. Hg. v. W. Bernsdorf. Taschenbuchausgabe, Bd. 1, Frankfurt 1972, S. 275–278.

6 C.-H. Hauptmeyer, Dorfgemeinde und Dorfbewohnermentalitäten aus der Sicht der Geschichtswissenschaft. Ein Beitrag zu Fragen der Dorfentwicklung, in: Essener geographische Arbeiten, Bd. 2, Paderborn 1982, S. 31–53.

7 U. Jeggle, Kiebingen. Eine Heimatgeschichte. Zum Prozeß der Zivilisation in einem schwäbischen Dorf, Tübingen 1977; ders., Krise der Gemeinde – Krise der Gemeindeforschung, in: G. Wiegelmann (Hg.), Gemeinde im Wandel, Münster 1979, S. 101–110; R. König, Grundformen der Gesellschaft: Die Gemeinde, Hamburg 1958; Das Ende des alten Dorfes? = Der Bürger im Staat 30 (1980), Heft 1.

8 I.-M. Greverus, Auf der Suche nach Heimat, München 1979.

Kapitel II

1 Einen guten Überblick geben die beiden von G. Franz herausgegebenen Bände: »Quellen zur Geschichte des deutschen Bauernstandes im Mittelalter«, Berlin 1967 und »Quellen zur Geschichte des deutschen Bauernstandes in der Neuzeit«, Darmstadt 1963.

2 W. E. Mühlmann, Artikel *Gegenseitigkeit,* in: Wörterbuch der Soziologie. Hg. v. W. Bernsdorf. Taschenbuchausgabe, Bd. 1, Frankfurt 1972, S. 271–273.

3 P. Blickle (Hg.), Deutsche ländliche Rechtsquellen. Probleme und Wege der Weistumsforschung, Stuttgart 1977.

4 G. Franz, Der deutsche Bauernkrieg, Darmstadt [10]1975.

5 H. Wunder, Der samländische Bauernaufstand von 1525. Entwurf für eine sozialgeschichtliche Forschungsstrategie, in: R. Wohlfeil (Hg.), Der Bauernkrieg 1524–1526. Bauernkrieg und Reformation, München 1975, S. 160; E. Schubert, »bauerngeschrey«. Zum Problem der öffentlichen Meinung im spätmittelalterlichen Franken, in: Jb. für Fränk. Landesforschung 34/35 (1974/75), S. 883–907.

6 Neuester Überblick: W. Schulze (Hg.), Aufstände, Revolten und Prozesse. Beiträge zum bäuerlichen Widerstand in der frühen Neuzeit, Stuttgart 1983; für Ostelbien: H. Wunder, Bauern und bäuerlicher Widerstand in der ostelbischen Gutsherrschaft (1650–1790), in: Sozialwissenschaftliche Informationen 12 (1983), S. 231–237.

7 W. Schulze, Bäuerlicher Widerstand und feudale Herrschaft in der frühen Neuzeit, Stuttgart 1980.

8 J. H. Zedler, Großes Universal-Lexicon aller Wissenschaften und Künste, 64 Bde. (+ Supplementbde.), Leipzig/Halle 1732–1750 (Unv. Nachdruck hg. v. G. Ludovici, Graz 1961–1964), Bd. 10, S. 772f.

9 M. Riedel, Artikel *Gesellschaft, Gemeinschaft,* in: Geschichtliche Grundbegriffe. Historisches Lexikon zur politisch-sozialen Sprache in Deutschland. Hg. v. O. Brunner u. a., Bd. 2, Stuttgart 1975, S. 801–862.

10 D. Mußgnug-Stürmer, Landgemeinde und Untertänigkeit. Zur preußischen Verfassungsentwicklung vom Erlaß des Allgemeinen Landrechts 1794 bis zum Jahr 1842, Diss. phil. Heidelberg 1971.

11 Vgl. dazu R. Koch, Staat oder Gemeinde? Zu einem politischen Zielkonflikt in der bürgerlichen Bewegung des 19. Jahrhunderts, in: Historische Zeitschrift 236 (1983), S. 73–96. Der Aufsatz verrät stadtgeschichtliche Forschungserfahrung.

12 H. Heffter, Die deutsche Selbstverwaltung im 19. Jahrhundert, Stuttgart 1950.

13 J. Schepers, Haus und Hof westfälischer Bauern, Münster ^{3}1960, S. 23.

14 R. Redfield, The Little Community, Uppsala/Stockholm 1955.

15 Zur Einführung: T. Shanin (Hg.), Peasants and Peasant Society, Harmondsworth 1971.

16 G. M. Foster, Peasant Society and the Image of Limited Good, in: American Anthropologist 67 (1965), S. 293–315.

17 H. Gerndt, Kultur als Forschungsfeld. Über volkskundliches Denken und Arbeiten, München 1981, S. 11–16.

18 D. Sabean, Aspects of kinship behaviour and property in rural Western Europe before 1800, in: J. Goody u. a. (Hg.), Family and Inheritence. Rural Society in Western Europe 1200–1800, Cambridge 1976, S. 96–111.

19 L. Berkner, Inheritance, land tenure and peasant family structure: A German regional comparison, in: J. Goody u. a. (Hg.), Family and Inheritence. Rural Society in Western Europe 1200–1800, Cambridge 1976, S. 71–95.

20 G. Spittler, Verwaltung in einem afrikanischen Bauernstaat. Das koloniale Französisch-Westafrika 1919–1939, Wiesbaden 1981.

21 H. Wunder, »Agrargesellschaft« als Grundbegriff der frühneuzeitlichen Sozialgeschichte, in: F. Kopitzsch u. a. (Hg.), Studien zur Sozialgeschichte des Mittelalters und der Frühen Neuzeit, Hamburg 1977, S. 1–13.

22 H. Wunder, Serfdom in Later Medieval and Early Modern Germany, in: T. H. Aston u. a. (Hg.), Social Relations and Ideas. Essays in Honour of R. H. Hilton, Cambridge 1983, S. 249–272.

23 P. Blickle. Deutsche Untertanen. Ein Widerspruch, München, 1981.

24 F. Steinbach, Stadtgemeinde und Landgemeinde [1948], in: ders., Collectanea Franz Steinbach. Aufsätze und Abhandlungen, hg. v. F. Petri u. G. Droege, Bonn 1967, S. 776–810.

25 G. Franz, Geschichte des Bauernstandes vom frühen Mittelalter bis zum 19. Jahrhundert, Stuttgart 1970, S. 63.

Kapitel III

1 Siehe Anhang, S. 141–152.

2 E. Ennen/W. Janssen, Deutsche Agrargeschichte. Vom Neolithikum bis zur Schwelle des Industriezeitalters, Wiesbaden 1979; H.-J. Nitz (Hg.), Historisch-genetische Siedlungsforschung. Genese und Typen ländlicher Siedlungen und Flurformen, Darmstadt 1974; H. Jankuhn u. a. (Hg.), Das Dorf der Eisenzeit und des frühen Mittelalters. Siedlungsform – wirtschaftliche Funktion – soziale Struktur, Göttingen 1977; H. Beck u. a. (Hg.), Untersuchungen zur eisenzeitlichen frühmittelalterlichen Flur in Mitteleuropa und ihrer Nutzung, Göttingen 1979; W. A. Boelcke, Zur Problematik der frühen alemannischen Landnahme im deutschen Südwesten, in: I. Bog u. a. (Hg.) Wirtschaftliche und soziale Strukturen im säkularen Wandel. Festschr. f. W. Abel z. 70. Geb., Bd. 1, Hannover 1974, S. 23–54; J. Chapelot/R. Fossier, Le village et la maison au moyen âge, Paris 1980; E. Gringmuth-Dallmer, Landesausbau und Siedlungsentwicklung des 6.–9. Jahrhunderts im westlichen Mitteleuropa, in: Les communautés rurales, 4. Teil, Paris 1984, S. 165–185 (Recueil de la Societé Jean Bodin XLIII).

3 P. Donat u. a., Artikel *Bevölkerung,* Abschnitt *Bevölkerungszahlen,* in: Reallexikon der Germanischen Altertumskunde. 2. Aufl. hg. von H. Beck u. a., Bd. 2, Berlin 1976, S. 349–361.

4 Th. Schuler, Familien im Mittelalter, in: H. Reif (Hg.), Die Familie in der Geschichte, Göttingen 1982, S. 28–60.

5 R. Wenskus, Stammesbildung und Verfassung. Das Werden der frühen mittelalterlichen gentes, Köln 1961.

6 M. Mitterauer, Probleme der Stratifikation in mittelalterlichen Gesellschaftssystemen, in: J. Kocka (Hg.), Theorien in der Praxis des Historikers. Forschungsbeispiele und ihre Diskussion, Göttingen 1977, S. 13–44; D. Schwab, Artikel *Familie,* in: Geschichtliche Grundbegriffe. Historisches Lexikon zur politisch-sozialen Sprache in Deutschland. Hg. v. O. Brunner u. a., Bd. 2, Stuttgart 1975, S. 253–301.

7 K. Kroeschell, Die Sippe im germanischen Recht, in: Zs. der Savigny-Stiftung für Rechtsgeschichte/Germanistische Abteilung 77 (1960), S. 1–25.

8 K. S. Kramer, Artikel *Nachbar, Nachbarschaft,* in: Handwörterbuch zur deutschen Rechtsgeschichte (HRG). Hg. von A. Erler u. a., Bd. 3, Berlin 1984, Sp. 813–815.

9 E. Pitz, Wirtschafts- und Sozialgeschichte Deutschlands im Mittelalter, Wiesbaden 1979, S. 11.

10 H. Jankuhn u. a. (Hg.), Wort und Begriff »Bauer«, Göttingen 1975; I. Ballwanz, Der Bauer als historische Kategorie, in: Jb. f. Wirtschaftsgesch. 1980/IV, S. 215–226; W. Rösener, Bauern im Mittelalter, München 1985.

11 R. Wenskus, Artikel *Adel,* in: Reallexikon der Germanischen Altertumskunde. 2. Aufl., Bd. 1, Berlin 1968, S. 58–75; R. Scheyhing, Artikel *Adel,* in: HRG, Bd. 1, Berlin 1971, Sp. 41–51; W. Rösener, Bauer und Ritter im Hochmittelalter. Aspekte ihrer Lebensform, Standesbildung und sozialen Differenzierung im 12. und 13. Jahrhundert, in: L. Fenske u. a. (Hg.), Institutionen, Kultur und Gesellschaft im Mittelalter. Festschr. f. J. Fleckenstein zu seinem 65. Geburtstag, Sigmaringen 1984, S. 665–692.

12 L. Kuchenbuch, Bäuerliche Gesellschaft und Klosterherrschaft im 9. Jahrhundert. Studien zur Sozialstruktur der Familia der Abtei Prüm, Wiesbaden 1978.

13 H. K. Schulze, Artikel *Grundherrschaft,* in: HRG, Bd. 1, Sp. 1824–1842; ders., Grundstrukturen der Verfassung im Mittelalter, Bd. 1, Stuttgart 1985, S. 95–157.

14 K. Kroeschell, Artikel *Einung,* in: HRG, Bd. 1, Sp. 910–912; G. Dilcher, Artikel *conjuratio,* in: ebd., Sp. 631–633.

15 G. Franz (Hg.), Quellen zur Geschichte des deutschen Bauernstandes im Mittelalter, Darmstadt 1967, S. 192 (Nr. 74).

16 W. Abel, Geschichte der deutschen Landwirtschaft vom frühen Mittelalter bis zum 19. Jahrhundert, Stuttgart [3]1978, S. 34f.

17 M. Gockel, Die Träger von Rodung und Siedlung im Hünfelder Raum in karolingischer Zeit, in: Hess. Jb. f. Landesgesch. 36 (1976), S. 1–24.

18 F. Steinbach, Geschichtliche Grundlagen der kommunalen Selbstverwaltung in Deutschland [1932], in: ders., Collectanea Franz Steinbach. Aufsätze und Abhandlungen, hg. v. F. Petri u. G. Droege, Bonn 1967, S. 499.

Kapitel IV

1 G. Franz (Hg.), Deutsches Bauerntum im Mittelalter, Darmstadt 1976.

2 H. K. Schulze, Rodungsfreiheit und Königsfreiheit. Zu Genesis und Kritik neuerer verfassungsgeschichtlicher Theorien, in: Historische Zeitschrift 219 (1974), S. 528–550.

3 R. Sablonier, Das Dorf im Übergang vom Hoch- zum Spätmittelalter. Untersuchungen zum Wandel ländlicher Gemeinschaftsformen im ostschweizeri-

schen Raum, in: L. Fenske u. a. (Hg.), Institutionen, Kultur und Gesellschaft im Mittelalter. Festschrift f. J. Fleckenstein zu seinem 65. Geburtstag, Sigmaringen 1984, S. 727–746.

4 L. Kuchenbuch/B. Michael, Zur Struktur und Dynamik der ›feudalen‹ Produktionsweise im vorindustriellen Europa, in: dies. (Hg.), Feudalismus. Materialien zur Theorie und Geschichte, Frankfurt/Berlin 1977, S. 694–761.

5 S. Epperlein, Bauernbedrückung und Bauernwiderstand im hohen Mittelalter, Berlin 1960.

6 H. Patze (Hg.), Die Grundherrschaft im Spätmittelalter, 2 Bde., Sigmaringen 1983; Th. Mayer (Hg.), Die Anfänge der Landgemeinde und ihr Wesen, 2 Bde., Konstanz/Stuttgart 1964.

7 H.-M. Maurer, Burgen, in: Die Zeit der Staufer, Katalog der Ausstellung, Bd. 3, Stuttgart 1977, S. 119–128; F. Arens, Die staufischen Königspfalzen, in: ebd., S. 129–142; H. Patze (Hg.), Die Burgen im deutschen Sprachraum, 2 Teilbde., Sigmaringen 1976.

8 F. Lütge, Geschichte der deutschen Agrarverfassung vom frühen Mittelalter bis zum 19. Jahrhundert, Stuttgart [2]1967.

9 O. Hintze, Gesammelte Abhandlungen. Hg. von G. Oestreich. Bd. 1: Staat und Verfassung, Göttingen [3]1970.

10 G. Franz, Geschichte des Bauernstandes, Stuttgart 1970, S. 71–75.

11 J. Alberts, Beitrag zur Entwicklung der Landgemeinde in Westerlauwers Friesland, in: Die Anfänge der Landgemeinde (wie Anm. 6), Bd. 1, S. 423–438; J. M. van Winter, Die Entstehung der Landgemeinde in der Holländisch-Utrechtschen Tiefebene, in: ebd., S. 439–445; A. Verhulst, Die Binnenkolonisation und die Anfänge der Landgemeinde in Seeflandern, in: ebd., S. 447–460.

12 D. Willoweit, Artikel *Immunität,* in: Handwörterbuch zur deutschen Rechtsgeschichte (HRG), Bd. 2, Berlin 1978, Sp. 312–330.

13 F. Petri, Die Holländersiedlungen am klevischen Niederrhein und ihr Platz in der Geschichte der niederländisch-niederrheinischen Kulturbeziehungen, in: E. Ennen/G. Wiegelmann (Hg.), Studien zur Volkskultur, Sprache und Landesgeschichte, Festschr. f. M. Zender, Bonn 1972, S. 1117–1129; ders., Entstehung und Verbreitung der niederländischen Marschenkolonisation in Europa (mit Ausnahme der Ostsiedlung), in: W. Schlesinger (Hg.), Die deutsche Ostsiedlung des Mittelalters als Problem der europäischen Geschichte. Reichenauvorträge 1970–1972, Sigmaringen 1975, S. 695–754.

14 H. Stoob, Landausbau und Gemeindebildung an der Nordseeküste im Mittelalter, in: Die Anfänge der Landgemeinde (wie Anm. 6), S. 365–422; H. Schmidt, Adel und Bauern im friesischen Mittelalter, in: Niedersächs. Jb. f. Landesgesch. 45 (1973), S. 45–95; L. Deike, Die Entstehung der Grundherrschaft in den Hollerkolonien an der Niederweser, Bremen 1959; B. U. Hucker, Adel und Bauern zwischen unterer Weser und Elbe im Mittelalter, in: Niedersächs. Jb. f. Landesgesch. 45 (1973), S. 97–113.

15 W.-Chr. Kersting, Das Hollische Recht im Nordseeraum, aufgewiesen besonders an Quellen des Landes Hadeln, in: Jb. der Männer vom Morgenstern

34 (1953), S. 18–86 u. 35 (1954), S. 28–102; A. E. Hofmeister, Besiedlung und Verfassung der Stader Elbmarschen im Mittelalter, 2 Tle., Hildesheim 1979 u. 1981.

16 O. Brandt, Geschichte Schleswig-Holsteins. Ein Grundriß, 7. Aufl. überarbeitet und erweitert v. W. Klüver, Kiel 1976.

17 Die deutsche Ostsiedlung (wie Anm. 13); S. Epperlein, Die bäuerliche Siedlung im 12. und 13. Jahrhundert, in: J. Herrmann (Hg.), Die Slawen in Deutschland, Berlin 1974, S. 344–364; Die Anfänge der Landgemeinde (wie Anm. 6), besonders die Beiträge von W. Schlesinger (mittelelbische Lande), H. Helbig (Schlesien), B. Schwineköper (Elbostfalen), H. Patze (Ordensstaat Preußen), R. Wenskus (Ordensstaat Preußen); W. Kuhn, Vergleichende Untersuchungen zur mittelalterlichen Ostsiedlung, Köln/Wien 1973; H. Patze/W. Schlesinger (Hg.), Geschichte Thüringens, Bd. 1, Köln 1968, Bd. 2/Teil 1, Köln 1974; H. Quirin, Herrschaft und Gemeinde nach mitteldeutschen Quellen des 12. und 13. Jahrhunderts bis 18. Jahrhundert, Göttingen 1952; R. Kötzschke/H. Kretschmar, Sächsische Geschichte, Frankfurt 1965; K. Blaschke, Grundzüge und Probleme einer sächsischen Agrarverfassungsgeschichte, in: Zs. der Savigny-Stiftung für Rechtsgeschichte/Germanistische Abteilung 82 (1965), S. 223–287; W. A. Boelcke, Verfassungswandel und Wirtschaftsstruktur. Die mittelalterliche und neuzeitliche Territorialgeschichte ostmitteldeutscher Adelsherrschaften als Beispiel, Würzburg 1969; J. Schultze, Die Mark Brandenburg, 4 Bde., Berlin 1961–1964; F. Mager, Geschichte des Bauerntums und der Bodenkultur im Lande Mecklenburg, Berlin 1955; M. Hamann, Mecklenburgische Geschichte. Von den Anfängen bis zur Landständischen Union von 1523, Köln/Graz 1968; M. Wehrmann, Geschichte von Pommern, 2 Bde., Gotha 1905/06; F. Engel, Karte der historischen Dorfformen, in: Histor. Atlas von Pommern, Karte 3, Köln/Graz 1963; B. Wachowiak, Polnische Forschungen zur westpommerschen Geschichte im 13.–18. Jahrhundert, in: Greifswald-Stralsunder Jb. 12 (1979), S. 226–248; Geschichte Schlesiens. Hg. v. d. Historischen Kommission f. Schlesien unter Leitung v. H. Aubin, Bd. 1: Von der Urzeit bis zum Jahre 1526, Stuttgart [3]1961; W. Kuhn, Beiträge zur schlesischen Siedlungsgeschichte, München 1971; J. J. Menzel, Jura Ducalia. Die mittelalterlichen Grundlagen der Dominialverfassung in Schlesien, Würzburg 1974; ders., Die schlesischen Lokationsurkunden des 13. Jahrhunderts, Würzburg 1977; K. Kasiske, Das deutsche Siedelwerk des Mittelalters in Pommerellen, Königsberg 1938; P. Kriedte, Die Herrschaft der Bischöfe von Włocławek in Pommerellen von den Anfängen bis zum Jahre 1409, Göttingen 1974; B. Schumacher, Geschichte Ost- und Westpreußens, Würzburg [6]1977; K. Kasiske, Die Siedlungstätigkeit des Deutschen Ordens im östlichen Preußen bis zum Jahre 1410, Königsberg 1934.

18 H. K. Schulze, Adelsherrschaft und Landesherrschaft. Studien zur Verfassungs- und Besitzgeschichte der Altmark, des ostsächsischen Raumes und des hannoverschen Wendlandes im hohen Mittelalter, Köln/Graz 1963; ders., Die Besiedlung der Mark Brandenburg im hohen und späten Mittelalter, in: Jb. f. d. Geschichte Mittel- und Ostdeutschlands 28 (1979), S. 45–178 (mit dem

neuesten Forschungsstand und allen landesgeschichtlich relevanten Literaturangaben).

19 W. Schich, Zum Verhältnis von slawischer und hochmittelalterlicher Siedlung in den brandenburgischen Landschaften Zauche und Teltow, in: Jb. f. d. Geschichte Mittel- und Ostdeutschlands 26 (1977), S. 53–85.

20 W. Schlesinger, Gemeindebildung in den mittelelbischen Landen im Zeitalter der mittelalterlichen deutschen Ostbewegung, in: Die Anfänge der Landgemeinde (wie Anm. 6), Bd. 2, S. 25–87.

21 K. Blaschke, Bevölkerungsgeschichte von Sachsen bis zur industriellen Revolution, Berlin 1967, S. 204–217; J. Brankačk/F. Mětšk, Geschichte der Sorben, Bd. 1, Bautzen 1977.

22 B. Schwineköper, Die mittelalterliche Dorfgemeinde in Elbostfalen und in den benachbarten Markengebieten, in: Die Anfänge der Landgemeinde (wie Anm. 6), Bd. 2, S. 115–148; W. Schlesinger (wie Anm. 20).

23 H. Wiemann, Der Heimbürge in Thüringen und Sachsen, Köln/Graz 1962; W. Schlesinger (wie Anm. 20), S. 78–85.

24 G. Buchda, Die Dorfgemeinde im Sachsenspiegel, in: Die Anfänge der Landgemeinde (wie Anm. 6), Bd. 2, S. 7–24.

25 Die deutsche Ostsiedlung (wie Anm. 13).

26 W. Kuhn, Der Löwenberger Hag und die Besiedlung der schlesischen Grenzwälder, in: ders., Beiträge zur schlesischen Siedlungsgeschichte, München 1971, S. 32–62.

27 W. Schlesinger, Flemmingen und Kühren. Zur Siedlungsform niederländischer Siedlungen des 12. Jahrhunderts im mitteldeutschen Osten, in: Die deutsche Ostsiedlung (wie Anm. 13), S. 268.

28 W. Schlesinger (wie Anm. 17), S. 65.

29 D. Willoweit, Gebot und Verbot im Spätmittelalter. Vornehmlich nach südhessischen und mainfränkischen Weistümern, in: Hess. Jb. f. Landesgesch. 30 (1980), S. 94–130.

30 D. Kurze, Pfarrerwahl im Mittelalter. Ein Beitrag zur Geschichte der Gemeinde und des Niederkirchenwesens, Köln/Graz 1966.

31 So z. B. eine Bestimmung der Willkür für Rapendorf (Kreis Pr. Holland), Geheimes Staatsarchiv, Stiftung Preußischer Kulturbesitz XX. HA, StA Königsberg, Etatsministerium 51 d, Nr. 207.

32 R. Brenner, Agrarian Class Structure and Economic Development in Pre-Industrial Europe, in: Past and Present 76 (1976), S. 30–75.

33 H. Wunder, Peasant Organization and Class Conflict in East and West Germany, in: Past and Present 78 (1978), 47–55.

34 H. Wunder, Bäuerlicher Widerstand und frühmoderner Staat am Beispiel von Ordensstaat und Herzogtum Preußen, in: W. Schulze (Hg.), Aufstände, Revolten, Prozesse. Beiträge zu bäuerlichen Widerstandsbewegungen im frühneuzeitlichen Europa, Stuttgart 1983, S. 112–134.

35 Vgl. z. B. B. Hinz, Die Schöppenbücher der Mark Brandenburg. Hg. v. G. Heinrich, Berlin 1964.

36 R. Brenner (wie Anm. 32).

37 C. T. Smith, An Historical Geography of Western Europe before 1800, London 1967; A. Mayhew, Rural Settlement and Farming in Germany, London 1973.

38 Siehe Atlas zur Geschichte der deutschen Ostsiedlung, bearb. v. W. Krallert unter Mitarbeit v. W. Kuhn u. E. Schwarz, Bielefeld/Berlin/Hannover 1958.

39 F. Mager (wie Anm. 17), S. 48–50; J. Asch, Grundherrschaft und Freiheit. Entstehung und Entwicklung der Hägergerichte in Südniedersachsen, in: Niedersächs. Jb. f. Landesgesch. 50 (1978), S. 107–192.

40 U. Bentzin, Bauernarbeit im Feudalismus, Berlin 1980; A. v. Müller, Der Feudalismus: Land und Stadt in Mitteleuropa, in: A. Eggebrecht u. a., Geschichte der Arbeit. Vom Alten Ägypten bis zur Gegenwart, Köln 1980, S. 155–192.

41 A. v. Haxthausen, Die ländliche Verfassung in den Provinzen Ost- und Westpreußen, Königsberg 1839, S. 237.

42 R. Brenner (wie Anm. 32).

43 F.-J. Schmale, Franken im Zeitalter der Karolinger bis zum Interregnum (716/19–1257), in: Handbuch der bayerischen Geschichte. Hg. v. M. Spindler, Bd. III/1, München 1971, S. 59.

44 H. K. Schulze (wie Anm. 18).

45 W. Schich (wie Anm. 19).

46 W. Schich, Der slawische Anteil an der Bevölkerung der mittelalterlichen Städte in der Mark Brandenburg, in: W. H. Fritze (Hg.) Vom Hevellerstaat zur Mark Brandenburg, im Druck.

47 H. Boockmann, Civis und verwandte Begriffe in ostdeutschen, insbesondere preußischen Stadtrechtsquellen, in: J. Fleckenstein/K. Stackmann (Hg.), Über Bürger, Stadt und städtische Literatur im Spätmittelalter, Göttingen 1980, S. 42–58; ders., Zur ethnischen Struktur der Bevölkerung deutscher Ostseestädte, in: K. Friedland (Hg.), Der Ostseeraum. Historische Elemente einer wirtschaftlichen Gemeinschaft, Lübeck 1980, S. 17–28.

48 H. Wunder, Siedlungs- und Bevölkerungsgeschichte der Komturei Christburg (13.–16. Jh.), Marburg 1968; R. Wenskus, Der deutsche Orden und die nichtdeutsche Bevölkerung des Preußenlandes mit besonderer Berücksichtigung der Siedlung, in: Die deutsche Ostsiedlung (wie Anm. 13), S. 417–438; ders., Kleinverbände und Kleinräume bei den Prußen des Samlandes, in: Die Anfänge der Landgemeinde (wie Anm. 6), Bd. 2, S. 201–255.

49 W. Ribbe, Zur rechtlichen, wirtschaftlichen und ethnischen Stellung der Kossäten, in: W. H. Fritze (Hg.), Germania Slavica II, Berlin 1981, S. 21–40.

50 Akten der Ständetage Preußens. Unter der Herrschaft des Deutschen Ordens. Hg. v. M. Töppen, Bd. 1 [1878], Neudruck Aalen 1973, S. 117 (Landesordnung von 1408, S. 11); H. Firnberg, Lohnarbeit und freie Lohnarbeit im Mittelalter und zu Beginn der Neuzeit [1935], Neudruck Aalen 1977.

51 H. Steffen, Beiträge zur Geschichte des ländlichen Gesindes in Preußen am Ausgang des Mittelalters. Königsberg 1903.

52 M. Mitterauer, Probleme der Stratifikation in mittelalterlichen Gesell-

schaftssystemen, in: J. Kocka (Hg.), Theorien in der Praxis des Historikers, Göttingen 1977, S. 13–44; H. Wunder, Ein Diskussionsbeitrag zu Thesen von M. Mitterauer, in: Geschichte und Gesellschaft 4 (1978), S. 542–550; E. Weyrauch, Über soziale Schichtung, in: I. Bátori (Hg.), Städtische Gesellschaft und Reformation, Stuttgart 1980, S. 5–57.

53 Zur bäuerlichen Mobilität im späten Mittelalter s. Jakob Lubbes Chronik, in: Quellen zur Geschichte des deutschen Bauernstandes im Mittelalter. Hg. v. G. Franz, Berlin 1967, S. 585–588.

54 H. Wunder, Siedlungs- und Bevölkerungsgeschichte (wie Anm. 48), S. 32–34.

55 Akten der Ständetage (wie Anm. 50), Bd. 1, S. 586, betr. Steuerberahmung 1433.

56 Vgl. Zwischen Sebnitz, Hinterhermsdorf und den Zschirnsteinen, Bearb. v. H. Lemme u. G. Engelmann, Berlin 1959, z. B. Hertigswalde, Ottendorf und Saupsdorf.

57 K. S. Bader, Dorfgenossenschaft und Dorfgemeinde, Wien/Köln/Graz [2]1974, S. 363–383.

58 W. Kuhn, Die Stadtdörfer der mittelalterlichen Ostsiedlung, in: Zs. f. Ostforschung 20 (1971), S. 1–69.

59 H. Gumtau, Das Entwicklungsbild eines schlesischen Dorfes, Kitzingen 1953.

60 P. Kriedte, Spätmittelalterliche Agrarkrise oder Krise des Feudalismus?, in: Geschichte und Gesellschaft 7 (1981), S. 42–67; N. Bulst, Der Schwarze Tod. Demographische, wirtschafts- und kulturgeschichtliche Aspekte der Pestkatastrophe von 1347–1352. Bilanz der neueren Forschung, in: Saeculum 30 (1979), S. 45–67; W. Abel, Agrarkrisen und Agrarkonjunkturen. Eine Geschichte der Land- und Ernährungswirtschaft Mitteleuropas seit dem hohen Mittelalter, Hamburg/Berlin [3]1978.

61 F. L. Carsten, Die Entstehung Preußens, Frankfurt/Berlin/Wien 1981, S. 88–98.

62 M. Biskup, Powinności pańszczyźniane chłopów czynszowych w Prusach Krzyżackich w pierwszej połowie XV wieku, in: Przegląd Historyczny 53 (1962), S. 413–436.

63 P. Blickle, Landschaften im Alten Reich, München 1973.

64 E. Engel/B. Zientara, Feudalstruktur, Lehnbürgertum und Fernhandel im spätmittelalterlichen Brandenburg, Weimar 1967.

65 E. Ennen, Die europäische Stadt des Mittelalters, Göttingen [3]1979.

66 K.-H. Ludwig, Zur Besiedlung des Weichseldeltas durch die Mennoniten, Marburg 1961.

67 W. Küchler, Das Bannmeilenrecht. Ein Beitrag der mittelalterlichen Ostsiedlung zur wirtschaftlichen und rechtlichen Verschränkung von Stadt und Land, Würzburg 1964.

68 G. Lembke, Die Entwicklung der bäuerlichen Verhältnisse auf der Insel Poel vom 12. Jahrhundert bis 1803, in: Jb. d. Ver. f. mecklenb. Geschichte 99 (1935), S. 1–100.

69 K. Fehn, Siedlungsgeschichtliche Grundlagen der Herrschafts- und Gesellschaftsentwicklung in Mittelschwaben, Augsburg 1966.

70 K. Lechner, Entstehung, Entwicklung und Verfassung der ländlichen Gemeinde in Niederösterreich, in: Die Anfänge der Landgemeinde (wie Anm. 6), Bd. 1, hier S. 111, 119, 121; vgl. auch P. Kläui, Genossame, Gemeinde und Mark in der Innerschweiz mit besonderer Berücksichtigung des Landes Uri, in: ebd., S. 237, 240.

71 H. Ott, Studien zur spätmittelalterlichen Agrarverfassung im Oberrheingebiet, Stuttgart 1970; E. Gothein, Die Hofverfassung auf dem Schwarzwald, dargestellt an der Geschichte des Gebiets von St. Peter, in: Zs. für Geschichte des Oberrheins 40, NF 1 (1886), S. 257–316.

72 C. Ulbrich, Agrarverfassung und bäuerlicher Widerstand im Oberrheingebiet, in: Zs. für Agrargeschichte und Agrarsoziologie 30 (1982), S. 149–167.

73 W. Rösener, Strukturformen der älteren Agrarverfassung im sächsischen Raum, in: Niedersächs. Jb. f. Landesgesch. 52 (1980), S. 107–143, bes. S. 118, 124; M. Last, Villikationen geistlicher Grundherren in Nordwestdeutschland, in: Die Grundherrschaft im späten Mittelalter (wie Anm. 6), Bd. 1, S. 369–450.

74 P. Blickle, Die Revolution von 1525, München 1977, S. 104–109 (mit Forschungsliteratur); H. Wunder, Serfdom in Late Medieval and Early Modern Germany, in: T. H. Aston u. a. (Hg.), Social Relations and Ideas. Essays in Honour of R. H. Hilton, Cambridge 1983, S. 249–272.

75 G. Kirchner, Probleme der spätmittelalterlichen Klostergrundherrschaft in Bayern: Landflucht und bäuerliches Erbrecht, in: Zs. f. bayer. Landesgesch. 19 (1956), S. 1–94.

76 Die Burgen im deutschen Sprachraum (wie Anm. 7).

77 Die Grundherrschaft im Spätmittelalter (wie Anm. 6).

78 H. Heikaus, Hofgerichte und Hofrecht in den ehemals bergischen Ämtern Angermund, Mettmann und Solingen, Wuppertal-Ratingen 1970.

79 U. Bentzin (wie Anm. 40).

80 K.-S. Kramer, Die Nachbarschaft als bäuerliche Gemeinschaft, München 1954.

81 K.-S. Kramer, Grundriß einer rechtlichen Volkskunde, Göttingen 1974.

82 Die Anfänge der Landgemeinde (wie Anm. 17), Bd. 1: F. Steinbach (Rheinland), G. Wrede (Osnabrücker Land), L. Deike (nördl. Niedersachsen); J. Asch, Grundherrschaft und Freiheit, Entstehung und Entwicklung der Hägergerichte in Südniedersachsen, in: Nieders. Jb. f. Landesgesch. 50 (1978), S. 107–192, W. Rösener (wie Anm. 73); K. Mittelhäuser, Ländliche und städtische Siedlung, in: H. Patze (Hg.), Geschichte Niedersachsens, Bd. 1, Hildesheim 1977, S. 259–437.

83 M. Nikolay-Panter, Entstehung und Entwicklung der Landgemeinde im Trierer Raum, Bonn 1976.

84 G. Gudian, Artikel *Centena,* in: HRG, Bd. 1, Berlin 1971, Sp. 603–606; K. Kroeschell, Artikel *Hundertschaft,* in: ebd., Bd. 2, Berlin 1978, Sp. 271–275; K. Weller, Die Zentgerichtsverfassung im Gebiet des heutigen Württembergisch Franken, in: Mainfr. Jb. 4 (1952), S. 11–32; K. Dinklage, Beiträge

zur mittelalterlichen Geschichte der Zentgerichte in Franken, in: Mainfr. Jb. 4 (1952), S. 33–90; K. Kroeschell, Die Zentgerichte in Hessen und die fränkische Centene, in: Zs. der Savigny-Stiftung für Rechtsgeschichte/Germanistische Abteilung 73 (1956), S. 300–360; F. Schwind, Die Franken in Althessen, in: W. Schlesinger (Hg.), Althessen im Frankenreich, Sigmaringen 1975, S. 212f.

85 H. Stoob (wie Anm. 14); W. Ebel, Zur Rechtsgeschichte der Landgemeinde in Ostfriesland, in: Die Anfänge der Landgemeinde (wie Anm. 6). Bd. 1, S. 305–324.

86 P. H. Stoldt, Bauer und Herzog, Lauenburg 1966.

87 G. Buchda (wie Anm. 24); B. Schwineköper (wie Anm. 22).

88 H. Weiß, Das Agrarwesen vom Spätmittelalter bis zum Ende des 18. Jahrhunderts, in: M. Spindler (Hg.), Handbuch der bayerischen Geschichte, Bd. III/1, München 1971, S. 456–476; I. Bog, Dorfgemeinde, Freiheit und Unfreiheit in Franken, Stuttgart 1956; H. H. Hofmann, Bauer und Herrschaft in Franken, in: Zs. für Agrargeschichte und Agrarsoziologie 14 (1966), S. 1–29; W. Scherzer, Die Dorfverfassung der Gemeinden im Bereich des ehemaligen Hochstifts Würzburg. Ein Vergleich mit den Verhältnissen im Obermaingebiet, in: Jb. f. fränkische Landesgesch. 36 (1976), S. 37–64; H. Weiß, Die Zisterzienserabtei Ebrach. Eine Untersuchung zur Grundherrschaft, Gerichtsherrschaft und Dorfgemeinde im fränkischen Raum, Stuttgart 1962.

89 K. Arnold, Dorfweistümer in Franken, in: Zs. für bayer. Landesgesch. 38 (1975), S. 819–876; K. Richter, Gemünden (Historischer Atlas von Bayern, Teil Franken 11), München 1963.

90 H. Reyer, Die Dorfgemeinde im nördlichen Hessen, Marburg 1983; K. E. Demandt, Geschichte des Landes Hessen, Kassel 1980.

91 W. Volkert, Staat und Gesellschaft. Erster Teil bis 1500; D. Albrecht, Staat und Gesellschaft. Zweiter Teil 1500–1745, in: Handbuch der bayerischen Geschichte (wie Anm. 88), Bd. II, München 1966, S. 476–592; A. Sandberger, Die Landwirtschaft, in: ebd., S. 657–672; E. Schremmer, Die Wirtschaft Bayerns, München 1970; Ph. Dollinger, Der bayerische Bauernstand vom 9. bis zum 13. Jahrhundert (1949), München 1982; H. Rubner, Die Landwirtschaft der Münchener Ebene und ihre Notlage im 14. Jahrhundert, in: Vierteljahrschrift für Sozial- und Wirtschaftsgeschichte 51 (1964), S. 434–451; Dokumente zur Geschichte von Staat und Gesellschaft in Bayern. Hg. v. K. Bosl. Abt. I: Altbayern vom Frühmittelalter bis 1800, Bd. 2, bearb. von K.–L. Ay, München 1977, bes. S. 248–255.

92 P. Fried, Verfassungsgeschichte und Landesgeschichtsforschung in Bayern. Probleme und Wege der Forschung, in: K. Bosl (Hg.), Zur Geschichte der Bayern, Darmstadt 1975, S. 528–564; ders., Zur Geschichte der bayerischen Landgemeinde, in: Die Anfänge der Landgemeinde (wie Anm. 14), S. 79–106; ders., Grundherrschaft und Dorfgericht im spätmittelalterlichen Herzogtum Bayern, in: Die Grundherrschaft im späten Mittelalter (wie Anm. 6), Bd. 2, S. 277–312.

93 A. Layer, Siedlung und Bevölkerung in der großen Rodungsperiode, in:

Handbuch der bayerischen Geschichte (wie Anm. 88), Bd. III/2, München 1971, S. 882–889; ders., Siedlung und Bevölkerung, in: ebd., S. 1043–1058; ders., Die Landwirtschaft, in: ebd., S. 1067–1073; Dokumente zur Geschichte von Staat und Gesellschaft in Bayern. Hg. v. K. Bosl, Abt. 2, Bd. 4: Schwaben von 1268 bis 1803, bearb. v. P. Blickle u. R. Blickle, München 1979.

94 K. S. Bader, Studien zur Rechtsgeschichte des mittelalterlichen Dorfes, 3 Bde., Weimar/Köln/Wien 1962–1974.

95 P. Blickle, Kempten (Historischer Atlas von Bayern, Teil Schwaben 6), München 1968; ders., Der Kemptener Leibeigenschaftsrodel, in: Zs. für bayer. Landesgesch. 42 (1979), S. 567–629.

96 O. Feger, Geschichte des Bodenseeraumes, Bd. 3, Sigmaringen [2]1981, S. 121–123; D. Sabean, Landbesitz und Gesellschaft am Vorabend des Bauernkrieges, Stuttgart 1972.

97 H. Jänichen, Beiträge zur Wirtschaftsgeschichte des schwäbischen Dorfes, Stuttgart 1970.

98 P. Blickle, Agrarkrise und Leibeigenschaft im spätmittelalterlichen deutschen Südwesten, in: H. Kellenbenz (Hg.), Agrarisches Nebengewerbe und Formen der Reagrarisierung im Spätmittelalter und im 19./20. Jahrhundert, Stuttgart 1975, S. 39–55.

99 P. Blickle, Leibherrschaft als Instrument der Territorialpolitik im Allgäu. Grundlagen der Landeshoheit der Klöster Kempten und Ottobeuren, in: H. Haushofer/W. A. Boelcke (Hg.), Neue Wege und Forschungen der Agrargeschichte. Festschr. z. 65. Geburtstag von G. Franz, Frankfurt 1967, S. 51–66.

100 C. Ulbrich, Leibherrschaft am Oberrhein im Spätmittelalter, Göttingen 1979; H.-M. Maurer, Ausbildung der Territorialgewalt oberschwäbischer Klöster vom 14. bis zum 17. Jahrhundert, in: Blätter f. deutsche Landesgesch. 109 (1973), S. 151–194; W. Rösener, Die spätmittelalterliche Grundherrschaft im Südwestdeutschen Raum als Problem der Sozialgeschichte, in: Zs. für Geschichte des Oberrheins 127 (1979), S. 17–69; ders., Die Rolle der Grundherrschaft im Prozeß der Territorialisierung. Die Markgrafschaft Hachberg als Beispiel, in: Schau-ins-Land 98 (1979), S. 5–30; ders., Grundherrschaften des Hochadels in Südwestdeutschland im Spätmittelalter, in: Die Grundherrschaft im späten Mittelalter (wie Anm. 6), Bd. 2, S. 87–176.

101 Vgl. G. Franz (wie Anm. 10), S. 71–79; H. H. Hofmann, Artikel *Freibauern, Freidörfer,* in: HRG, Bd. 1, Berlin 1971, Sp. 1216–1218; Th. Mayer, Bemerkungen und Nachträge zum Problem der freien Bauern, in: Zs. für württemb. Landesgesch. 13 (1954), S. 46–70.

102 H. H. Hofmann, Freibauern, Freidörfer, Schutz und Schirm im Fürstentum Ansbach, in Zs. f. bayer. Landesgesch. 23 (1960), S. 195–327.

103 K. S. Bader, Dorfgenossenschaft und Dorfgemeinde (wie Anm. 94), Bd. 2, S. 393–408.

104 A. Erler, Artikel *Freigericht,* in: HRG, Bd. 1, Berlin 1971, Sp. 1224–1225.

105 Vgl. G. Franz (wie Anm. 10), »Bauernstaaten«, S. 80–99; H. Aubin, Zur Entwicklung der freien Landgemeinden im Mittelalter. Fehde, Landfrie-

den, Schiedsgericht, in: R. Dietrich, G. Oestreich (Hg.), Forschungen zu Staat und Verfassung. Festgabe f. F. Hartung, Berlin 1958, S. 69–90.

106 D. Sabean, Die Dorfgemeinde als Basis der Bauernaufstände in Westeuropa bis zu Beginn des 19. Jahrhunderts, in: W. Schulze (Hg.), Europäische Bauernrevolten der frühen Neuzeit, Frankfurt 1982, S. 191–205; W. Störmer, Ansatzpunkte politischer Willensbildung der Bauernschaft im spätmittelalterlichen Schwaben, Franken und Bayern, in: Zs. f. Agrargeschichte und Agrarsoziologie 23 (1975), S. 165–180.

Kapitel V

1 R. C. Hoffmann, The Distribution of Lordship and the Coming of Serfdom to East-Central Europe. Vortrag auf dem Mediävisten-Kongreß in Kalamazoo 1980; ders., Warfare, Weather, and a Rural Economy: The Duchy of Wrocław in the Mid-Fifteenth Century, in: Viator 4 (1973), S. 273–301.

2 G. Spittler, Herrschaft über Bauern. Die Ausbreitung staatlicher Herrschaft und einer islamisch-urbanen Kultur in Gobir (Niger), Frankfurt 1978; ders., Verwaltung in einem afrikanischen Bauernstaat. Das koloniale Französisch-Westafrika 1919–1939, Wiesbaden 1981; ders., Abstraktes Wissen als Herrschaftsbasis. Zur Entstehungsgeschichte bürokratischer Herrschaft im Bauernstaat Preußen, in: Kölner Zeitschrift für Soziologie und Sozialpsychologie 32 (1980), S. 574–604.

3 G. Franz, Der deutsche Bauernkrieg, Darmstadt [10]1975, S. 294–300.

4 P. Blickle, Landschaften im Alten Reich. Die staatliche Funktion des gemeinen Mannes in Oberdeutschland, München 1973.

5 E. Schremmer, Standortausweitung der Warenproduktion im langfristigen Wirtschaftswachstum. Zur Stadt-Land-Arbeitsteilung im Gewerbe des 18. Jahrhunderts, in: Vierteljahrschrift für Sozial- und Wirtschaftsgeschichte 59 (1972), S. 1–40; H. Schulze, Landhandwerk und ländliche Sozialstruktur um 1800, in: Jb. für Wirtschaftsgesch. 1981/II, S. 11–49; P. Kriedte/H. Medick/J. Schlumbohm, Industrialisierung vor der Industrialisierung. Gewerbliche Warenproduktion auf dem Land in der Formationsperiode des Kapitalismus, Göttingen 1977.

6 E. Schremmer, Agrarverfassung und Wirtschaftsstruktur. Die südostdeutsche Hofmark – eine Wirtschaftsherrschaft?, in: Zs. für Agrargeschichte und Agrarsoziologie 20 (1972), S. 42–65, hier S. 56f.

7 H. Gehrke, Bibliographie der Gesetzgebung des Privatrechts und Prozeßrechts: Deutsches Reich, in: H. Coing (Hg.), Handbuch der Quellen und Literatur der neueren europäischen Privatrechtsgeschichte, Bd. 2, München 1976, S. 310–418; G.-Chr. v. Unruh, § 7: Polizei, Polizeiwissenschaft und Kameralistik, in: K. G. A. Jeserich u. a. (Hg.), Deutsche Verwaltungsgeschichte, Bd. 1, Stuttgart 1983, S. 388–427; G. Wacke (Hg.), Dorf-Policey-Ordnung und Instruction für die Dorf-Scholzen für das Herzogtum Schlesien und die Grafschaft Glatz vom 1. May 1804, Würzburg 1971.

8 R. van Dülmen, Formierung der europäischen Gesellschaft in der Frühen Neuzeit, in: Geschichte und Gesellschaft 7 (1981), S. 5–41; ders., Entstehung des frühneuzeitlichen Europa 1550–1648, Frankfurt 1982; P. Kriedte, Spätfeudalismus und Handelskapital, Göttingen 1980.

9 P. Kriedte (wie Anm. 8), S. 79–126.

10 P. Kriedte u. a. (wie Anm. 5).

11 So auch P. Blickle, Deutsche Untertanen. Ein Widerspruch, München 1981, S. 87.

12 R. Wohlfeil, Ritter – Söldnerführer – Offiziere [zuerst 1966], in: A. Borst (Hg.), Das Rittertum im Mittelalter, Darmstadt 1976, S. 315–348; B. Wunder, Die Sozialstruktur der Geheimratskollegien in den süddeutschen protestantischen Fürstentümern (1660–1720), in: Vierteljahrschrift für Sozial- und Wirtschaftsgeschichte 58 (1971), S. 145–220; W. Zorn, Deutsche Führungsschichten des 17. und 18. Jahrhunderts. Forschungsergebnisse seit 1945, in: Intern. Archiv für Sozialgeschichte der deutschen Literatur 6 (1981), S. 176–197.

13 Gegen diese Auffassung wandte sich bereits K. S. Bader, Dorf und Dorfgemeinde im Zeitalter von Naturrecht und Aufklärung, in: W. Wegener (Hg.), Festschr. f. K. G. Hugelmann, Bd. 1, Aalen 1959, S. 1–36.

14 Eine differenzierte Darlegung dieses Problems bietet F. Wieacker, Privatrechtsgeschichte der Neuzeit, Göttingen [2]1967, S. 204–248.

15 W. Schulze, Bäuerlicher Widerstand und feudale Herrschaft in der frühen Neuzeit, Stuttgart 1980, S. 76–85; ders. (Hg.), Aufstände, Revolten, Prozesse. Beiträge zu bäuerlichen Widerstandsbewegungen im frühneuzeitlichen Europa, Stuttgart 1983; darin besonders: H. Valentinitsch, Advokaten, Winkelschreiber und Bauernprokuratoren in Innerösterreich in der frühen Neuzeit, S. 188–201.

16 W. Meyer, Gemeinde, Erbherrschaft und Staat im Rechtsleben des schlesischen Dorfes vom 16. bis 19. Jahrhundert, Würzburg 1967.

17 P. Fried, Zur Geschichte der bayerischen Landgemeinde, in: Th. Mayer (Hg.), Die Anfänge der Landgemeinde und ihr Wesen, Bd. 1, Konstanz 1964, S. 79–106.

18 W. Grube, Vogteien, Ämter, Landkreise in Baden-Württemberg, Bd. 1: Geschichtliche Grundlagen, Stuttgart 1975; D. Willoweit, Die Entwicklung und Verwaltung der spätmittelalterlichen Landesherrschaft, in: Deutsche Verwaltungsgeschichte (wie Anm. 7), S. 66–142, sowie ders., Allgemeine Merkmale der Verwaltungsorganisation in den Territorien, in: ebd., S. 289–360.

19 Siehe O. Hintze, Die Hohenzollern und ihr Werk, Berlin 1915.

20 O. Büsch, Militärsystem und Sozialleben im alten Preußen 1713–1807. Die Anfänge der sozialen Militarisierung der preußisch-deutschen Gesellschaft, Berlin 1962.

21 Überblick bei W. Abel, Geschichte der deutschen Landwirtschaft vom frühen Mittelalter bis zum 19. Jahrhundert, Stuttgart [3]1978, S. 157–168, 303–315.

22 W. Kuhn, Geschichte der deutschen Ostsiedlung in der Neuzeit, 2 Bde., Köln/Graz 1955–1957.

23 G. Spittler, Abstraktes Wissen (wie Anm. 2).

24 K. Baumgarten/U. Bentzien, Hof und Wirtschaft der Ribnitzer Bauern. Edition und Kommentar des Kloster-Inventars von 1620, Berlin 1963.

25 Überblick mit ausführlichen Literaturhinweisen: W. Schulze, Bäuerlicher Widerstand und feudale Herrschaft (wie Anm. 15); ders., Aufstände, Revolten, Prozesse (wie Anm. 15); K. Gerteis, Regionale Bauernrevolten zwischen Bauernkrieg und Französischer Revolution, in: Zs. für Historische Forschung 6 (1979), S. 37–61; P. Blickle (Hg.), Aufruhr und Empörung im Alten Reich, München 1980; G. Heitz/H. Reich/M. Unger, Dokumente zur Geschichte des bäuerlichen Klassenkampfes 1525–1790 im Staatsarchiv Leipzig, in: Wiss. Zs. d. Wilhelm-Pieck-Universität Rostock 27 (1978), Gesellschafts- u. sprachwissenschaftliche Reihe, Heft 4, S. 197–288; R. Lehmann, Quellen zur Lage der Privatbauern in der Niederlausitz im Zeitalter des Absolutismus, Berlin 1957; H. Wunder, Bauern und bäuerlicher Widerstand in der ostelbischen Gutsherrschaft (1650–1790), in: Sozialwiss. Informationen 12 (1983), S. 231–237.

26 H. O. Lichtenberg, Unterhaltsame Bauernaufklärung, Tübingen 1970; R. Wittmann, Der lesende Landmann. Zur Rezeption aufklärerischer Bemühungen durch die bäuerliche Bevölkerung im 18. Jahrhundert, in: D. Berindei (Hg.), Der Bauer Mittel- und Osteuropas im sozio-ökonomischen Wandel des 18. und 19. Jahrhunderts, Köln/Wien 1973, S. 143–196; Chr. Garve, Über den Charakter der Bauern und ihr Verhältnis gegen den Gutsherrn und gegen die Regierung, Breslau 1786.

27 H. Wunder, Das Dorf um 1600. Der primäre Lebenszusammenhang der ländlichen Gesellschaft, in: W. Brückner, u. a. (Hg.), Literatur und Volk im 17. Jahrhundert, Teil I, Wiesbaden 1985, S. 69–87. N. Bulst u. a. (Hg.), Bevölkerung, Wirtschaft und Gesellschaft. Stadt-Land-Beziehungen in Deutschland und Frankreich, 14. bis 19. Jahrhundert, Trier 1983.

28 Für Aufstieg vgl. die exemplarische Studie von V. Press, Korbinian von Prielmair (1643–1707), Ottenhofen 1978; für Abstieg s. u. Anm. 61.

29 F.-W. Schaer, Zur wirtschaftlichen und sozialen Lage der Deicharbeiter an der oldenburgisch-ostfriesischen Küste in der vorindustriellen Gesellschaft, in: Niedersächs. Jb. f. Landesgesch. 45 (1973), S. 115–144; H. Hörger, Kirche, Dorfreligion und bäuerliche Gesellschaft, Teil 1, München 1978, S. 99–109; E. Schubert, Arme Leute, Bettler und Gauner im Franken des 18. Jahrhunderts, Neustadt a. d. Aisch 1983; K.-L. Ay, Außerständische Menschen in Süddeutschland bis zu Epoche der Französischen Revolution, in: O. Büsch u. a. (Hg.), Die demokratische Bewegung in Mitteleuropa im ausgehenden 18. und frühen 19. Jahrhundert, Berlin 1980, S. 43–55.

30 H. Harnisch, Die Herrschaft Boitzenburg, Weimar 1968, S. 206f.

31 Geheimes Staatsarchiv Preußischer Kulturbesitz XX. HA, StA Königsberg, Etatsministerium 116 d l (Amt Pr. Mark), Paket 3304.

32 Vgl. Deutsche Verwaltungsgeschichte, Bd. 1 (wie Anm. 7).

33 R. Engelsing, Analphabetentum und Lektüre. Zur Sozialgeschichte des Lesens in Deutschland zwischen feudaler und industrieller Gesellschaft, Stuttgart 1973; J. Richter, Zur Schriftkundigkeit mecklenburgischer Bauern im 17. Jahrhundert, in: Jb. f. Wirtschaftsgesch. 1981/Teil 3, S. 79–102; E. François, Die Volksbildung am Mittelrhein im ausgehenden 18. Jahrhundert, in: Jb. f. westdt. Landesgesch. 3 (1977), S. 277–304; E. Hinrichs, Zum Alphabetisierungsstand in Norddeutschland um 1800, in: E. Hinrichs/G. Wiegelmann (Hg.), Sozialer und kultureller Wandel in der ländlichen Welt des 18. Jahrhunderts, Wolfenbüttel 1982, S. 21–42; ders., Wie viele Menschen konnten in Deutschland um 1800 lesen und schreiben?, in: H. Ottenjann/G. Wiegelmann (Hg.), Alte Tagebücher und Anschreibebücher. Quellen zum Alltag der ländlichen Bevölkerung in Nordwestdeutschland, Münster 1982, S. 85–103.

34 F. W. Mitter, Die Grundlagen der Gerichtsverfassung und des Eheding der Zittauer Ratsdörfer vom Beginn des 16. bis zum Ende des 18. Jahrhunderts, Leipzig 1928, S. 140f.

35 Th. Eisenbrand, Ehehaftsordnungen im Hochstift Eichstätt, Diss. Erlangen 1937, zit. nach R. Endres, Sozialer Wandel in Franken und Bayern auf der Grundlage der Dorfordnungen, in: Sozialer und kultureller Wandel (wie Anm. 33), S. 211–227, hier S. 224, Anm. 33.

36 W. Grube, Dorfgemeinde und Amtsversammlung in Altwürttemberg, in: Zs. für württemb. Landesgesch. 13 (1954), S. 194–219.

37 A. Poschmann, Schulzentage in Mehlsack, in: Ermländischer Hauskalender 1954, S. 41–49.

38 G. Oestreich, Zur Heeresverfassung der deutschen Territorien von 1500 bis 1800, in: R. Dietrich, G. Oestreich (Hg.), Forschungen zu Staat und Verfassung, Festgabe f. F. Hartung, Berlin 1958, S. 419–439; H. Schnitter, Volk und Landesdefension. Volksaufgebot, Defensionswerke, Landmilizen in den deutschen Territorien vom 15. bis zum 18. Jahrhundert, Berlin 1977.

39 W. Schulze, Landesdefension und Staatsbildung. Studien zum Kriegswesen des innerösterreichischen Territorialstaates (1564–1619), Wien/Köln/Graz 1973; H. Valentinitsch, Zur Geschichte des Handels und der Produktion von Handfeuerwaffen in der Steiermark im Zeitalter der Türkenkriege, in: G. Stradner u. a. (Hg.), Trommeln und Pfeiffen – Militärzelte – Anderthalbhänder – Nürnberger Waffen – Waffenhandel und Gewehrerzeugung in der Steiermark, Graz 1976.

40 I. Bog, Die bäuerliche Wirtschaft im Zeitalter des Dreißigjährigen Krieges, Koburg 1952.

41 M. Mitterauer, Grundlagen politischer Berechtigung im mittelalterlichen Ständewesen, in: K. Bosl (Hg.), Der moderne Parlamentarismus und seine Grundlagen in der ständischen Repräsentation, Berlin 1977, S. 11–41.

42 So V. Press, Herrschaft, Landschaft und »gemeiner Mann« in Oberdeutschland vom 15. bis zum 19. Jahrhundert, in: Zs. für Geschichte des Oberrheins 123 (1975), S. 169–214; W. Schulze, Oberdeutsche Untertanenrevolten zwischen 1580 und 1620. Reichssteuern und bäuerlicher Widerstand, in: P. Blickle (Hg.), Bauer, Reich und Reformation, Festschr. f. G. Franz z. 80.

Geb., Stuttgart 1982, S. 120–147, hier S. 145; H. Wunder, Der samländische Bauernaufstand von 1525. Entwurf für eine sozialgeschichtliche Forschungsstrategie, in: R. Wohlfeil (Hg.), Der Bauernkrieg 1524–1526, München 1975, S. 143–176, hier S. 148.

43 H. Haushofer, Bäuerliche Führungsschichten in Altbayern, in: G. Franz (Hg.), Bauernschaft und Bauernstand 1500–1970, Limburg 1975, S. 103–135.

44 O. Hintze (wie Anm. 19), S. 255–320.

45 R. Koselleck, Preußen zwischen Reform und Revolution, Stuttgart [2]1975; D. Mußgnug-Stürmer (Landgemeinde und Untertänigkeit. Zur preußischen Verfassungsentwicklung vom Erlaß des Allgemeinen Landrechts 1794 bis zum Jahre 1842, Diss. phil. Heidelberg 1971, S. 212 ff.) spricht von »Dekorporierung« als Folge der Reformen.

46 A. Thumm, Die bäuerlichen und dörflichen Rechtsverhältnisse des Fürstentums Hohenlohe im 17. und 18. Jahrhundert, Benningen/N. 1971, S. 14.

47 Zu Luthers Gemeindeverständnis s. G. Maron, »Niemand soll sein eigener Richter sein«, in: Luther 1975, S. 60–75; zur ›Verinnerlichung‹ des traditionellen Gemeindeverständnisses als Folge der Reformation s. D. Sabean, Communion and Community: The Refusal to Attend the Eucharist in Sixteenth Century Protestant Württemberg, in: Mitarbeiter u. Schüler (Hg.), Mentalitäten und Lebensverhältnisse. Rudolf Vierhaus zum 60. Geburtstag, Göttingen 1982, S. 95–107.

48 B. Moeller, Reichsstadt und Reformation, Gütersloh 1962; P. Blickle, Die Reformation im Reich, Stuttgart 1982, S. 48–55.

49 D. Kurze, Pfarrerwahlen im Mittelalter. Ein Beitrag zur Geschichte der Gemeinde und des Niederkirchenwesens, Köln/Graz 1966.

50 B. Schumacher, Die niederländischen Ansiedlungen im Herzogtum Preußen zur Zeit Herzog Albrechts, Leipzig 1903.

51 B. Hinz, Die Schöppenbücher der Mark Brandenburg. Hg. v. G. Heinrich, Berlin 1964.

52 Th. Klein, Kursachsen, 3: Die Lokalverwaltung in Land und Stadt, in: Deutsche Verwaltungsgeschichte (wie Anm. 7), S. 831–843.

53 R. R. Müller, Die Rechtsbeziehungen zwischen den Rittergutsherren und den Bauern der Herrschaft Neuschönfels in Sachsen vom Jahre 1548 bis zur Mitte des 19. Jahrhunderts, Leipzig 1937.

54 Geheimes Staatsarchiv Preußischer Kulturbesitz XX. HA, StA Königsberg, Etatsministerium 4 c Nr. 1.

55 H. Harnisch, Gemeindeeigentum und Gemeindefinanzen im Spätfeudalismus, in: Jb. f. Regionalgeschichte 8 (1981), S. 126–174.

56 Ders., Die Herrschaft Boitzenburg, Weimar 1968; ders. Rechtsqualität des Bauernlandes und Gutsherrschaft, in: Jb. f. Geschichte des Feudalismus 3 (1980), S. 311–363.

57 G. Franz (Hg.), Bauernschaft und Bauernstand (wie Anm. 43); dazu R. Blickle-Littwin, Besitz und Amt, in: Zs. für bayerische Landesgeschichte 40 (1977), S. 277–290; H. Wunder, Zum Stand der Erforschung frühmoderner

und moderner bäuerlicher Eliten in Deutschland, Österreich und der Schweiz, in: Archiv für Sozialgeschichte 19 (1979), S. 597–607.

58 H. Harnisch, Bauern – Feudaladel – Städtebürgertum. Untersuchungen über die Zusammenhänge zwischen Feudalrente, bäuerlicher und gutsherrlicher Warenproduktion und den Ware-Geld-Beziehungen in der Magdeburger Börde und dem nordöstlichen Harzvorland von der frühbürgerlichen Revolution bis zum Dreißigjährigen Krieg, Weimar 1980, S. 98.

59 W. Guddat, Die Entstehung und Entwicklung der privaten Grundherrschaften in den Ämtern Brandenburg und Balga (Ostpreußen), Marburg 1975, S. 406.

60 R. Endres (wie Anm. 35), S. 220.

61 W. A. Boelcke, Wandlungen der dörflichen Sozialstruktur während Mittelalter und Neuzeit, in: H. Haushofer/W. A. Boelcke (Hg.), Neue Wege und Forschungen der Agrargeschichte, Festschrift zum 65. Geb. v. G. Franz, Frankfurt 1967, S. 80–103; G. Hanke, Zur Sozialstruktur der ländlichen Siedlungen Altbayerns im 17. und 18. Jahrhundert, in: R. van Dülmen (Red.), Festschrift f. K. Bosl, München 1969, S. 219–269; P. Fried, Herrschaftsgeschichte der altbayerischen Landgerichte Dachau und Kranzberg im Hoch- und Spätmittelalter sowie in der frühen Neuzeit, München 1962; H. Schulze (wie Anm. 5).

62 R. Endres (wie Anm. 35), S. 224, Anm. 29. H. Weiß (Das Agrarwesen vom Spätmittelalter bis zum Ende des 18. Jahrhunderts, in: Handbuch der bayerischen Geschichte. Hg. v. M. M. Spindler, Bd. III/1, München 1971, S. 468) berichtet bereits für das 16. Jahrhundert über die Doppelung des Dorfmeisteramtes für Bauern und Kleingutinhaber.

63 Zum Beispiel in einigen Dörfern der Danziger Höhe, s. J. Muhl, Geschichte der Dörfer auf der Danziger Höhe, Danzig 1938, S. 9f.; B. Schwineköper, Die mittelalterliche Dorfgemeinde in Elbostfalen und in den benachbarten Markengebieten, in: Th. Mayer (Hg.), Die Anfänge der Landgemeinde und ihr Wesen, Bd. 2, Konstanz 1964, S. 115–148, hier S. 126.

64 A. v. Haxthausen, Die ländliche Verfassung in den Provinzen Ost- u. Westpreußen, Königsberg 1839, S. 243f.

65 J. Mooser, Gleichheit und Ungleichheit in der ländlichen Gemeinde. Sozialstruktur und Kommunalverfassung im östlichen Westfalen vom späten 18. bis in die Mitte des 19. Jahrhunderts, in: Archiv für Sozialgeschichte 19 (1979), S. 231–262, hier S. 246.

66 Ebd., S. 233.

67 P. Fried (wie Anm. 61), S. 204–207.

68 R. Endres (wie Anm. 35), hier S. 215–220.

69 R. Braun, Industrialisierung und Volksleben. Veränderungen der Lebensform unter Einwirkung der verlagsindustriellen Heimarbeit in einem ländlichen Industriegebiet (Zürcher Oberland) vor 1800, Göttingen [2]1979; H. Medick (wie Anm. 5).

70 D. Sabean, Famille et tenure paysanne: aux origines de la Guerre des Paysans en Allemagne (1525), in: Annales. Economie, Sociétés, Civilisation 27 (1972), S. 903–922; H. Rebel, The Rural Subject Population of Upper Austria

during the Early Seventeenth Century: Aspects of the Social Stratification System, Ann Arbor 1976 (Xerox).

71 »Gerichts Articul« aus dem Bayernaumburger Gemeindebuch 1711, in: H. Diewerge (Hg.), Gemeinschaftsordnungen, Leipzig 1935, S. 40f.; für Franken s. R. Endres (wie Anm. 35), S. 219.

72 R. R. Müller (wie Anm. 53), S. 93f.

73 G. Franz (wie Anm. 3), S. 296.

74 C. Stüve, Wesen und Verfassung der Landgemeinde und des ländlichen Grundbesitzes in Niedersachsen und Westfalen. Geschichtliche und statistische Untersuchungen mit unmittelbarer Beziehung auf das Königreich Hannover, Jena 1851, S. 130f., 165.

75 H. Wunder, Siedlungs- und Bevölkerungsgeschichte der Komturei Christburg (13.–16. Jahrhundert), Marburg 1968, S. 259f.

76 W. Röll, Die kulturlandschaftliche Entwicklung des Fuldaer Landes seit der Frühneuzeit, Gießen 1966.

77 Siehe z. B. K.-H. Ludwig, Zur Besiedlung des Weichseldeltas durch die Mennoniten, Marburg 1961; P. Letkemann, Willküren der Dörfer in der Kulmer Stadtniederung, in: B. Jähnig/P. Letkemann (Hg.), 750 Jahre Kulm und Marienwerder, Münster 1983, S. 41–68.

78 St. Jersch-Wenzel, Juden und »Franzosen« in der Wirtschaft des Raumes Berlin/Brandenburg zur Zeit des Merkantilismus, Berlin 1978.

79 W. Kuhn, Die preußische Kolonisation unter Friedrich dem Großen, in: Kommission f. d. Studium d. dt. Geschichte und Kultur i. Osten a. d. Rheinischen Friedrich-Wilhelm-Universität Bonn (Hg.), Deutsche Ostsiedlung in Mittelalter und Neuzeit, Köln 1971, S. 182–196.

80 J. Ziekursch, Hundert Jahre schlesischer Agrargeschichte, Breslau 1915.

81 K. S. Bader, Dorfgenossenschaft und Dorfgemeinde, Wien/Köln/Graz 1974, S. 221–228.

82 M. Mitterauer/R. Sieder, Vom Patriarchat zur Partnerschaft. Zum Strukturwandel der Familie, München 1977; E. Schremmer, Die Bauernbefreiung in Hohenlohe, Stuttgart 1963.

83 F. M. Phayer, Religion und das Gewöhnliche Volk in Bayern in der Zeit von 1750–1850, München 1970; für Franken s. R. Endres (wie Anm. 35), S. 221f.

84 M. Sering, Die Vererbung des ländlichen Grundbesitzes im Königreich Preußen, 3 Bde., Berlin 1908; F. Lütge, Die mitteldeutsche Grundherrschaft, Stuttgart [2]1957, S. 56–79; U. Jeggle, Kiebingen. Eine Heimatgeschichte, Tübingen 1977, S. 152–163.

85 B. Hinz (wie Anm. 51), S. 126f.

86 U. Jeggle (wie Anm. 84).

87 G. Schormann, Hexenprozesse in Deutschland, Göttingen 1981; H. Lehmann, Hexenverfolgungen und Hexenprozesse im Alten Reich zwischen Reformation und Aufklärung, in: Jahrbuch d. Inst. f. dt. Geschichte 7 (1978), S. 9–70.

88 A. Macfarlane, Witchcraft in Tudor and Stuart England London 1970;

J. A. Lilienthal, Die Hexenprozesse der beiden Städte Braunsberg, Königsberg 1861.

89 S. V. Riezler, Geschichte der Hexenprozesse in Bayern, Stuttgart 1896, S. 198–201; M. Kunze, Straße ins Feuer, München 1982.

90 H. Wunder, Hexenprozesse im Herzogtum Preußen während des 16. Jahrhunderts, in: Chr. Degn u. a. (Hg.), Hexenprozesse. Deutsche und skandinavische Beiträge, Neumünster 1983, S. 179–203.

91 H. Hörger, Wirtschaftlich-soziale und gesellschaftlich-ideologische Aspekte des Hexenwahns. Der Prozeß gegen Simon Altseer aus Rottenbach 1665, in: Zs. für bayerische Landesgeschichte 38 (1975), S. 945–966.

92 M. Kunze (wie Anm. 89).

93 Dies ist gegen C. Honeggers Unterscheidung von »ruraler Hexerei« und »städtischer Besessenheit« einzuwenden: C. Honegger, Die Hexen der Neuzeit, Frankfurt 1979, S. 107–116; H. Wunder, Hexenprozesse (wie Anm. 90), S. 185f.

94 E. W. Zeeden, Das Zeitalter der Glaubenskämpfe (1555–1648), in: Gebhardt, Handbuch der deutschen Geschichte, hg. v. H. Grundmann, Bd. 2, Stuttgart [9]1970, S. 221–223.

95 P. Fried, Herrschaftsgeschichte (wie Anm. 63), S. 212; für das Herzogtum Preußen s. H.-U. Hardenberg, Neuverzeichnung der Abteilung 100 des Etatsministeriums Königsberg »Amt Neidenburg und Soldau«, in: Preußenland 20 (1982), S. 1–14, hier S. 11.

96 W. Abel (wie Anm. 21), S. 151.

97 G. Wunder, Bäuerliche Oberschichten im alten Wirtemberg, in: G. Franz (Hg.), Bauernschaft und Bauernstand 1500–1970, Limburg 1975, S. 137–149.

98 G. Wunder, Einträge im ältesten Kirchenbuch, in: W. Böhringer/H. M. Murr (Hg.), Das Ortsbuch von Sielmingen im Kreis Esslingen, Ludwigsburg 1974, S. 287–291.

99 G. Heitz, Die Struktur der deutschen Landwirtschaft am Vorabend der Agrarreform, in: Probleme der Agrargeschichte des Feudalismus und des Kapitalismus, Teil 8, Wilhelm-Pieck-Universität Rostock 1977, S. 25–43, hier S. 34f.

100 Siehe o. S. 72.

101 W. Prange, Die Anfänge der großen Agrarreformen in Schleswig-Holstein bis um 1771, Neumünster 1971; I. Ast-Reimers, Landgemeinde und Territorialstaat. Der Wandel der Sozialstruktur im 18. Jahrhundert, dargestellt an der Verkoppelung in den königlichen Ämtern Holsteins, Neumünster 1965.

102 H. Dorn, Die Vereinödung in Oberschwaben, Kempten/München 1904.

103 Ebd., S. 26.

104 Für diesen Hinweis danke ich Herrn Dr. R. Kießling.

105 J.-F. Bergier, Wirtschaftsgeschichte der Schweiz, Zürich/Köln 1983, S. 85f.

106 W. Prange (wie Anm. 101), S. 26–28, 128–132, 592–595, 610–615.

107 K. Köstlin, Gilden in Schleswig-Holstein, Göttingen 1976.

108 W. Prange (wie Anm. 101), S. 598f.

109 F.-W. Henning, Bauernwirtschaft und Bauerneinkommen in Ostpreußen im 18. Jahrhundert, Würzburg 1969.

110 Vgl. z. B. H. Harnisch (wie Anm. 56), S. 67–83, 129–196. Dies gilt auch für Mecklenburg, wo insbesondere in den ehemaligen geistlichen Herrschaften eine eher traditionelle Rentengrundherrschaft erhalten blieb; vgl. F. Engel/M. Hamann, Erläuterungsheft zu den Karten 2 und 3 »Ämterkarte und Besitzstandskarte von 1797« (Historischer Atlas von Mecklenburg), Köln/Graz 1960.

111 J. F. Goldbeck, Volständige Topographie des Königreichs Preussen. Erster Theil welcher die Topographie von Ost-Preussen enthält, Königsberg 1787/Neudruck Hamburg 1966, S. 61.

112 Robert M. Berdahl, Preußischer Adel: Paternalismus als Herrschaftssystem, in: H.-J. Puhle/H.-U. Wehler (Hg.), Preußen im Rückblick, Göttingen 1980, S. 123–145; K. Spies, Gutsherr und Untertan in der Mittelmark Brandenburg zu Beginn der Bauernbefreiung, Berlin 1972.

113 F. Mager, Geschichte des Bauerntums und der Bodenkultur im Lande Mecklenburg, Berlin 1955, S. 48–50.

114 G. Münch, Der Landsturm der Kreise Schweidnitz, Striegau und Neumarkt im Jahre 1813, in: Zs. d. Vereins f. Geschichte Schlesiens 63 (1929), S. 303–342.

115 J. Nichtweiss, Das Bauernlegen in Mecklenburg, Berlin 1954.

116 H. Harnisch (wie Anm. 30).

117 G. Franz, Der Dreißigjährige Krieg und das deutsche Volk, Stuttgart [4]1979; W. Kuhn (wie Anm. 22), Bd. 2, S. 104–127; F. Mager (wie Anm. 113).

118 W. Grube (wie Anm. 18 und 36).

119 P. Singelmann, The Closing Triangle: Critical Notes on a Model for Peasant Mobilization in Latin America, in: Comparative Studies in Society and History 17 (1975), S. 389–409.

Kapitel VI

1 So auch P. Fried, Die Sozialentwicklung im Bauerntum und Landvolk, in: M. Spindler (Hg.), Handbuch der bayerischen Geschichte, Bd. IV/2, München 1979, S. 749–780, und J. Flemming, Landwirtschaftliche Interessen und Demokratie, Bonn 1978, S. 1.

2 Vgl. hierzu H. Rosenberg, Deutsche Agrargeschichte in alter und neuer Sicht, in: ders., Machteliten und Wirtschaftskonjunkturen. Studien zur neueren deutschen Sozial- und Wirtschaftsgeschichte, Göttingen 1978, S. 118–149.

3 Neuester Überblick: W. Fischer, Armut in der Geschichte. Erscheinungsformen und Lösungsversuche der »Sozialen Frage« in Europa seit dem Mittelalter, Göttingen 1982.

4 G. F. Knapp, Die Bauernbefreiung und der Ursprung der Landarbeiter in den älteren Teilen Preußens, 2 Bde., München/Leipzig 1887.

5 So auch Chr. Dipper, Die Bauernbefreiung in Deutschland 1790–1850, Stuttgart 1980 (neueste Überblicksdarstellung).

6 Dazu allgemein E. R. Huber, Deutsche Verfassungsgeschichte seit 1789, Bd. 1: Reform und Restauration 1789 bis 1830, Stuttgart 1957; neuester Überblick zu Preußen: B. Vogel (Hg.), Preußische Reformen 1807–1820, Königstein 1980; konzeptioneller Neuansatz bei H. Schissler, Preußische Agrargesellschaft im Wandel. Wirtschaftliche, gesellschaftliche und politische Transformationsprozesse von 1763 bis 1847, Göttingen 1978.

7 Vgl. hierzu H. Harnisch, Die kapitalistischen Agrarreformen in den preußischen Ostprovinzen und die Entwicklung der Landwirtschaft in den Jahrzehnten vor 1848, in: Jb. für Wirtschaftsgeschichte, Sonderband 1982, S. 135–253. Eine ausgezeichnete Regionalstudie ist R. Stein, Die Umwandlung der Agrarverfassung Ostpreußens durch die Reformen des neunzehnten Jahrhunderts, Bd. 1: Jena 1918, Bde. 2 und 3: Königsberg 1933 und 1934.

8 Am gründlichsten untersucht wurde Württemberg: W. v. Hippel, Die Bauernbefreiung im Königreich Württemberg, 2 Bde., Boppard 1977; einen Überblick gibt Chr. Dipper (wie Anm. 5).

9 Die Auswirkungen der Reformen sind immer noch umstritten. Vgl. hierzu H. Harnisch (wie Anm. 7) und D. Saalfeld, Zur Frage des bäuerlichen Landverlustes im Zusammenhang mit den preußischen Agrarreformen, in: Zs. für Agrargeschichte und Agrarsoziologie 11 (1963), S. 163–171.

10 F.-W. Henning, Kapitalbildungsmöglichkeiten der bäuerlichen Bevölkerung in Deutschland am Anfang des 19. Jahrhunderts, in: W. Fischer (Hg.), Beiträge zu Wirtschaftswachstum im 16. und 19. Jahrhundert, Berlin 1971, S. 71–81.

11 K. Brase, Der Einfluß der Bauernbefreiung auf die Belastung der Scharwerksbauern in Ostpreußen, Diss. Masch. Göttingen 1967.

12 Vgl. R. Stein (wie Anm. 7), Bd. 3, S. 272–283, 465f.

13 Vgl. E. R. Huber (wie Anm. 6), S. 194f.; R. Koselleck, Preußen zwischen Reform und Revolution, Stuttgart [2]1975, S. 488f.

14 O. Hintze, Preußische Reformbestrebungen vor 1806, in: ders., Gesammelte Abhandlungen. Hg. v. G. Oestreich, Bd. 3: Regierung und Verwaltung, Göttingen [2]1967, S. 504–529; H. Harnisch, Die agrarpolitischen Reformmaßnahmen der preußischen Staatsführung in dem Jahrzehnt vor 1806/07, in: Jb. für Wirtschaftsgeschichte 1977/Teil 3, S. 129–153.

15 H. Plehn, Zur Geschichte der Agrarverfassung von Ost- und Westpreußen, in: Forschungen zur brandenburgisch-preußischen Geschichte 17 (1904), S. 383–466, und 18 (1905), S. 61–122; D. Stutzer, Die Ertrags- und Lohnverhältnisse in den landwirtschaftlichen Betrieben der Familie von Eichendorff in Oberschlesien um 1800, in: Zs. für Ostforschung 28 (1979), S. 1–27.

16 K. Tenfelde, Ländliches Gesinde in Preußen. Gesinderecht und Gesindestatistik 1810 bis 1861, in: Archiv für Sozialgeschichte 19 (1979), S. 189–229.

17 Vgl. R. Stein (wie Anm. 7), Bd. 3, S. 422–431.

18 W. Abel, Massenarmut und Hungerkrisen im vorindustriellen Deutschland, Göttingen ²1977.

19 J. Mooser, Gleichheit und Ungleichheit in der ländlichen Gemeinde. Sozialstruktur und Kommunalverfassung im östlichen Westfalen vom späten 18. bis in die Mitte des 19. Jahrhunderts, in: Archiv für Sozialgeschichte 19 (1979), S. 231–262.

20 R. Stein (wie Anm. 7), Bd. 3, S. 369–372.

21 Artikel *Heimat* in: Meyers Konversations-Lexikon, 4. Auflage, Bd. 8, Leipzig/Wien 1890, S. 300–302.

22 R. Stein (wie Anm. 7), Bd. 3, S. 465f.

23 Zitiert bei H. Schmidt, Politische Geschichte Ostfrieslands, Leer 1975, S. 391.

24 R. Stein (wie Anm. 7), Bd. 3, S. 454–457; K. Obermann, Die Arbeitermigration in Deutschland im Prozeß der Industrialisierung und der Entstehung der Arbeiterklasse in der Zeit von der Gründung bis zur Auflösung des Deutschen Bundes (1815 bis 1867), in: Jb. für Wirtschaftsgeschichte 1972/Teil I, S. 135–181.

25 Germantown. Dreihundert Jahre Auswanderung in die USA 1683–1983 = Zeitschrift f. Kulturaustausch 32 (1982), Heft 4.

26 J. Reulecke (Hg.), Die deutsche Stadt im Industriezeitalter, Wuppertal 1978; A. von Saldern, Kommunalpolitik und Arbeiterwohnungsbau im Deutschen Kaiserreich, in: L. Niethammer (Hg.), Wohnen im Wandel, Wuppertal 1979, S. 344–362.

27 J. Flemming, Die Landarbeiter in der Zeit der Industrialisierung: Der »preußische Weg«, in: A. Eggebrecht u. a., Geschichte der Arbeit. Vom Alten Ägypten bis zur Gegenwart, Köln 1980, S. 243–302; H. Hübner, Die ostpreußischen Landarbeiter im Kampf gegen junkerliche Ausbeutung und Willkür (1848–1914), in: Zs. für Geschichtswissenschaft 11 (1963), S. 552–569.

28 P. Singlemann, The Closing Triangle: Critical Notes on a Model for Peasant Mobilization in Latin America, in: Comparative Studies in Society and History 17 (1975), S. 389–409.

29 Für Ostpreußen s. W. Hubatsch, Geschichte der evangelischen Kirche Ostpreußens, Bd. 1, Göttingen 1968, S. 290–332.

30 H. Plaul, Landarbeiterleben im 19. Jahrhundert, Berlin 1979.

31 U. Wilkens, Kommunalwesen und Agrarreformen, in: G. Wiegelmann (Hg.), Gemeinde im Wandel, Münster 1979, S. 187–192.

32 P. Fried (wie Anm. 1), S. 760; F. M. Phayer, Religion und das Gewöhnliche Volk in Bayern in der Zeit von 1750–1850, München 1970; D. Stutzer, Die wirtschaftlichen und sozialen Verhältnisse in den säkularisierten Klöstern Altbaierns 1803, in: Zeitschrift für bayerische Landesgeschichte 40 (1977), S. 121–162; K.-J. Matz, Pauperismus und Bevölkerung. Die gesetzlichen Ehebeschränkungen in den süddeutschen Staaten während des 19. Jahrhunderts, Stuttgart 1981.

33 R. Berthold, Zur Herausbildung der kapitalistischen Klassenschich-

tung des Dorfes in Preußen, in: Zs. für Geschichtswissenschaft 25 (1977), S. 556–574.

34 E. W. Buchholz, Ländliche Bevölkerung an der Schwelle des Industriezeitalters, Stuttgart 1966, S. 15.

35 C. v. Rotteck/C. Welcker (Hg.), Staats-Lexikon oder Encyklopädie der Staatswissenschaften, Bd. 6, Altona 1838, S. 390–435; s. auch R. Koch, Staat oder Gemeinde? Zu einem politischen Zielkonflikt in der bürgerlichen Bewegung des 19. Jahrhunderts, in: Historische Zeitschrift 236 (1983), S. 73–96.

36 D. Johann Georg Krünitz, Oekonomisch-technische Encyklopädie oder Allgemeines System der Staats- Stadt- und Haus- und Land-Wirtschaft und der Kunst-Geschichte, 17. Theil, Berlin [2]1787, S. 139–288.

37 Vgl. Artikel *Staat (Allgemeine Staatslehre),* in: Handwörterbuch der Staatswissenschaften, 4. Aufl. hg. v. L. Elster u. a., Bd. 7, Jena 1926, S. 724–756; S. 751–753: »Staat als Organismus«.

38 K. L. Th. Brater, Artikel *Gemeinde,* in: J. C. Bluntschli/K. L. Th. Brater (Hg.), Deutsches Staatswörterbuch, Bd. 4, Stuttgart/Leipzig 1859, S. 109–161.

39 W. H. Riehl, Die Familie [1855], Neudruck: Stuttgart/Augsburg [4]1956.

40 F. Tennstedt, Sozialgeschichte der Sozialpolitik in Deutschland, Göttingen 1981.

41 G. Franz (Hg.), Bauernschaft und Bauernstand 1500–1970, Limburg 1975; für das 20. Jahrhundert z. B. A. Ilien/U. Jeggle, Leben auf dem Dorf. Zur Sozialgeschichte des Dorfes und Sozialpsychologie seiner Bewohner, Opladen 1978.

42 H. Muth, Führungsschichten der Bauernverbände, in: G. Franz (Hg.), Bauernschaft und Bauernstand (wie Anm. 41), S. 291–321; als regionales Beispiel G. Freifrau von Schrötter, Agrarorganisation und sozialer Wandel (dargestellt am Beispiel Schleswig-Holsteins), in: W. Rüegg/O. Neuloh (Hg.), Zur soziologischen Theorie und Analyse des 19. Jahrhunderts, Göttingen 1971, S. 123–144; P. Vollrath, Das landwirtschaftliche Beratungs- und Bildungswesen in Schleswig-Holstein am Ende des 18. und in der ersten Hälfte des 19. Jahrhunderts, in: Zs. für Agrargeschichte und Agrarsoziologie 2 (1954), S. 133–148; R. Dick, Die niedersächsischen Bauern und ihre berufsbildenden Schulen seit Anfang des 19. Jahrhunderts, Hildesheim 1963.

43 Vgl. z. B. K. Lang, Die württembergische Landwirtschaftsverwaltung im 19. Jahrhundert bis zum Ende des Ersten Weltkrieges, Stuttgart 1971.

44 G. Franz, Die agrarischen Bewegungen im Jahr 1848, in: Hessisches Jb. f. Landesgesch. 9 (1959), S. 151–178; ein regionales Beispiel: B. Poschmann, Politische Strömungen in Schaumburg-Lippe von der 48er Revolution bis zum Ende der Monarchie, in: Nieders. Jb. f. Landesgesch. 53 (1981), S. 107–138; R. Schult, Partei wider Willen. Kalkül und Potential konservativer Parteigründer in Preußen zwischen Erstem Vereinigtem Landtag und Nationalversammlung (1847/48), in: D. Stegmann u. a. (Hg.), Deutscher Konservativismus im 19. und 20. Jahrhundert. Festschrift f. Fritz Fischer, Bonn 1983, S. 33–68; H. Fischer, Konservativismus von unten. Wahlen im ländlichen Preußen 1849/52 – Organisation, Agitation, Manipulation, in: ebd., S. 69–128.

45 H. Seier, Zur Entstehung und Bedeutung der kurhessischen Verfassung von 1831, in: W. Heinemeyer (Hg.), Der Verfassungsstaat als Bürge des Rechtsfriedens, Marburg 1982, S. 5–71.

46 L. Lenk, Bauern im Bayerischen Landtag 1819–1970, in: G. Franz (Hg.), Bauernschaft und Bauernstand (wie Anm. 41), S. 245–264.

47 L. Thomas, Briefwechsel eines bayrischen Landtagsabgeordneten, in: ders., Gesammelte Werke, Bd. 3, München 1932, S. 431–503; ders., Josef Filsers Briefwexel. Zweites Buch, in: ebd., S. 505–590.

48 Allgemein: M. Erdmann, Die verfassungspolitische Funktion der Wirtschaftsverbände in Deutschland 1815–1871, Berlin 1968, S. 40–72; für Bayern vgl. W. L. Blessing, Umwelt und Mentalität im ländlichen Bayern im 19. Jahrhundert, in: Archiv für Sozialgeschichte 19 (1979), S. 1–42, hier S. 39–41 mit Literaturhinweisen.

49 H.-J. Puhle, Agrarische Interessenpolitik und preußischer Konservativismus im wilhelminischen Reich (1893–1914, Bonn-Bad Godesberg ²1975; A. Panzer, Parteipolitische Ansätze der deutschen Bauernbewegung bis 1933, in: H. Gollwitzer (Hg.), Europäische Bauernparteien im 20. Jahrhundert, Stuttgart 1977, S. 524–561.

50 H. Haushofer, Der Bayerische Bauernbund (1893–1933), in: ebd., S. 562–586.

51 H. Muth, »Bauer« und »Bauernstand« im Lexikon des 19. und 20. Jahrhunderts, in: Zs. für Agrargeschichte und Agrarsoziologie 16 (1968), S. 72–98.

52 Gesetzessammlung für die königlich preußischen Staaten, Bd. 1, Berlin 1897, S. 176–188, 535–537.

53 J. Mooser (wie Anm. 19), S. 233.

54 A. von Haxthausen, Die ländliche Verfassung in den Provinzen Ost- und West-Preußen, Königsberg 1839, S. 117.

55 R. Stein (wie Anm. 7), Bd. 3, S. 339.

56 Siehe z. B. M. Meyhöfer, Die Landgemeinden des Kreises Lötzen, Würzburg 1966.

57 J. Dünninger, Rügegericht eines unterfränkischen Dorfes im 19. Jahrhundert, in: P. Assion (Hg.), Ländliche Kulturformen im deutschen Südwesten. Festschrift f. H. Heimberger, Stuttgart 1971, S. 31–36.

58 W. Krebs, Friedrich Wilhelm Raiffeisen, in: Handwörterbuch der Staatswissenschaften (wie Anm. 37), Bd. 6, Jena 1925, S. 1161 f.; W. Lotz, Darlehnskassen, ebd., Bd. 3, Jena 1926, S. 209–215; W. Krebs, Darlehnskassenvereine, ebd., S. 215–225.

59 R. Stein (wie Anm. 7), Bd. 3, S. 337.

60 Vgl. hierzu W. Bomann, Bäuerliches Hauswesen und Tagewerk im alten Niedersachsen, 3. Nachdruck der 4. Aufl., Hildesheim 1977.

61 H. Medick, Spinnstuben auf dem Dorf, in: G. Huck (Hg.), Sozialgeschichte der Freizeit, Wuppertal 1980, S. 19–49.

62 I. Weber-Kellermann, Erntebrauch in der ländlichen Arbeitswelt des 19. Jahrhunderts, Marburg 1965, S. 92–130, 131–171.

63 Allgemein: R. Pflaum, Die Bindung der Bevölkerung an die Institution

der Kirche, in: G. Wurzbacher (Hg.) unter Mitarbeit von R. Pflaum, Das Dorf im Spannungsfeld industrieller Entwicklung, Stuttgart 1954, S. 183–231; zu regionalen Unterschieden vgl. H. Plaul (wie Anm. 30), F. M. Phayer (wie Anm. 32), W. L. Blessing (wie Anm. 47), W. Hubatsch (wie Anm. 29); ders. (Hg.), Die evangelischen General-Kirchen- und Schulvisitationen in Ost- und Westpreußen 1853–1944. Bearb. v. I. Gundermann, Göttingen 1970; neueste exemplarische Studie: H. Hörger, Kirche, Dorfreligion und bäuerliche Gesellschaft, Teil 1: München 1978, Teil 2: München 1983; zum neuen Verhältnis von Religion und Gesellschaft im 19. Jahrhundert s. R. van Dülmen, Religionsgeschichte in der Historischen Sozialforschung, in: Geschichte und Gesellschaft 6 (1980), S. 36–59.

64 D. Sabean, Intensivierung der Arbeit und Alltagserfahrung auf dem Lande, in: Sozialwissenschaftliche Informationen 6 (1977), S. 148–152.

65 R. Pflaum, Die Vereine als Produkt und Gegengewicht sozialer Differenzierung, in: G. Wurzbacher (wie Anm. 63), S. 151–182; H. Beyer, Landwirtschaftlicher Fortschritt und bäuerliche Selbsthilfe in der Geschichte des »Landwirtschaftlichen und Hagelschadenvereins für das südwestliche Holstein« 1845–1965 [1965], in: Archiv f. Agrargeschichte d. holsteinischen Elbmarschen, H. 2–3 (1982), S. 49–94; E. M. Wallner, Die Rezeption stadtbürgerlichen Vereinswesens durch die Bevölkerung auf dem Lande, in: G. Wiegelmann (Hg.), Kultureller Wandel im 19. Jahrhundert. Verhandlungen des 19. Deutschen Volkskunde-Kongresses in Trier vom 13. bis 18. September 1971, Göttingen 1973, S. 160–173.

66 U. Planck, Bäuerliche Führungsschichten heute, in: G. Franz (Hg.), Bauernschaft und Bauernstand (wie Anm. 41), S. 331–345.

67 H. J. Teuteberg/G. Wiegelmann, Der Wandel der Nahrungsgewohnheiten unter dem Einfluß der Industrialisierung, Göttingen 1972.

68 H. Ottenjann, Wandel in der ländlichen Bau- und Möbelkultur Nordwestdeutschlands. Regionalbeispiele aus dem Osnabrücker Artland und dem Oldenburger Ammerland, in: E. Hinrichs/G. Wiegelmann (Hg.), Sozialer und kultureller Wandel in der ländlichen Welt des 18. Jahrhunderts, Wolfenbüttel 1982, S. 195–209.

69 Überblick bei M. Mitterauer/R. Sieder, Vom Patriarchat zur Partnerschaft. Zum Strukturwandel der Familie, München 1977; U. Planck, Die Eigenart der Bauernfamilie und die bäuerliche Familienverfassung, in: H. Rosenbaum (Hg.), Seminar: Familie und Gesellschaftsstruktur, Frankfurt [2]1978, S. 195–214; H. Linde, Persönlichkeitsbildung in der Landfamilie, in: ebd., S. 215–229; G. Wurzbacher, Die Familie als sozialer Eingliederungsfaktor, in: ders., Das Dorf im Spannungsfeld industrieller Entwicklung, Stuttgart [2]1961, S. 74–111.

70 J. Hänel, Stube. Wort- und sachgeschichtliche Beiträge zur historischen Hausforschung, Münster 1975.

71 H. Heidrich, Grenzübergänge. Das Haus und die Volkskultur in der frühen Neuzeit, in: R. van Dülmen (Hg.), Kultur der einfachen Leute, München 1983, S. 17–41, hier S. 36.

72 H. Kaiser, Herdfeuer und Herdgerät im Rauchhaus, Leer 1980; V. Gläntzer, Ländliches Wohnen vor der Industrialisierung, Münster 1980.

73 J. Möser, Die Häuser des Landmanns im Osnabrückischen sind in ihrem Plan die besten, in: ders., Sämtliche Werke. Hist.–kritische Ausgabe, Bd. 6: Patriotische Phantasien III, Oldenburg/Hamburg 1944, S. 127–129.

74 Überblick zur Hausväterliteratur bei W. Abel, Geschichte der deutschen Landwirtschaft, Stuttgart [3]1978, S. 168–172, 208–210.

75 J. Schepers, Haus und Hof westfälischer Bauern, Münster [3]1960.

76 G. Wiegelmann, Novationsphasen der ländlichen Sachkultur Nordwestdeutschlands seit 1500, in: Zeitschrift f. Volkskunde 72 (1976), S. 177–200; ders., Wirtschaftslagen und kulturelles Verhalten. Die schwedische »Kulturfixierungstheorie« in der internationalen Diskussion, in: Saga och sed. Kungl. Gustav Adolfs akademiens årsbok, Uppsala 1982, S. 225–251; B. Deneke, Fragen der Rezeption bürgerlicher Sachkultur bei der ländlichen Bevölkerung, in: G. Wiegelmann (Hg.), Kultureller Wandel (wie Anm. 65), S. 50–71; für Bayern: P. Fried, Herrschaftsgeschichte der altbayerischen Landgerichte Dachau und Kranzberg, München 1962, S. 215–217.

77 U. Bauche, Rezeption städtisch-bürgerlicher Formen und regionale Sonderung im bäuerlichen Wohninventar der Elbmarschen, in: G. Wiegelmann (Hg.), Kultureller Wandel (wie Anm. 65), S. 72–87; R.-E. Mohrmann, Ländliches Wohnverhalten im südlichen Niedersachsen von der Mitte des 19. Jahrhunderts bis um 1930, in: Archiv f. Sozialgeschichte 19 (1979), S. 425–457.

78 G. Wiegelmann, Tischsitten. Essen aus einer gemeinsamen Schüssel, in: Atlas der deutschen Volkskunde. Neue Folge hg. v. M. Zender, Erläuterungen zu Karte 43, Marburg 1981, S. 225–249, bes. S. 235–237; weitere Belege bei W. Jacobeit, Bauern und dörfliche Bevölkerung in der Epoche des Übergangs vom Feudalismus zum Kapitalismus in Deutschland (1750er bis 1830er Jahre), in: Ethnologie et Histoire, Paris 1975, S. 397–443, hier S. 412, 415f.

79 U. Jeggle, Kiebingen. Eine Heimatgeschichte. Zum Prozeß der Zivilisation in einem schwäbischen Dorf, Tübingen 1977.

80 J. Hein, Dorfgeschichte, Stuttgart 1976; vgl. dagegen S. Neumann, Der Mecklenburgische Volksschwank, Berlin 1964.

81 K. Bergmann, Agrarromantik und Großstadtfeindschaft, Meisenheim 1970.

82 R. Heberle, Landbevölkerung und Nationalsozialismus. Eine soziologische Untersuchung der politischen Willensbildung in Schleswig-Holstein 1918, Stuttgart 1963; G. Stoltenberg, Politische Strömungen im Schleswig-Holsteinischen Landvolk 1918–1933, Düsseldorf 1962; kritisch zu beiden Werken: H. Beyer, Landbevölkerung und Nationalsozialismus in Schleswig-Holstein, in: Zs. f. Agrargeschichte und Agrarsoziologie 12 (1964), S. 69–74; ders., Das Ende der »Landespartei« und die »Itzehoer Nachrichten«, in: Zs. der Gesellschaft für Schleswig-Holsteinische Geschichte 93 (1968), S. 147–159; R. Rietzler, Kampf in der Nordmark, Neumünster 1982.

83 U. Jeggle, (wie Anm. 79); A. Ilien/U. Jeggle, (wie Anm. 41); W. Ka-

schuba/C. Lipp, Dörfliches Überleben. Zur Geschichte materieller und sozialer Reproduktion ländlicher Gesellschaft im 19. und frühen 20. Jahrhundert, Tübingen 1982.

84 Th. W. Adorno, Erziehung nach Auschwitz, in: ders., Stichworte, Frankfurt [2]1969, S. 85–101.

85 B. Martin/R. Wetekam (Hg.), Waldeckische Landeskunde, Korbach 1971; P. Fried, Reagrarisierung in Südbayern seit dem 19. Jahrhundert, in: H. Kellenbenz (Hg.), Agrarisches Nebengewerbe und Formen der Reagrarisierung im Spätmittelalter und im 19./20. Jahrhundert, Stuttgart 1975, S. 177–194.

Anhang

1 H. Krause, Artikel *Monumenta Germaniae Historica,* in: Handwörterbuch zur deutschen Rechtsgeschichte (HRG), Bd. 3, Berlin 1984, Sp. 650–655.

2 F. Wieacker, Privatrechtsgeschichte der Neuzeit, Göttingen [2]1967, S. 348–430.

3 H. Bausinger, Formen der »Volkspoesie«, Berlin [2]1980.

4 J. Grimm, Weisthümer, 7 Teile, Göttingen 1840–1878.

5 D. Werkmüller, Über Aufkommen und Verbreitung der Weistümer, Berlin 1972; P. Blickle (Hg.), Deutsche ländliche Rechtsquellen. Probleme und Wege der Weistumsforschung, Stuttgart 1977.

6 G. L. v. Maurer, Einleitung zur Geschichte der Mark-, Hof-, Dorf- und Stadtverfassung, München 1854; ders., Geschichte der Markenverfassung in Deutschland, Erlangen 1856; ders., Geschichte der Fronhöfe, der Bauernhöfe und der Hofverfassung in Deutschland, 4 Bde., Erlangen 1862/63; ders., Geschichte der Dorfverfassung in Deutschland, 2 Bde., Erlangen 1865/66; ders., Geschichte der Städteverfassung in Deutschland, 4 Bde., Erlangen 1869–71.

7 H. Conrad, Deutsche Rechtsgeschichte, Bd. 1: Frühzeit und Mittelalter, Karlsruhe [2]1962, S. 11, 86, 200; K. Kroeschell, Deutsche Rechtsgeschichte, Bd. 1 (bis 1250), Reinbek 1972, S. 104–106; G. Dilcher, Artikel *Gemeinfreie,* in: HRG, Bd. 1, Berlin 1971, Sp. 1513–1516.

8 A. Meitzen, Der Boden und die landwirtschaftlichen Verhältnisse des Preußischen Staates, 8 Bde., Berlin 1968–1908; ders., Siedlungs- und Agrarwesen der Westgermanen und Ostgermanen, der Kelten, Römer, Finnen und Slawen, 3 Bde. u. 1 Atlasbd., Berlin 1895; dazu H. Harnisch, August Meitzen und seine Bedeutung für die Agrar- und Siedlungsgeschichte, in: Jb. f. Wirtschaftsgesch. 1975, S. 97–119.

9 H. Wopfner, *Agrarverhältnisse im Mittelalter,* in: Handwörterbuch der Staatswissenschaften. Hg. v. J. Conrad u. a., 3. Aufl., Bd. 1, Jena 1909, S. 188–196.

10 O. v. Gierke, Das deutsche Genossenschaftsrecht. Bd. 1: Rechtsgeschichte der deutschen Genossenschaft [1868], Neudruck Darmstadt 1954.

11 K. S. Bader, Dorfgenossenschaft und Dorfgemeinde, Wien/Köln/Graz ²1974, S. 3f.

12 R. Schott, Artikel *Eigentum,* in: Sowjetsystem und demokratische Gesellschaft, Bd. 2, Freiburg 1968, Sp. 40–55.

13 R. Vierhaus, Ranke und die Anfänge der deutschen Geschichtswissenschaft, in: B. Faulenbach (Hg.), Geschichtswissenschaft in Deutschland, München 1974, S. 17–34.

14 K. Th. v. Inama-Sternegg, Über die Quellen zur deutschen Wirtschaftsgeschichte, in: Sitzungsberichte d. Kaiserl. Ak. d. Wiss. zu Wien, Phil.-Hist. Kl. 84/1, Wien 1877, S. 135–210; K. H. Kaufhold, Wirtschaftsgeschichte und ökonomische Theorien, in: G. Schulz (Hg.), Geschichte heute, Göttingen 1973, S. 256–280.

15 A. Dopsch, Die Wirtschaftsentwicklung der Karolingerzeit vornehmlich in Deutschland, 2 Teile, Weimar 1912/13; E. Patzelt, Entstehung und Charakter der Weistümer in Österreich. Budapest 1924; H. Wießner, Sachinhalt und wirtschaftliche Bedeutung der Weistümer im deutschen Kulturgebiet, Baden/Wien/Leipzig 1934.

16 P. Fried (Hg.), Probleme und Methoden der Landesgeschichte, Darmstadt 1978.

17 Als biographisches Zeugnis s. W. Kuhn, Eine Jugend für die Sprachinselforschung, in: Jb. d. schles. Friedrich-Wilhelms-Universität zu Breslau 23 (1982), S. 225–292.

18 I. Weber-Kellermann, Deutsche Volkskunde zwischen Germanistik und Sozialwissenschaft, Stuttgart 1969; W. Emmerich, Zur Kritik der Volkstumsideologie, Frankfurt 1971.

19 H. Diewerge, Gemeinschaftsordnungen, Leipzig 1935.

20 K. S. Kramer, Grundriß einer rechtlichen Volkskunde, Göttingen 1974.

21 C. v. Schwerin, Rechtsarchäologie, Teil 1, Berlin 1943; H. Baltl, Rechtliche Volkskunde und Rechtsarchäologie als wissenschaftliche Begriffe und Aufgaben, in: Schweizer Archiv f. Volkskunde 48 (1952), S. 65–82.

22 F. Steinbach/E. Becker, Geschichtliche Grundlagen der kommunalen Selbstverwaltung in Deutschland, Bonn 1932.

23 O. Hintze, Gesammelte Abhandlungen. Hg. von Gerhard Oestreich. Bd. 1: Staat und Verfassung, Göttingen ³1970, S. 186–215, 216–241.

24 O. Brunner, Land und Herrschaft [1939], Darmstadt ³1965; zur Kritik s. W. Hedinger, Über die Wissenschaftlichkeit der Geschichte, in: K. Hübner/A. Menne (Hg.), Natur und Geschichte. 10. Deutscher Kongreß für Philosophie, Hamburg 1973, S. 190–206; allgemein zur Begriffsgeschichte: R. Koselleck (Hg.), Historische Semantik und Begriffsgeschichte, Stuttgart 1978, besonders S. 242–261: H. K. Schulze, Mediävistik und Begriffsgeschichte.

25 Th. Mayer, Bemerkungen und Nachträge zum Problem der freien Bauern, in: Zs. für württemb. Landesgesch. 13 (1954), S. 46–70; H. H. Hofmann, Artikel *Freibauern, Freidörfer,* in: HRG, Bd. 1, Berlin 1971, Sp. 1216–1218.

26 K. Schreiner, »Grundherrschaft«. Entstehung und Bedeutungswandel eines geschichtswissenschaftlichen Ordnungs- und Erklärungsbegriffs, in: H.

Patze (Hg.), Die Grundherrschaft im späten Mittelalter, Bd. 1, Sigmaringen 1983, S. 11–74; D. Scheler, Grundherrschaft. Zur Geschichte eines Forschungskonzepts, in: H. Mommsen/W. Schulze (Hg.), Vom Elend der Handarbeit, Stuttgart 1981, S. 142–157.

27 F. Lütge, Geschichte der deutschen Agrarverfassung vom frühen Mittelalter bis zum 19. Jahrhundert, Stuttgart ²1967; H. K. Schulze, Artikel *Grundherrschaft,* in: HRG, Bd. 1, Berlin 1971, Sp. 1824–1842.

28 H. Heffter, Die deutsche Selbstverwaltung im 19. Jahrhundert, Stuttgart 1950.

29 K. S. Bader, Studien zur Rechtsgeschichte des mittelalterlichen Dorfes, 3 Bände. Bd. 1: Weimar 1957, Bd. 2: Köln 1962, Bd. 3: Wien/Köln/Graz 1973.

30 Th. Mayer (Hg.), Die Anfänge der Landgemeinde und ihr Wesen, 2 Bde., Konstanz/Stuttgart 1964.

31 P. Caroni, in: Zs. der Savigny-Stiftung für Rechtsgeschichte/Germanistische Abteilung 82 (1965), S. 373–381.

32 Protokoll Nr. 53, 66, 76.

33 W. Schlesinger, Bäuerliche Gemeindebildung in den mittelelbischen Landen im Zeitalter der mittelalterlichen deutschen Ostbewegung, in: Die Anfänge der Landgemeinde (wie Anm. 30), S. 65f.

34 Les communautés rurales, Paris 1984 (Recueils de la Société Jean Bodin 43).

35 M. Nikolay-Panter, Entstehung und Entwicklung der Landgemeinde im Trierer Raum, Bonn 1976.

36 H. Bitsch, Die »Tal«-Siedlungen in Hessen, in: Blätter für deutsche Landesgesch. 116 (1980), S. 139–188.

37 H. Reyer, Die Dorfgemeinde im nördlichen Hessen, Marburg 1983.

38 H. Jankuhn u. a. (Hg.), Wort und Begriff »Bauer«, Göttingen 1975.

39 H. Jankuhn u. a. (Hg.), Das Dorf der Eisenzeit und des frühen Mittelalters, Göttingen 1977.

40 H. Beck u. a. (Hg.), Untersuchungen zur eisenzeitlichen und frühmittelalterlichen Flur in Mitteleuropa und ihrer Nutzung, Göttingen 1979.

41 W. Schlesinger (Hg.), Die deutsche Ostsiedlung des Mittelalters als Problem der europäischen Geschichte, Sigmaringen 1975.

42 Die Grundherrschaft im späten Mittelalter (wie Anm. 26).

43 Neueste Zusammenfassung der Forschungen in: Historische Forschungen in der DDR 1970–1980, Berlin 1980; Probleme der Feudalismusforschung in der DDR (1970–1975), in: Jb. f. Geschichte d. Feudalismus 1 (1977), S. 11–64; E. Münch, Die Grundherrschaft des vollentfalteten Feudalismus im Prozeß des gesellschaftlichen Fortschritts, in: Zs. für Geschichtswissenschaft 27 (1979), S. 145–148; ders., Bauernschaft und bäuerliche Schichten im vollentfalteten Feudalismus, in: Jb. f. Wirtschaftsgesch. 1980/Teil III, S. 75–85; ders., Agrarverfassung, bäuerliche Klassenstruktur und bäuerlicher Widerstand im entwickelten Feudalismus, in: Zs. für Geschichtswissenschaft 31 (1983), S. 908–916; Zum 7. Historikerkongreß der DDR. Thesen zur Diskus-

sion in den Arbeitskreisen, in: Zs. für Geschichtswissenschaft 30 (1982), H.10/11; I. Ballwanz, Der Bauer als historische Kategorie, in: Jb. f. Wirtschaftsgesch. 1980/Teil IV, S. 215–226.

44 Probleme der Feudalismusforschung (wie Anm. 43), S. 32; E. Münch, Agrarverfassung (wie Anm. 43), S. 908.

45 G. Heinemann, Ansprache bei der Schaffermahlzeit am 13. Februar 1970 in Bremen, in: Bulletin des Presse- und Informationsamtes der Bundesregierung, Nr. 21, S. 203f.

46 G. Franz, Die Führer im Bauernkrieg, in: ders. (Hg.), Bauernschaft und Bauernstand 1500–1970, Limburg 1975, S. 1–15.

47 G. Franz, Der deutsche Bauernkrieg, Darmstadt [10]1975, S. 294–300.

48 H. Rößler, Über die Wirkungen von 1525, in: H. Haushofer/W. A. Boelcke (Hg.), Neue Wege und Forschungen der Agrargeschichte. Festschr. zum 65. Geb. v. G. Franz, Frankfurt 1967, S. 104–114.

49 P. Blickle, Landschaften im Alten Reich. Die staatliche Funktion des gemeinen Mannes in Oberdeutschland, München 1973.

50 W. Schulze (Hg.), Aufstände, Revolten, Prozesse. Beiträge zu bäuerlichen Widerstandsbewegungen im frühneuzeitlichen Europa, Stuttgart 1983.

51 P. Blickle, Deutsche Untertanen. Ein Widerspruch, München 1981, S. 139f.

52 Überblick bei W. Schulze, Bäuerlicher Widerstand und feudale Herrschaft in der frühen Neuzeit, Stuttgart 1980; H. Wunder, Zur Mentalität aufständischer Bauern. Möglichkeiten der Zusammenarbeit von Geschichtswissenschaft und Anthropologie, dargestellt am Beispiel des Samländischen Bauernaufstandes von 1525, in: H.-U. Wehler (Hg.), Der Deutsche Bauernkrieg 1524–1526, Göttingen 1975, S. 9–37.

53 H. Harnisch, Landgemeinde, feudalherrlich-bäuerliche Klassenkämpfe und Agrarverfassung im Spätfeudalismus, in: Zs. für Geschichtswissenschaft 26 (1978), S. 887–897; D. Sabean, The communal basis of pre-1800 uprisings in Western Europe, in: Comparative Politics 8 (1976), S. 355–364.

54 A. Skalweit, Die ostpreußische Domänenverwaltung unter Friedrich Wilhelm I. und das Retablissement Litauens, Leipzig 1906.

55 Chr. Garve, Über den Charakter der Bauern und über ihr Verhältniß gegen die Gutsherren und gegen die Regierung, Breslau 1786.

56 B. F. Porschnew, Formen und Wege des bäuerlichen Kampfes gegen die feudale Ausbeutung, in: Sowjetwissenschaft/Gesellschaftswissenschaftliche Beiträge, Jg. 1952, bes. S. 440f.; neuerdings maßgebend: E. V. Gutnova, Hauptetappen und -typen des Kampfes der westeuropäischen Bauernschaft gegen die Feudalordnung in der Periode des vollentfalteten Feudalismus (11. bis 15. Jahrhundert), in: Jb. f. d. Geschichte des Feudalismus 1 (1977), S. 37–58.

57 G. Spittler, Herrschaft über Bauern. Die Ausbreitung staatlicher Herrschaft und einer islamisch-urbanen Kultur in Gobir (Niger), Frankfurt 1978; ders., Verwaltung in einem afrikanischen Bauernstaat. Das koloniale Französisch-Westafrika 1919–1939, Wiesbaden 1981.

58 Ders., Abstraktes Wissen als Herrschaftsbasis. Zur Entstehungsgeschichte bürokratischer Herrschaft im Bauernstaat Preußen, in: Kölner Zeitschrift für Soziologie und Sozialpsychologie 32 (1980), S. 574–604.

59 Th. W. Adorno, Erziehung nach Auschwitz, in: ders., Stichworte, Frankfurt ^{2}1969, S. 85–101.

Register

Personen, Orte, Landschaften